John Richardson

Träum nur weiter

TRÄUM NUR WEITER

Wie ich versuchte, in nur einem Jahr Handicap 0 zu erreichen

riva

JOHN RICHARDSON

Bibliografische Information der Deutschen Nationalbibliothek:
Die Deutsche Nationalbibliothek verzeichnet diese Publikation in der Deutschen Nationalbibliografie.
Detaillierte bibliografische Daten sind im Internet über http://d-nb.de abrufbar.

Für Fragen und Anregungen:
john.richardson@rivaverlag.de

3. Auflage 2012

Nymphenburger Straße 86
D-80636 München
Tel.: 089 651285-0
Fax: 089 652096

Übersetzung: Übersetzungsbüro Liebl, München
Redaktion: Mareike Fallwickl, Hallein
Umschlaggestaltung: Kristin Hoffmann, München, nach dem Design des Originalcovers von TWO ASSOCIATES
Umschlagabbildung: Fotolia © Andreas Haertle
Satz: HJR – Jürgen Echter, Landsberg am Lech
Druck: GGP Media GmbH, Pößneck
Printed in Germany

ISBN Print 978-3-86883-152-8
ISBN E-Book (PDF) 978-3-86413-185-1

Weitere Informationen zum Verlag finden Sie unter
www.rivaverlag.de
www.facebook.com/rivaverlag.de
www.twitter.com/rivaverlag

Für Seve Ballesteros

Irgendwie kann ich einfach nicht glauben, dass es Höhen gibt, die ein Mensch nicht erklimmen kann, wenn er das Geheimnis kennt, wie man Träume verwirklicht. Meiner Ansicht nach lässt sich dieses Geheimnis in vier Worten zusammenfassen: Neugier, Vertrauen, Mut und Beharrlichkeit. Die zweifellos größte dieser Gaben aber ist das Vertrauen. Wenn du an etwas glaubst, dann halte daran fest, bleib dabei, fest und unerschütterlich.

Walt Disney

Inhaltsverzeichnis

Vorwort: »Träum nur weiter!«

Stuart stand ruhig da und wartete auf seinen Moment. Sein Tag war lang und aufregend gewesen. Er hatte eine volle Runde auf dem legendären Royal County Down Course gespielt, der oft genannt wird, wenn von den fünf besten Plätzen der Welt die Rede ist. Er liegt am Fuß der Mourne Mountains in Newcastle. Der Sportwagenhersteller Jaguar hatte zu dieser Partie eingeladen. Stuart hatte Glück gehabt, er durfte mit dem TV-Talkmaster und Golffreak Gerry Kelly spielen. Das große Highlight des Tages aber war, dass er die Chance bekam, das zehnte Loch, ein Par-3, mit Sam Torrance zu spielen, Ryder-Cup-Star und Golfheld. Sam hatte das Loch natürlich mühelos gespielt, Stuart aber kämpfte mit den Nerven und schlug den Ball aufs Fairway. Glücklicherweise hatten ihm ein ausgezeichneter Pitch und ein langer Putt geholfen, nicht über Par zu kommen. Und er würde sich ewig daran erinnern, mit einem von Schottlands größten Golfern gespielt zu haben.

Als Stuart ins Clubhaus zurückkam, brannte sein Gesicht von Sonne und Wind. Möglicherweise trugen auch die beiden Gläser Guinness, die er genossen hatte, ein wenig dazu bei. Er musste jedoch hoch konzentriert bleiben. Er war nämlich auf einer Mission. Er wollte Sam etwas fragen, möglichst ohne ihm dabei auf die Nerven zu fallen. Die Reden waren vorüber. Sam hatte das Publikum mit witzigen Anekdoten zum Thema Golf unterhalten. Nun saß er an der Bar und genehmigte sich einen Drink.

Stuart schwirrte nervös um ihn herum. Er befürchtete, Sam würde nicht noch mehr Fragen beantworten wollen, vor allem nicht eine so lächerliche und hypothetische Frage, wie Stuart sie zu stellen beabsichtigte. Sam Torrance stand nicht gerade im Ruf, Spinner gelassen zu ertragen. Und Stuart kam sich wie ein Spinner vor, als er zappelig vor Ungeduld auf die Bar zutrat.

»Sam, darf ich Ihnen vielleicht schnell eine Frage stellen?«, sprudelte es aus ihm heraus.

Sam lächelte und antwortete: »Na klar, schießen Sie los. Wie kann ich Ihnen helfen?«

»Nun, das Ganze klingt vielleicht ein wenig merkwürdig. Ich habe einen Freund, der John heißt und mit sich selbst eine Wette abgeschlossen hat. Er hat einen Vollzeitjob sowie Frau und Kind, aber er möchte innerhalb eines Jahres sein Handicap auf 0 bringen.«

Sam sah ihn fragend an und Stuart redete einfach schnell weiter.

»Er ist nicht besonders gut. Als er sich das in den Kopf gesetzt hat, konnte er keine Runde unter 100 spielen. Er möchte sein Handicap also innerhalb eines Jahres um 33 Schläge verbessern. Und er hat mich gebeten, Sie um Ihre Meinung zu diesem Vorhaben zu fragen.«

Sam lachte, dann dachte er nach. »Nun, Sie können ihm von mir ausrichten: Träum nur weiter.«

»In Ordnung«, meinte Stuart. »Darf er Sie diesbezüglich zitieren?«

»Aber ja doch.«

»Herzlichen Dank. Ich werde nicht mehr von Ihrer kostbaren Zeit in Anspruch nehmen.«

Stuart trat zurück und machte den anderen Golfern Platz, die sich um Sam versammelten und noch mehr darüber hören wollten, wie »wir die Amerikaner im Ryder-Cup vermöbelt haben«.

Er hatte die perfekte Antwort erhalten. Wenn er ehrlich war, hatte Stuart genauso reagiert, als er von der Wette gehört hatte. Aber er kannte mich schon lange und hatte bereits einige meiner verrückten Ideen Wirklichkeit werden sehen. Er hatte erlebt, wie ich Unternehmen gegründet hatte, die extrem viel Gewinn brachten. Und andere, die ungefähr so gewinnträchtig waren wie das Verbrennen von 20-Pfund-Noten.

Bei dieser Idee allerdings ging es um etwas anderes. Um eine sportliche Herausforderung. Und da Stuart selbst begeisterter Golfer war, wollte er dabei sein. Er wurde Zeuge meiner Fortschritte während der ersten Monate. Und schließlich gelangte er zu der Auffassung, dass ich – wenn der Wind aus der richtigen Richtung blies und auch sonst alles klappte – es vielleicht tatsächlich schaffen könnte …

Eine Idee und ein Traum

Träume keine kleinen Träume, denn sie haben nicht die Kraft, die Herzen der Menschen zu bewegen.
Johann Wolfgang Goethe

»Tony?«

»Ja, John.«

»Wie schnell kam eigentlich Mark McMurray auf ein Handicap 0?«

»Ich glaube, er hat schon als Teenager ein bisschen gespielt, doch als er vor ein paar Jahren wieder anfing, lag sein Handicap bei 17. Innerhalb von 18 Monaten schaffte er die Runde mit 67, spielte also vier unter Par.«

»Verdammt! Das hat doch vor ihm noch niemand geschafft, nicht wahr? Oder kennst du jemanden, der das hingekriegt hat?«

»Niemanden. Nicht einmal annähernd. Aber vergiss nicht, Mark war ein außergewöhnlicher Baseballspieler. Er hätte in die USA gehen und dort als Profi spielen können. Er hatte die nötige Disziplin, um sich zu verbessern. Und er verstand viel von der Psychologie des Sports. Außerdem war er ein Naturtalent.«

»Ja, aber eine tolle Geschichte ist es trotzdem. Ist doch genial, was man erreicht, wenn man will. Fändest du es nicht interessant, jemanden auf einem solchen Weg zu begleiten und ihm zu ähnlichen Fortschritten zu verhelfen? Einen kompletten Anfänger innerhalb eines Jahres zu einem guten Spieler zu machen? Von null auf null sozusagen, nicht auf hundert. Das wäre doch wirklich eine tolle Story.«

»Das ist unmöglich. Es ginge schon rein zeitlich nicht, wenn man sich ansieht, wie das Handicap-System funktioniert.«

»Gut, aber wie wäre es damit: Ein Anfänger beziehungsweise ein unerfahrener Spieler mit einem Handicap von 24 lernt innerhalb eines Jahres, eine Runde Par zu spielen. Lassen wir das Handicap mal außer Acht. Er oder sie spielt innerhalb eines Jahres eine Even-Par-Runde. Ist das möglich?«

»Nun, das ist zumindest eine interessante Idee. Aber er oder sie müsste reichlich Zeit haben. Da käme nur jemand infrage, der nicht arbeiten muss. Am besten ein Privatier oder jemand, der schon in einer anderen Sportart gut war.«

»Ja, aber die meisten Golfer müssen doch arbeiten. Nein, eigentlich sollte es jemand sein, dem es genauso geht wie allen. Jemand mit einem Job und einer Familie.«

»Sicher, aber das macht alles noch viel schwieriger. Denn dann müsste die Person sich wirklich anstrengen. 15 Stunden Training pro Woche wären auf jeden Fall notwendig.«

»Ja, aber es muss doch da draußen noch einen zweiten Mark McMurray geben, oder?«

Und so fing alles an – mit einer Unterhaltung am Arbeitsplatz, wie es sie immer wieder gibt. Sport ist ein beliebtes Plauderthema, und an diesem Tag ging es um Golf. Tony White war Golftrainer am Blackwood Golf Centre, das bei Bangor im irischen County Down liegt. Ich machte damals das Catering für die Bar dort. Wir hatten ein gemeinsames Büro und das war einer der zahlreichen Fantasietrips, die wir uns gelegentlich leisteten. Mark McMurray war ein Freund von uns und ein unglaublich erfolgreicher Amateurgolfer. Er hielt den Kursrekord in einem der Golfclubs in der Nähe.

Ich hatte zu jener Zeit nicht das geringste Interesse am Golf. Ich hatte als Teenager viel gespielt, aber damals, mit Ende 20, hatte ich wenig Zeit. Ich führte verschiedene Gastro-Unternehmen. Neben der Golfbar betrieb ich noch ein Restaurant und ein paar Läden für Fish and Chips. Ich arbeitete hart, um die berühmte »erste Million« zu verdienen, und hatte mit allerlei Schwierigkeiten zu kämpfen. Außerdem hatte ich kurz davor Lesley geheiratet, die gerade ihre eigene PR-Agentur gegründet hatte. Wir hatten noch keine Kinder, aber ein ziemlich ausuferndes Sozialleben. Natürlich interessierte mich Golf, aber ich stellte mir immer vor, dass ich später mehr spielen würde, wenn ich älter wäre und meine Million sicher angelegt hätte.

Wie das bei Gesprächen dieser Art üblich ist, blieb es bei der Fantasie. Tony wanderte nach Amerika aus, und ich vergaß das Ganze.

Zumindest beinahe. Irgendwie spukte mir die Idee weiter im Hinterkopf herum. Und etwa fünf Jahre später brachte ich sie wieder aufs Tapet. Dieses Mal plauderte ich mit Debbie Hanna, einer Profispielerin der Professional Golfers' Association (PGA), die Tony in Blackwood als Trainer abgelöst hatte. Ich fragte sie, was sie von dem Vorhaben hielte. Sie äußerte sich vorsichtig positiv. Auch sie fand die darin liegende Herausforderung spannend. Sollte es gelingen, wäre es für das Golf Centre natürlich eine tolle Werbung.

»Vielleicht mache ich's ja, wenn ich ein bisschen älter bin und mehr Zeit habe«, scherzte ich.

Das war wieder eine von diesen schnell dahingesagten Bemerkungen, die dafür sorgten, dass sich die Idee tiefer und tiefer in mein Gehirn grub.

Im Alter von neun bis 16 verbrachte ich mein Leben in Portstewart, einer kleinen Stadt an der Nordküste Nordirlands. Diesem Ort fühlte ich mich immer sehr verbunden. Portstewart hat zwei Golfplätze und es gibt auch für Kinder genug Möglichkeiten, das Golfspielen zu lernen. Der »Golfvirus« hatte mich früh befallen. Als ich 15 war, hatte sich mein Handicap schon auf 15 reduziert, wenn auch auf dem sehr einfachen Par-64-Platz vor Ort.

Dass ich mit dem Golfspiel anfing, lag einfach nur daran, dass meine Mutter mich und meinen Bruder Patrick aus dem Haus haben wollte. So schlugen wir uns wenigstens nicht die Köpfe ein. Heute haben ja alle von Tiger Woods gehört und wissen, wie er sich schon im Alter von zehn oder elf Jahren mühte, seinen Schwung zu verbessern. Wenn Tiger herumspielte, lernte er dabei tolle Tricks, zum Beispiel, wie man den Ball mit dem Sand-Wegde in die Luft schleudert und schlägt wie beim Baseball.

Wenn meine Freunde und ich herumspielten, taten wir nichts dergleichen. Nach den ersten zehn Löchern auf dem Platz verzogen wir uns in die angrenzenden Felder, um KooPaa zu spielen. Stolz bin ich darauf nun nicht gerade. Wir schlenderten durch die Felder und suchten nach Kuhfladen von bestimmter – altersbedingter – Konsistenz. Die besten hatten außen eine trockene Kruste, waren innen aber noch weich und matschig. Wenn man einen passenden gefunden hatte, sprang man hinein und schrie laut »KooPaa«. Der Trick dabei war, sauber zu bleiben, während der weiche Inhalt als Sprühregen auf die anderen niederging. Der KooPaa-Ruf diente der Warnung. Wer ihn hörte, rannte um sein Leben. Leider konnte man sich nicht immer rechtzeitig in Sicherheit bringen. Wie ich schon sagte: nichts, worauf man stolz sein könnte. Das zeigt, wie viel Hingabe ich zu jener Zeit dem Sport entgegenbrachte.

Dann aber, mit 15 oder 16, wurde ich ein leidenschaftlicher Golfer. Mein Bruder Patrick, ein Jahr älter als ich, verlor das

Interesse am Golf. Denn zum ersten Mal war ich beim Sport besser als er, und er war mir nicht gerne unterlegen. Ich muss zu seiner Verteidigung sagen, dass ich es genoss, ihn zu schlagen – vielleicht ein bisschen zu sehr. Also ließ er das Golfspiel sein. Doch glücklicherweise begannen Robert Murphy und Roy Nichol, meine besten Freunde in der Schule, etwa zur selben Zeit, sich für Golf zu interessieren. Und wir drei arbeiteten hart an unserem Spiel.

Robert, Roy und ich trafen uns Tag für Tag auf dem kleinen Platz, dem 64er, und spielten eine oder sogar zwei Runden. Danach verrollten wir uns ins Clubhaus, wo wir jeder eine Dose Lilt-Limo und eine Tüte Erdnüsse leerten und über unsere Golfhelden sprachen. Dies war die große Zeit von Seve Ballesteros, der gerade zum ersten Mal die British Open gewonnen hatte und die Golfwelt im Sturm eroberte. Wie Arnold Palmer vor ihm und Tiger Woods heute veränderte Seve das Gesicht dieses Sports und löste eine Welle des öffentlichen Interesses aus. Wir saßen herum und träumten davon, einmal zu einem der großen Turniere fahren zu können, nur um unseren Halbgott spielen zu sehen. Und wir fragten uns, wie es wohl sein mochte, Golfprofi zu sein.

Mit meinem Taschengeld kaufte ich jeden Monat die *Golf World* und trieb meine Familie zum Wahnsinn mit meinen Kommentaren über den fabelhaften Sieg bei den British Open, den ich in meiner Fantasie schon in jungen Jahren errang: »Heute besuchen wir John zu Hause, wo er sich mit seinen Eltern von dem anstrengenden Turnier erholt. Der junge Mann kam aus dem Nichts und schlug die größten Golfer der Welt, bevor er in St. Andrews die Open gewann. Sogar der große Spanier, Seve Ballesteros höchstpersönlich, musste sich Johns überlegender Ballkontrolle geschlagen geben …« Ich brachte Stunden auf dem Golfplatz zu, stellte mir vor, ich sei Seve, und kommentierte mit seinem spanischen Akzent jede Runde, die ich spielte. Ich stellte mir vor, wie eine Kamera mich begleitete und ich mein Spiel später im Fernsehen erklärte: »Ich spiele den Ball gut aufs Fairway, nur ein ganz klein wenig nach rechts. Nun muss ich ihn auf die rechte Seite des Greens spielen, damit er schön nach unten rollt. Ich bin seeehr gut bei diese Schlag.«

Ich weiß noch, wie ich meinen Eltern und jedem, der es hören wollte, sagte, dass ich ein professioneller Golfer werden wolle, sobald ich die Schule beendet hätte. Doch die Tatsachen sprachen gegen mich: Ich war einfach nicht gut genug. Ich kam nie unter ein Handicap von 15, dabei hatten viele Kids in meinem Alter ein Handicap unter 10. Und die heutige Gewohnheit, Kindern zu erzählen, sie könnten alles erreichen, wenn sie nur wollten, war damals noch nicht sonderlich verbreitet. Mein Vater beispielsweise hatte Pilot werden wollen, seit er ein kleiner Junge gewesen war, doch seine Augen waren nicht gut genug. Ein klassisches Beispiel dafür, dass man nicht immer werden kann, was man möchte, weil es konkrete physische Hindernisse gibt. Er war als Vertreter für Inneneinrichtungen recht erfolgreich, doch ich glaube, sein Herz hing immer an der Fliegerei. Als er älter war, kaufte er sich ein Segelflugzeug und war jedes Wochenende damit unterwegs. Nicht, dass meine Eltern mich etwa ausgelacht hätten wegen meines Traums. Sie machten mir nur deutlich, wie unrealistisch er war.

Natürlich war es auch nicht gerade hilfreich, dass ich dazu neigte, immer den Weg des geringsten Widerstands zu gehen. Die meisten Teenager haben Erleuchtungserlebnisse, die sie den Wert harter Arbeit begreifen lassen, sodass sie erwachsen werden. Bei mir kam dieses Erlebnis erst sehr viel später. Genauer gesagt hatte ich eine Erleuchtungserfahrung der ge-

genteiligen Art. Irgendwann in den Sechzigerjahren sah ich mir einen alten Film des Komikers Terry-Thomas an. Eine Verfilmung der Stephen-Potter-Bücher *One Upmanship* und *Lifemanship* mit dem Titel *School for Scoundrels* (Schurkenschule). Dabei versucht ein junger Mann, das Mädchen zurückzugewinnen, das ihn verlassen hat, ohne sich auch nur ein bisschen anzustrengen. Für mich hörte sich das super an. Man flatterte durchs Leben wie ein Schmetterling, ließ sich vom Zufall da- und dorthin treiben und ging anstrengenden Tätigkeiten möglichst aus dem Weg. Wahnsinn! Wenn ich dieses Prinzip aufs Golfen übertragen könnte, dann wäre das Problem ein für alle Mal gelöst! So eine Art »Terry-Thomas spielt die PGA-Tour«. Bald verbrachte ich mehr Zeit mit meinen großartigen Träumen als auf dem Golfplatz. Ich spielte immer weniger. Kein Wunder also, dass ich nicht besser wurde.

Eines Tages kam Robert auf den Golfplatz und brachte uns mit einer brillanten Idee alle zum Staunen. Wir schrieben den Sommer 1983. In einigen Wochen sollte Ballesteros nach Dublin kommen, um bei den Irish Open anzutreten. Dublin lag etwa 150 Meilen südlich von Portstewart, man konnte mit dem Zug dort hinfahren. Robert schlug vor, die Reise zu wagen, um unser Idol zu sehen. Er meinte, wir könnten ja die Nacht in einer billigen Pension verbringen.

Ich konnte es kaum erwarten, nach Hause zu kommen und meinen Eltern davon zu erzählen. Sie waren nicht so begeistert wie wir, schließlich waren wir erst 15. Aber mit ein bisschen Überzeugungsarbeit stimmten sie am Ende doch zu. Also reisten wir drei Musketiere an einem strahlenden Sommermorgen nach Belfast. Dort bestiegen wir den *Enterprise*, der uns in die Dubliner Connolly Station brachte, näher zu Seve. Wir waren guten Mutes, war dies doch unsere erste

Reise ohne Eltern. Wir vertrieben uns die Zeit damit, über die Vorzüge von Victoria Principal zu debattieren oder ein Lied zu trällern, das Robert irgendwo aufgeschnappt hatte. Wenn ich über diesen Tag nachdenke, habe ich immer noch »Summer in Dublin« von Bagatelle im Ohr.

So I jumped on a bus to Dún Laoghaire,
Stopping off to pick up my guitar,
And a drunk on the bus told me how to get rich,
I was glad we weren't going too far.

Und so nahm ich den Bus nach Dùn Laoghaire,
Vorher schnappte ich mir noch die Gitarre.
Ein Betrunkener erklärte mir, wie man Geld macht.
War ich glücklich, dass die Fahrt nicht lang dauerte.

Seve Ballesteros zu sehen, war eine unglaubliche Erfahrung. Er spielte mit Bernhard Langer, der damals sein großer Rivale in Europa war. Wir waren hingerissen von der charismatischen Art, wie der gottgleiche Seve zum Tee marschierte. Ich weiß noch, wie ich erst auf seine Unterarme guckte und dann auf meine mageren Teenager-Unterarme und mir klar wurde, wie viel mir zum Erwachsensein noch fehlte. Und Seve enttäuschte uns nicht, er holte vor unseren Augen einen weiteren Titel. Sogar heute, 25 Jahre später, kann ich sagen, dass ich nie eine beeindruckendere Persönlichkeit gesehen habe als Seve Ballesteros. Er strahlte Selbstkontrolle, Kraft und Charisma aus.

Dummerweise vermasselten wir die relativ einfache Rückfahrt. Wir kamen ohne Probleme nach Belfast, wo wir in der Central Station einen leicht zu erreichenden Zug nehmen sollten, der uns die letzten 60 Meilen nach Hause bringen sollte. Ziemlich simpel eigentlich. Doch man sollte die Unzurechnungsfähigkeit von Teenagern nicht unterschätzen, die einerseits für Seve Ballesteros, andererseits für Victoria Principal schwärmen. Wir nahmen einen anderen Zug und fuhren in die falsche Richtung.

Sobald wir unseren Irrtum bemerkten, stiegen wir an der nächsten Station aus. Nach ein paar panischen Telefonanrufen wurde beschlossen, dass wir bei Roberts Tante in Lisburn nächtigen sollten. Aber im Grunde war uns das alles egal. Wir hatten Seve gesehen, einen echten Seve aus Fleisch und Blut. Wir hatten Portstewart als dumme Jungs verlassen und kamen als Männer zurück … Zumindest dachten wir das. Möglicherweise, so hofften wir, würde etwas von Seves Magie auf unser Spiel abfärben.

Ich träumte weiterhin davon, ein Profigolfer zu werden, doch wem auch immer ich von meinem Traum erzählte, ich erhielt stets die gleiche Antwort: »Wenn du ein Profi werden willst, müsstest du jetzt schon ein Handicap von 0 haben.« Das stimmte natürlich, andererseits wusste ich tief in mir drin, dass ich grundsätzlich begabt war. Und wenn ich, wie meine Mutter das immer nannte, auch nur ein bisschen »Stehvermögen« gehabt hätte, hätte ich es allen gezeigt.

Aber das Leben als Teenager ist schwer. Allmählich wünscht man sich dazuzugehören, nicht dumm dazustehen, akzeptiert zu werden. Es kommt nur selten vor, dass ein Teenager ein Ziel weiterverfolgt, von dem alle behaupten, es sei Unsinn. Ich jedenfalls war nicht aus diesem Holz geschnitzt.

Andererseits setzte sich auch niemand mit mir hin und sagte: »John, ein Golfprofi zu werden, ist vielleicht schwierig, aber sicher nicht unmöglich. Es liegt ein sehr, sehr langer Weg vor dir. Um das zu schaffen, musst du jeden Tag nach der Schule sofort deine Hausaufgaben machen, und zwar so gut und so schnell du kannst, damit du den Rest des Tages üben kannst. Du wirst nicht mehr fernsehen und nicht mehr mit deinen Freunden spielen. Du wirst üben, üben, üben – und dann wieder üben. Warum versuchst du's nicht einmal drei Monate lang und schaust, wie du damit zurechtkommst? Und triffst deine Entscheidung hinterher?«

Hätte das jemand getan, wäre ich vielleicht nicht den Weg des geringsten Widerstands gegangen und hätte mir seinen Rat sogar zu Herzen genommen.

Wie man Chancen vertut

Der Mensch allein besitzt die Gabe, seine Gedanken Wirklichkeit werden zu lassen. Der Mensch allein vermag zu träumen und seine Träume wahr zu machen.

Napoleon Hill

Und so ließ ich meinen Traum vor sich hingären, statt etwas dafür zu tun. Ich hörte auf, darüber zu reden, weil ich Angst hatte, mich zum Narren zu machen, und spielte nur noch zum Spaß. Dann, als ich 16 wurde, zogen wir nach Belfast. Dort wich der Traum vom Profigolf schnell verfügbareren Vergnügungen: Bier und Mädchen.

Meine neuen Freunde spielten nicht Golf und in dem Golfclub, dem ich beitrat, ging es letztlich nur darum, in Anzug und Krawatte Geschäftskontakte herzustellen. Unter den Mitgliedern war aber auch ein Mädchen, das besser war, als ich je zu träumen gewagt hatte. Es war Debbie Hanna – die später eine entscheidende Rolle bei meiner Wandlung vom Saulus zum Paulus spielen würde. Sie gewann Turniere mit links, rechts und mittig, wenn es sein musste. Sie hatte mehr Talent fürs Golfen in ihrem kleinen Finger als ich in der ganzen Hand. Ein Mädchen! Und sie war nicht einmal so alt wie ich. Offensichtlich war sie ein Naturtalent. Wozu also sollte ich mich anstrengen? So gut würde ich ohnehin nie werden. Mir fiel nicht auf, dass sie manchmal neun Stunden am Stück auf der Übungsanlage verbrachte.

All das war für mich eine bequeme Ausrede, meinen Traum aufzugeben und Golf im Allgemeinen auf die hinteren Ränge meiner Zielsetzungen zu verbannen. Und so vergingen die Jahre. Es gab Zeiten, in denen ich nicht einen einzigen Ball schlug. Ich ging in England zur Universität und erwarb einen Abschluss in Marketing und Management. Mein Ziel war es, meine Hobbys beizubehalten: Mädchen und Bier. Ich wollte bis um fünf Uhr morgens mit meinen Freunden herumhängen und darüber diskutieren, wie sich die Welt verbessern ließ. Als ich Anfang der Neunzigerjahre nach Belfast zurückkehrte, eröffnete ich mit einem Freund einen Sandwich-Laden. Als Unternehmer waren wir Wildwuchs. Anfangs hatten wir einen enormen Erfolg, am Ende aber kostete unsere unglaubliche Naivität uns buchstäblich das letzte Hemd. Damals hatte ich wirklich keine Zeit für Golf.

Mein Handicap schoss in den Neunzigern sprunghaft in die Höhe. Bald konnte ich keine Runde mehr unter 100 spielen. Ich verlor den Kontakt zu Robert und Roy und zur Golfszene im Allgemeinen und wurde der typische Hacker. Nicht einmal, als ich mir mit Tony ein Büro teilte, inspirierte mich das, besser – oder auch nur öfter – Golf zu spielen. Wann immer ich aus geschäftlichen oder sozialen Gründen Golf spielen musste, hackte ich mir meinen Weg über die Bahn, verschlug meine Bälle und war ob dieser Peinlichkeiten endlos frustriert. Natürlich gelang mir ab und zu ein schöner, gleichmäßiger Drive, auch ich hatte mal einen guten Schwung, doch daran schlossen sich so viele mittelmäßige Schläge, so viel enervierendes Gehacke im Rough, dass meine Runden grundsätzlich über 90 endeten. Ich hatte als Junge genug gespielt, um zu wissen, dass Golf nur wirklich Spaß macht, wenn man gut spielt. Sogar dann kann es dich noch zum Wahnsinn treiben. Aber das bekommt man leichter in den Griff als Löcher mit neun oder zehn Schlägen zu spielen, dabei zu fluchen wie Gordon Ramsay und alle anderen aufzuhalten.

Im Sommer des Jahres 2000 wartete ich immer noch auf meine erste Million, aber immerhin hatte ich mich von der Pleite mit dem Sandwich-Geschäft erholt. Ich betrieb weiterhin ein paar Fish-and-Chips-Läden, hielt eine kleine Beteiligung an einem Restaurant und machte das Catering für den Golfclub. Lesley und ich waren mittlerweile seit vier Jahren verheiratet und hatten eine zauberhafte kleine Tochter namens Aimee, für die der Begriff »Schlaf« ein Fremdwort zu sein schien. Ich war extrem eingespannt und fast nie auf dem Golfplatz. In diesem Sommer spielte ich keine einzige Runde unter 100. Ich schämte mich so, dass ich mehrmals versuchte, ganz bewusst gut zu spielen. Bei diesen Runden kam ich dann der 110 näher als je zuvor. Es war einfach nur niederschmetternd. Eine einzige Demütigung.

Doch irgendwann zwischen 2001 und 2002 begann ich, wieder über das Thema nachzudenken, das Tony und ich Jahre zuvor angeschnitten hatten: innerhalb eines Jahres eine Runde Par zu spielen. Und ich dachte darüber nach, ob ich es nicht einfach selbst versuchen sollte. Mein Beruf forderte mich, ich hatte immer noch keine Million gemacht und Lesley und Aimee wollten versorgt werden – keine idealen Startbedingungen. Nichtsdestotrotz begann ich, einen Plan zu schmieden. Da der Winter in Nordirland unweigerlich grauenhaftes Wetter mit sich bringt, fand ich, ich sollte im September anfangen. Dann konnte ich mich während der sechs Wintermonate darauf konzentrieren, einen anständigen Schwung zu entwickeln und ihn auf der Übungsanlage weiter zu perfektionieren. Ich hätte genug Zeit, mich in die Theorie einzulesen und die mentale Seite des Spiels zu erforschen, denn ich war davon überzeugt, dass dies der eigentliche Schlüssel zum Erfolg war.

In dieser Zeit auf dem Platz zu spielen, wäre kaum möglich, da die meisten Golfplätze in dieser Zeit zum Wintergrün übergehen, also nicht komplett bespielbar sind. Als Club-Caterer wusste ich zum Beispiel, dass der Platz in Blackwood tagelang geschlossen blieb, wenn es zu stark regnete.

Nach sechs Monaten Theorie und Praxis auf der Übungsanlage hätte ich noch sechs Monate Zeit, um wirklich zu spielen. Das hörte sich doch super an. Rein theoretisch sollte es funktionieren. Vermutlich wäre es sogar gut, sich zu Beginn der Wette vom Platz fernzuhalten. Auf diese Weise würde ich mir Frustration ersparen, denn ich würde erst dann eine Runde spielen, wenn ich einen sicheren Schwung und genug Ballkontrolle entwickelt hätte.

Ich erzählte dem Management des Golf-Centers von meiner Idee und sie versprachen, mich bei meinen Bemühungen zu unterstützen. Ich war mit Richard Gibson, dem Manager der Anlage, befreundet. Ihm war klar, dass es ziemliches Aufsehen erregen würde, wenn unser Projekt Erfolg haben sollte. Ich durfte kostenlos spielen – ob auf dem Platz oder auf der Range. Alles schien zu passen. Debbie Hanna hatte sich sogar bereit erklärt, mich zu trainieren.

Nur ich … nun, ich tat, was die meisten Menschen tun … ich wartete erst einmal ab. Ich benahm mich wie eine Hyäne, die sich von dem ernährt, was die Löwen übrig lassen. Der September kam und ging, das nächste Jahr kam und ging. Und ich legte immer noch nicht los. Die Zeit war noch nicht reif … In der Arbeit war alles gerade so hektisch … Ich war nicht fit genug … Eine Ausrede nach der anderen fiel mir ein. Und hatte ich den September erst einmal verpasst, musste ich ja bis zum nächsten Jahr warten.

Schließlich plante ich halbherzig, im September 2003 anzufangen. Und wieder verstrich der entscheidende Termin. Doch dieses Mal war ich mental weit näher am Projekt als je zuvor. Ich kaufte ein paar Golfzeitschriften und staunte Bauklötze über die technischen Fortschritte der letzten Jahre. Ich sah Driver mit riesigen Titanköpfen, wunderbar leicht zu schlagende Cavity-Back-Eisen und fantastische Bälle, die leicht große Distanzen überwanden. Es gab Loft-Wedges, Gap-Wedges und Hybridschläger. Lieber Himmel, was da alles auf dem Markt war! Ich war fasziniert und spürte langsam, wie mein Interesse an Golf wieder größer wurde.

Ich bin ein leidenschaftlicher Leser und ließ mich stets von der Macht des Buches leiten, wenn es in meinem Leben Probleme oder Herausforderungen gab. Für gewöhnlich hat immer irgendjemand auf der großen, weiten Welt schon einmal ein ähnliches Problem gehabt und darüber ein Buch geschrieben. Ich hatte zum Beispiel Arthritis in den Hüftgelenken, die sich Mitte der Neunzigerjahre massiv verschlimmerte. Mein Vater hatte kurz davor ein künstliches Hüftgelenk erhalten, und da mich der Schmerz in der Hüfte zehn Jahre früher traf als ihn, glaubte ich, einer düsteren Zukunft entgegenzublicken. Ich war nicht besonders scharf darauf, vor dem 40. Geburtstag neue Körperteile eingesetzt zu bekommen, und das schien so ziemlich alles zu sein, was die Schulmedizin in solchen Fällen tun konnte. Also besorgte ich mir ein paar Bücher zu alternativen Heilmethoden. Ich las unglaublich viel über die sanfte Heilung von Arthritis, und obwohl ich die Ratschläge in den Büchern nie auf Punkt und Komma befolgte, nahm ich mir doch zu Herzen, was ich las. Ich erstellte mir einen geeigneten Ernährungsplan, den ich seitdem weitgehend eingehalten habe. Die Schmerzen gehören zwar nicht der Vergangenheit an, sind aber kontrollierbar geworden. Wenn meine Hüften jetzt Probleme machen, ist das gewöhnlich meine Schuld, weil ich entweder etwas Falsches gegessen, zugenommen, nicht ausreichend geschlafen oder zu viel Wein getrunken habe.

Auch wegen meiner Wette suchte ich nach Büchern. Ich surfte bei Amazon herum und bestellte alles, was mir irgendwie hilfreich schien. Anfangs stachen mir die Bücher von Bob Rotella ins Auge, einem großartigen mentalen Golf-Coach. Zu der Zeit interessierte ich mich mehr für das, was man überhaupt erreichen konnte, als für die spezifischen Schwünge. Seine Bücher kamen mir da gerade recht. Dabei entdeckte ich eine recht verstörende Statistik, die ich in vielen Büchern wiederfinden sollte.

Vor 40 Jahren, hieß es da, sei das durchschnittliche Handicap 17 gewesen. Heute liege das durchschnittliche Handicap bei … 17. Alle technologischen Fortschritte im Golf hatten also nicht vermocht, das Handicap des Durchschnittsgolfers zu senken. Und auch das bessere Verständnis der Psychologie des Golfspiels hatte dazu nichts beitragen können. Ebenso wenig die 24-Stunden-Berichterstattung auf dem Golf Channel. Profis wie Tiger Woods, Vijay Singh und Phil Mickelson haben mit ihrer neuen Technologie, ihrer Fitness und ihrer Beherrschung der psychologischen Seite des Golfs die alten Plätze vielleicht bezwungen, doch für Otto Normalgolfer ist dieses Spiel noch so frustrierend wie eh und je. Er spielt so schlecht wie immer, verschießt nur wesentlich teurere Bälle und die neue Gehirnwäsche der Werbung sorgt dafür, dass er Jahr für Jahr neue Driver für mindestens 300 Pfund pro Stück kauft.

Ich fand Rotellas Bücher sehr inspirierend und las jedes, das ich in die Finger bekam. Vor allem *Das Golf Ihrer Träume* war für mich ein enorm wichtiges Buch. Darin findet sich sogar ein Kapitel darüber, wie man sein Handicap auf 0 senkt.

Rotella meint, man könne das schaffen – innerhalb von zwei Jahren und auch dann nur, wenn man viel Arbeit hineinstecke. Das war doch schon ein Lichtblick. Ich wollte ja nicht Handicap 0 erreichen. Ich wollte nur eine Runde Par spielen. Eine schwierige Sache also. Aber darauf wollte ich mich eben konzentrieren. Und mittlerweile ging das auch besser.

Rotella legt Wert auf seine Privatsphäre, ich jedenfalls bekam ihn nicht zu fassen. Allerdings gelang es mir, Robert Cullen eine E-Mail zu schicken, der mit Rotella zusammen viele Bücher geschrieben hatte. Ich fragte ihn, ob er glaube, dass ich meine Wette gewinnen könnte. Er schrieb zurück, er wünsche mir alles Gute, doch seiner Ansicht nach müsse ich mindestens 18 Monaten einrechnen, um mein Ziel zu erreichen. Der Hoffnungsschimmer verstärkte sich. In meiner grenzenlosen Naivität glaubte ich, der Unterschied zwischen 12 und 18 Monaten sei minimal. Ich würde einfach härter arbeiten und mich klüger anstellen, als er dachte.

Die Sache kam langsam in Schwung. Ein weiteres wichtiges Buch war *Inner Game Golf: Die Idee vom Selbstcoaching* von Timothy Gallwey, der eigentlich Tennis-Coach war und mit seinem Buch *Tennis – das innere Spiel* einen Riesenerfolg verbucht hatte. Ein Freund von mir ist Klavierspieler, sogar ihm empfahl man die Lektüre von Gallweys Buch, um seine mentalen Hindernisse abzubauen. Gallwey war ein mittelmäßiger, aber eifriger Golfer und wollte die Techniken, die er fürs Tennis entwickelt hatte, auch aufs Golfen anwenden. Er wollte innerhalb eines Jahres eine Runde mit 80 Schlägen spielen können. Das kam mir doch sehr bekannt vor. Seine Vorgabe war nicht die gleiche wie meine, aber immerhin nah dran, sodass ich mein Vorhaben immer mehr für machbar hielt.

Doch ich las nicht nur Bücher über Golf. Da gab es dieses wunderschöne, inspirierende Buch von Bill Cullen, *It's a long way from Penny Apples*, der mit seinen elf Geschwistern in den Slums von Dublin aufwuchs. Cullen arbeitete hart. Es gelang ihm, seine Lage zu verändern, und heute ist er einer der reichsten Männer Irlands. Dieses Buch ist keineswegs der Wegweiser zu einem der üblichen Egotrips zu Reichtum und Ruhm. Vielmehr zeigt diese Geschichte sehr schön, wie man Hindernisse überwinden und etwas aus seinem Leben machen kann. Was Cullen geschafft hatte, ließ mein Vorhaben vergleichsweise unbedeutend erscheinen.

Heute findet man im Internet wie auf dem Buchmarkt Tausende von Leuten, die einem erklären möchten, wie man es schafft, reich, schlank oder erfolgreich zu werden. Viele dieser Gurus haben in ihrem Leben noch nichts Besonderes geleistet. In ihren Büchern und Seminaren laufen sie einem Traum hinterher und wollen so viele Menschen wie möglich davon überzeugen, dass ihr Leben sich für immer verändern wird, wenn sie nur ein paar magischen Schritten folgen. Der Hype hält dann meist ein oder zwei Wochen an, bevor die Wirklichkeit uns wieder auf den Boden der Tatsachen zurückholt. Dann kommt der nächste Guru, der uns anbietet, unser Leben für uns neu zu sortieren. Und wieder hat er einen Anzug an, hat ein paar gute Marketingstrategien drauf und erzählt uns, was die Motivationspsychologen immer schon wussten. Bill Cullen dagegen ist ein ehrlicher Mensch und ein Mann der Tat, was in dieser Welt der Modetrends erfrischend ist. Seine Geschichte war es, die mich ermutigte, es endlich anzupacken.

Ich las weiterhin die Golfbibeln, blätterte in Golfzeitschriften und sah mir Golfvideos an. Und plötzlich machte es in mir Klick und von diesem Moment an wäre es mir unmöglich gewesen, das Projekt *nicht* zu beginnen. Ich hatte den entscheidenden Schritt getan. Ich wollte nichts mehr lesen, wollte nicht mehr darüber reden – ich wollte es endlich *tun*.

Bei mir läuft das immer so, und ich glaube, dass das auf die meisten von uns zutrifft. Zuerst bombardiert man sich selbst mit fundierter Information und nützlichen Ideen über das Projekt, und dann erreicht man mit einem Mal das Stadium, in dem man handeln muss. Irgendwie baut die Energie sich auf wie eine Welle, und dann kommt der Moment, in dem man aufspringen und sie reiten muss. Plötzlich ist der Schmerz des Nichtstuns größer als das Vergnügen, es noch weiter aufzuschieben.

Ich wusste plötzlich, dass ich im September dieses Jahres – 2004 – fähig sein würde, alles in die Wege zu leiten. Mitte Mai setzte dann wieder die Frustration ein. Ich hatte zu schnell zu viel Schwung geholt. Ich konnte einfach nicht bis September warten. Ich konnte an nichts anderes mehr denken als an die Wette. Draußen schien die Sonne, ich musste einfach loslegen. Das Timing allerdings war so schlecht, wie es nur sein konnte. Wenn ich im Mai anfing, hieß das, dass ich während der Sommermonate lernen und während der Wintermonate spielen musste. Und doch wusste ich, dass ich endlich in die Gänge kommen musste. Ich wollte nur noch anfangen.

Also setzte ich mich mit Lesley hin und erklärte ihr, dass ich mich endlich entschlossen hätte. Ich versprach ihr, dass ich nicht mehr Stunden in mein Vorhaben investieren würde als die Zeit, die ich gewöhnlich abends vor dem Fernseher verbrachte. Und dass ich alles tun würde, damit sie und Aimee nicht unter meinem Vorhaben leiden würden. Sie zeigte sich sehr hilfsbereit, aber ich spürte, dass sie sich insgeheim fragte, wie viel von meiner Zeit die Wette *wirklich* in Anspruch nehmen würde. Sie hatte schon mehrmals erlebt, wie bestimmte geschäftliche Vorhaben mich voll und ganz in Beschlag genommen hatten, und sah gewisse Parallelen zu meinem Golfprojekt.

Außerdem gab es noch ein weiteres Zeitproblem. Ich hatte nicht nur die falsche Jahreszeit erwischt, sondern auch beruflich eine schwierige Zeit. Als ich mit Debbie plauderte und meinte, dass ich die Herausforderung vielleicht selbst in Angriff nehmen würde, hatte ich eine Art Utopia vor Augen, in dem ich höchstens 30 Stunden pro Woche arbeiten würde. Meine aktuelle Situation war davon weit entfernt. Ich hatte schon lange aufgehört, in Blackwood zu arbeiten. Mittlerweile war ich Geschäftsführer und Aktionär von Nordirlands am schnellsten wachsender Gartencenter-Gruppe. Wir hatten bereits zwei Zentren eröffnet und planten gerade drei weitere – mit einer Belegschaft von 120 Leuten. Ich war pro Jahr etwa 30 000 Meilen unterwegs und hatte eine 50-Stunden-Woche.

Nimmt man dazu noch ein bewegtes Familien- und ein reges Sozialleben, wird schnell klar, dass es für Projekte zur Steigerung des Selbstbewusstseins in meinem Leben wenig Raum gab. Den Kriterien zufolge, die ich zu Beginn ersonnen hatte, würde ich meine Wette nur dann gewinnen, wenn ich eine Runde Par spielen, dabei verheiratet bleiben und meinen Job behalten konnte. Naiverweise erwartete ich, dass das schon irgendwie klappen würde.

Also rief ich die verwirrte Debbie an und sprach alles mit ihr durch.

»Ich muss jetzt wirklich anfangen«, platzte ich gleich zu Beginn heraus.

Sie zögerte. »Gut … im September, meinst du?«

»Nein. Jetzt. Sofort. Ich bin so aufgeregt, ich muss einfach loslegen.«

Wieder ein Zögern.

»Aber John, dein Timing ist eine Katastrophe! Du wirst dir dein Leben zur Hölle machen.«

»Ich weiß, ich weiß das alles.« Ich hatte mir schon gedacht, dass sie den Plan idiotisch finden würde. »Ich kann nur einfach nicht mehr warten. Ich glaube, jetzt ist der psychologisch richtige Moment. Ich muss jetzt anfangen. Ich habe das Ganze schon viel zu lange aufgeschoben. Wenn ich so weitermache, werde ich mir noch auf dem Sterbebett vornehmen, dass ich nächstes Jahr anfange.«

Schweigen.

»Kann ich also bald vorbeikommen und eine Runde spielen? Das nehmen wir dann als erste Runde. Kannst du mir helfen, eine Runde zusammenzustellen, die wir als Vergleichsrunde benutzen können?«

Sie lachte. »Okay, okay. Ich glaube zwar, dass du spinnst, aber lass mich mal einen Blick in meinen Terminkalender werfen.«

Ich war so aufgeregt und eifrig wie ein Achtjähriger vor dem Schulausflug in den Zoo.

»Wie wäre es mit nächstem Mittwoch?«, fragte sie.

»Perfekt. Vielen, vielen Dank, Debbie. Bis dann.«

Ich war außer mir vor Aufregung.

ES GEHT LOS!

Der beste Weg, ein Projekt anzufangen, ist: aufhören zu reden und etwas zu tun.

Walt Disney

Am Mittwoch, den 26. Mai 2004, fing ich an. Es gibt zwei 18-Loch-Parcours in Blackwood – einen einfachen mit lauter Par-3-Löchern und eine Par-71-Bahn, die man den Hamilton Course nennt. An jenem Morgen stand ich am ersten Tee der Hamilton-Bahn und war schrecklich nervös. Ich sagte mir, dass diese Runde ja schließlich nicht zählte. Wir spielten nur eine Testrunde, um meinen Leistungsstand festzulegen. Aber so einfach war es natürlich nicht. Schließlich musste ich Debbie davon überzeugen, dass ich das Zeug hatte, diese Wette zu gewinnen. Sie musste in meinem Spiel etwas sehen, das ihr der Mühe wert schien. Auch sie würde schließlich Zeit investieren, für die sie nichts bekam. Wenn ich die Runde zu schlecht spielte, würde sie vielleicht den Eindruck gewinnen, dass ich es nicht schaffen konnte, ganz egal, wie sehr ich an den erfolgreichen Abschluss meines Projekts glaubte.

Debbie ist ein positiver Mensch. Sie ist selbst hochgradig motiviert und schätzt Leistung auch bei anderen. Sie hatte sechs Jahre lang in der Ladies Professional Golf Association (LPGA) gespielt und sah auf Anhieb, was mit harter Arbeit, Übung und Disziplin möglich war. Als Golftrainerin bewunderte sie jeden, der sein Spiel verbessern möchte. Unglücklicherweise sah sie Jahr für Jahr auch Hunderte von Golfern, die hehre Ziele hatten, während diejenigen, die diese auch erreichten, in der Minderzahl blieben. Wenn sich erst einmal die Erkenntnis breitmachte, dass harte Arbeit und viel Übung vonnöten waren, hörten die meisten Spieler auf und verfielen in ihre alten Gewohnheiten. Ich musste sie aber nicht nur von meinem Durchhaltewillen überzeugen, sondern ihr auch zeigen, dass ich genug Talent und ein Niveau hatte, auf dem sie aufbauen konnte.

Eine Acht am ersten Loch erwies sich nicht gerade als hilfreich. Es war mindestens ein Jahr her, dass ich zuletzt gespielt hatte, und ich schien überhaupt nichts zustande zu bringen. Natürlich spielten auch die Nerven eine Rolle, doch der wichtigste Faktor war zweifelsohne die bestürzende Erkenntnis, dass ich etwas *leisten* musste. Mit einem Mal ging mir auf, dass ich nun nicht mehr nur für mich spielte. Dieses Problem kennt jeder Spieler, wenn er draußen auf dem Platz steht. Es sollte mich das ganze Jahr über begleiten.

Das zweite Loch war ein Par-5, und ich spielte es mit sieben Schlägen. Das half mir auch nicht weiter.

Als wir am dritten Tee standen, entschied Debbie, dass es an der Zeit sei, mit mir ein Wörtchen zu reden.

»John, könntest du dich bitte entspannen? Es ist im Moment egal, ob du eine schlechte Runde spielst.«

»Ähm, ja, ich weiß. Ich möchte dir nur zeigen, dass ich durchaus so weit bin, dass du mit mir arbeiten kannst.«

»Davon bin ich längst überzeugt, also entspann dich einfach.« Grinsend setzte sie hinzu: »Dies ist vermutlich das letzte Mal in diesem Jahr, dass es dir egal sein kann, mit wie vielen Schlägen du die Bahn spielst. Also entspann dich und genieß es. Dieser Luxus wird dir von nun an eine ganze Weile versagt bleiben.«

Damit hatte sie natürlich recht. Also entspannte ich mich langsam und bekam es schließlich auf die Reihe. Ich spielte das dritte, ein Par-3, mit vier und das vierte Par-4 tatsächlich mit vier Schlägen. Beim nächsten Loch spielte ich dann wieder eine Sieben mit vier Putts, was mich schnell wieder auf den Boden der Tatsachen zurückholte. Aber ich beendete das neunte mit 50 Schlägen. Um ehrlich zu sein, war ich recht zufrieden damit, wie ich diese neun Löcher gespielt hatte, nachdem ich mich beruhigt hatte. Ich schlug den Ball besser, als ich es lange Zeit getan hatte. Die meisten meiner schlechten Schläge hatten eine einfache Ursache: Nervenflattern.

Die neun Löcher auf dem Rückweg spielte ich ähnlich, vielleicht ein wenig schlechter. Die Löcher sind schwieriger, Fehlschläge werden härter bestraft. Ich spielte das relativ einfache elfte Loch mit niederschmetternden zehn und zwei verlorenen Bällen, verlor weitere Bälle am 13. und 14. und machte die Rückrunde mit 53. Das gab 103 für die Gesamtrunde. Ein trauriges Ergebnis, doch für meinen damaligen Spielstand eine recht gute Runde. Ich hatte seit 20 Jahren keine volle Runde mehr gespielt, bei der jeder Schlag zählt und es keine Gimmes oder Mulligans gibt. Ich hatte einfach vergessen, wie schwierig es war, eine halbwegs anständige Runde hinzulegen.

In gewisser Weise war ich also recht zufrieden mit meinem Spiel. Ich hatte das Gefühl, einen anständigen Schwung gezeigt zu haben. Andererseits störte es mich schon ein wenig, dass eine gute Runde bei mir bei 103 lag. Ich hatte in den letzten Jahren schon viel schlechtere Runden gespielt, und um die Wahrheit zu sagen: Hätte ich keine Scorekarte mitgeführt, hätte ich das Gefühl gehabt, schon in der Mitte bei 90 zu liegen.

Debbie hatte mir keinen Rat gegeben, sondern sich bewusst darauf beschränkt, mich immer wieder zu beruhigen. Sie wollte mein Spiel einfach im Naturzustand sehen. Als wir hinterher in der Bar eine Tasse Kaffee tranken, war ich davon überzeugt, sie würde mir ein Kompliment zu meinem Schwung machen. Vermutlich ist Ihnen schon klar, dass sie das nicht getan hat.

Sie saß nur ruhig da und machte Notizen. Und zwar folgende:

1. Griff mit der rechten Hand zu fest
2. Ballansprache zu unsicher
3. Platzmanagement
4. Berücksichtigung der Elemente (Wind etc.)
5. Kurzes Spiel – Methodik und Technik
6. Putter-Technik
7. Distanzbeherrschung
8. Visualisierung

Ganz unten stand »Freitag, 28. Mai, 12 Uhr mittags«. Das war das Datum unserer ersten Lektion.

Wir sprachen über das Projekt und über die Frage, ob sie es mir zutraute, die Wette zu gewinnen. Und sie war ganz ehrlich. Debbie hatte in dem von mir anvisierten Zeitrahmen noch nie jemanden so große Fortschritte machen sehen. Doch sie glaubte, dass es durchaus möglich sei.

Sie sah mir fest in die Augen und sagte: »Ich weiß, dass ich es tun könnte, wenn ich diese Wette eingehen würde. Daher ist es sicher möglich. Du wirst aber sehr hart arbeiten müssen. Einfach wird's nicht.«

Sie hielt meinem Blick stand und studierte meine Züge, als ich versuchte, sie davon zu überzeugen, dass ich tatsächlich hart arbeiten würde. Ich spürte förmlich, dass da bei ihr noch Zweifel herrschten.

Doch sie kannte mich gut genug, um mir zuzutrauen, dass ich, was ich anfing, auch zu Ende bringen würde. Sie wusste, dass ich energisch war und dass ich meinen Unternehmergeist bereits in anderen Situationen unter Beweis gestellt hatte. Ich hatte bewiesen, dass ich mich Herausforderungen stellen konnte, eine Eigenschaft, die sich für unser Projekt als nützlich erweisen würde. Am Ende unserer Begegnung hatte ich den Eindruck, sie überzeugt zu haben. Ich war nicht so blind vor Begeisterung, dass ich übersah, wie viel Arbeit mein Vorhaben erforderte. Wir standen beide hundertprozentig hinter diesem Projekt.

Am Anfang eines jeden Projekts, das man schon seit Ewigkeiten anvisiert, ist die Euphorie meist groß. Man ist sicher, dass man es schaffen kann. Die Möglichkeit steht greifbar im Raum. Das ist ein Höhenflug, wie es nur wenige gibt. Leider dauert er nicht lange an. Dazu muss man sich nur einmal anhören, was Menschen nach einem Motivationsseminar so von sich geben. Sie sind so voller Enthusiasmus. Sie glauben, dass ihr Leben mehr zu bieten hat. Doch die Arbeit, die die Veränderung wirklich einleitet, liegt zu diesem Zeitpunkt noch vor ihnen.

An ebenjenem Punkt stand damals auch ich. Ich hatte angefangen. Ich hielt die Scorekarte in der Hand und hatte recht gut gespielt. Und was noch wichtiger war: Ich hatte die erste Hürde genommen und Debbie davon überzeugt, dass ich es schaffen konnte. Dass es den Einsatz lohnte. Der Gedanke an das Jahr, das vor mir lag, war ungeheuer aufregend. Der Gedanke an die Schinderei, die einen erwartet, hat meist etwas sehr Romantisches – bevor man anfängt. In meinem Kopf liefen lauter kleine Filmchen ab, die mich dabei zeigten, wie ich mich meinen Aufgaben stellte: ich im Fitnessstudio, wo ich Gewichte stemmte; ich auf der schneebedeckten Driving Range, wie ich einsam Abschläge übte; ich joggend auf der Landstraße. Natürlich ging ich bis zum Äußersten. Ich mit gereckter Faust, wie ich den Ball mit dem Putter ins 18. Loch schob. Und ein paar Filmausschnitte: Rocky, der sich auf den großen Kampf vorbereitet. Läufer, die sich in *Chariots of Fire* auf den Hundertmeterlauf vorbereiteten. Solche Sachen eben. Ach, wie schön ist es doch, eine rege Fantasie zu haben.

Ich war bereit. Der Startschuss war gefallen.

Ein kurzer Ausflug in die wirkliche Welt

In zwanzig Jahren werden Sie enttäuschter sein über das, was Sie nicht getan haben, als über das, was Sie tatsächlich taten. Also Leinen los, raus aus dem sicheren Hafen und ahoi auf der Suche nach günstigen Winden. Auf zu unbekannten Ufern, Träumen und Gestaden!

Mark Twain

Schon begann die erste Lektion. Von Euphorie erfüllt, stand ich mit Debbie auf der Übungsanlage und schlug ein paar Bälle. Wir sprachen darüber, wie man anderen Golf beibringt und dass es schwierig ist, Woche für Woche Dutzende – offen gesagt – faule Golfer zu unterrichten. Menschen, die irgendeinen tollen Trick von einem erhoffen. Die sich angewöhnt haben, die Schläge nach rechts oder links zu verziehen und von ihrem Trainer nun erwarten, dass er dies innerhalb einer Woche korrigiert. Und dass sie dafür weniger als ein Zehntel dessen hinblättern müssen, was ihr neuer Driver gekostet hat.

Der Golflehrer kann den Schwungpfad des Golfers verbessern oder die Gewichtsverteilung korrigieren. Nach ein paar miesen Schlägen fängt dieser dann allmählich an, besser zu werden. Der Schüler erkennt den Unterschied. Ein paar Schläge mehr und alles scheint in Butter. Danke sehr, danke sehr, heißt es. Das ist super, es hat mir sehr geholfen. Sie sind ein toller Trainer. Ich habe für eine halbe Stunde bezahlt und Sie haben mein Problem gelöst. Meist ignoriert der Trainer dabei die anderen Probleme, die sich im Schwung des Schülers zeigen, da der ja nicht daran arbeiten will. Er ist nicht darauf vorbereitet, wirklich etwas zu ändern, um die grundsätzlichen Fehler in seinem Schwung auszumerzen, auch wenn er damit sein Handicap auf unter 10 verbessern könnte. Er hat kurzfristig ein Problem erkannt und schnell ein Heftpflaster draufgeklebt. Und das hat funktioniert.

Das Heftpflaster kann helfen. Es kann sogar langfristig helfen, aber nur, wenn der Spieler dabei bleibt. Der Trainer erklärt ihm, was er tun soll, bevor er zurück auf die Piste geht. Er muss üben und mehrere Hundert Bälle schlagen – mit den Anweisungen des Trainers im Hinterkopf. Nur tut er das meistens nicht. Er kauft vielleicht noch 20 Bälle und übt mit weiteren zehn den neuen Schwung. Mit den restlichen zehn versucht er dann schon, den Zaun zu treffen. Die meisten Schüler verschießen nach der Trainingsstunde noch etwa ein Dutzend Bälle und dann ist Schluss. Vielleicht müssen sie zu einem Termin oder nach Hause zum Abendessen, vielleicht wollen sie auch einfach nur mit ihren Freunden einen heben gehen. Und weg sind sie – mit den guten Ratschlägen im Hinterkopf und dem besten Vorsatz, vor dem nächsten Spiel auf der Anlage noch ein wenig zu trainieren.

Sie nehmen sich nicht die Zeit, um die Tipps des Trainers niederzuschreiben, damit sie sie nicht vergessen. Sie buchen auch keine neue Stunde in, sagen wir mal, einer Woche, damit sie überprüfen können, ob all die Übungsstunden, die sie voll guter Vorsätze planen, auch Wirkung zeigten. Meist aber schaffen sie es nicht einmal zurück auf die Übungsanlage, weil »die Woche wieder so voll war«. Und schwupp, ist der Samstag da. Sie haben längst vergessen, was sie in der Trainingsstunde gelernt haben, und natürlich auch nicht geübt. Sie haben sich den neuen Schwung also nicht zur Gewohnheit gemacht. Ergebnis? Eine schlechte Runde. Weder Fisch noch Fleisch. Ihr Schwung ist eine Mischung aus ihren alten Gewohnheiten und dem, was ihr Gedächtnis von den Trainertipps behalten hat. Und wer ist schuld? Sie natürlich nicht. »Das war dieser Scheißtrainer«, grummeln sie. »Mein Schwung ist komplett im Arsch.«

Ich kannte diesen Mechanismus deshalb so gut, weil ich in der Vergangenheit gerne meinen Trainern die Schuld an meinem schlechten Spiel gegeben habe. Meine Eltern hatten mir etwa zehn Jahre zuvor eine Reihe von Trainerstunden geschenkt, als mein Spiel zum ersten Mal wirklich schlecht geworden war. Aber mein damaliger Trainer brachte das, was ich für »meinen natürlichen Rhythmus« hielt, so durcheinander, dass ich die Stunden nicht einmal bis zum Ende nutzte. Golfer lieben ihren natürlichen Rhythmus, noch mehr aber das Reden darüber. »Schau dir mal den kleinen Kerl dort auf der Range an. Das ist reine Poesie.« – »Ja, den Schwung hat er sicher nicht aus dem Buch gelernt.« Unnötig zu sagen, dass »der kleine Kerl« vermutlich schon mehrere Tausend Bälle geschlagen und schon längst einen Trainer hat. Golfer wollen einfach glauben, dass einige Menschen Golf mit der Muttermilch aufgesogen haben. Männer wie Seve Ballesteros trugen auch nicht gerade zur Entmystifizierung bei. Er spielte so verwegen, dass die meisten Amateure dachten, bei ihm sei alles reines Talent und gute Gene. Dabei vergisst man für gewöhnlich, dass er seine ganze Kindheit damit zugebracht hat, mit einem gebrauchten 3er-Eisen auf seinem Heimatplatz die verrücktesten Schläge zu üben.

Dieses Mal aber wollte und musste ich es anders machen. Natürlich nahm ich naiverweise an, ich hätte einen ganz ordentlichen Schwung, den man mit ein paar Heftpflastern zu einem großartigen Schwung machen könnte. In Wirklichkeit war mein Schwung vom Schwung eines Unter-10-Handicappers weit entfernt. Wir mussten ganz von vorn anfangen, was ich – wenn ich ehrlich bin – ziemlich demütigend fand. Ich stand da und Debbie belehrte mich über Griff, Haltung und Ballposition – wie es Alan Hunter, der Golflehrer in meiner Heimat Portstewart, 25 Jahre zuvor auch schon getan hatte. Ich konnte doch nicht alles verlernt haben? Ähm, leider doch.

Zum einen war da mein Griff. Ich packte viel zu fest zu und knickte die rechte Hand ab. Dadurch blieb die Schlagfläche immer einige Grad zu weit geöffnet. Und ich hatte überhaupt keine Vorstellung davon, wie ich mich am besten zum Ball stellen und wohin ich mit meinen Füßen sollte. Wir standen gut eine Stunde lang da und übten diese grundlegenden Dinge. Das war nicht, was ich mir vorgestellt hatte. Ich dachte, Debbie würde meinem Schwung sozusagen den letzten Schliff und mir ein paar praktische Tipps geben. Dass ich neu lernen sollte, wie ich zum Ball stand und den Schläger hielt, war mir gar nicht in den Sinn gekommen. Das nahm mir – gelinde gesagt – ein wenig den Wind aus den Segeln.

Dabei steht es in jedem Golflehrbuch: Der richtige Griff kann in seiner Bedeutung gar nicht genug geschätzt werden. Heute, wenn ich über die Driving Range schlendere, sehe ich immer wieder Golfer mit schlechtem Griff. Ich weiß aus bitterer Erfahrung, wie viel Arbeit es kostet, das abzustellen. Das Problem ist nur: Der Griff ist ganz wesentlich, aber es gehört zu den härtesten Dingen überhaupt, einen einmal falsch antrainierten Griff wieder zu verändern. Ich hatte meine Griffgewohnheiten mehr als 20 Jahre zuvor entwickelt. Und obwohl ich in der Zwischenzeit nicht viel gespielt hatte, hatte mein Griff sich 20 Jahre lang tief eingeschliffen.

Das zweite Problem war, dass die Schlagfläche immer so weit geöffnet war – mit dem Effekt, dass ich den Ball nach rechts verzog. Oberflächlich hört sich das so an, als wäre es leicht zu korrigieren, doch ich muss bis heute bewusst darauf achten, diesen Fehler nicht zu machen. In dem Jahr meiner Wette kam mir mehr als einmal zu Bewusstsein, dass gutes Golf mindestens genauso viel damit zu tun hat, wie du zum Ball stehst und dich auf den Schwung vorbereitest, als mit dem Schwung selbst. Das hört sich als Fazit jetzt ausgesprochen langweilig an. Jedenfalls kann man damit keine Webseiten füllen und Hochglanzmagazine verkaufen. »250-Meter-Drives mit dem neuen Fandango 300XTR« – das hört sich doch weit reizvoller an als »Nehmen Sie die richtige Position ein und führen Sie den Schlag so exakt wie möglich aus«, oder?

Die Bekanntgabe

Vielleicht bin ich ja ein Träumer, aber sicher nicht der einzige. Und ich hoffe, du machst eines Tages mit, damit die Welt wieder eins wird.

John Lennon

Vier Tage, nachdem ich mit dem Training angefangen hatte, beschloss ich, meinen Plan publik zu machen. Ich verbreitete die Nachricht in mehreren Internetforen, weil ich wissen wollte, ob die Leute im Allgemeinen glaubten, dass ich Erfolg haben könnte:

Von null auf null: Par spielen in einem Jahr – ist das möglich?

Ist es Ihrer Ansicht nach möglich, einen Golfer, der über 100 spielt, innerhalb eines Jahres auf eine Par-71-Runde zu bringen? Der fragliche Golfer hat einen Vollzeitjob und ein reges Familienleben, er kann also nur zwei Stunden pro Tag trainieren. Er ist 37 Jahre alt und in mittlerem bis schlechtem Trainingszustand. Und doch hat er die Wette mit sich selbst in dieser Woche angenommen und losgelegt … Wie ist Ihre Meinung: Ist das möglich?

Vielen Dank
John

In den meisten Internetforen tat sich zu wenig, sodass ich keine Antwort bekam. Doch das Forum, das bei meiner Google-

Suche an erster Stelle gestanden war, war zufälligerweise ein australisches. Die Australier sind für ihre unverblümte Art bekannt. Mich hat sie auf teils recht merkwürdige Weise inspiriert.

Einige der Antworten, die ich bekam, fielen skeptisch aus, andere sprachen mir Mut zu.

»Ob es möglich ist? Meiner Ansicht nach nicht.«

»Ehrlich gesagt: Ich glaube nicht ... Ich wünsche dem Mann Glück und hoffe, dass er mich Lügen straft, denn das würde allen Mut machen.«

»Ich weiß nicht, ob er es schafft, Par zu spielen, eines aber weiß ich mit absoluter Sicherheit: Mit 40 wird er keine Familie mehr haben. (Dafür aber beinharte Unterhaltszahlungen!)«

»Jemand wie Greg Norman hat fast drei Jahre gebraucht, um Par spielen zu können, und er war damals noch jung und hat fast den ganzen Tag geübt.«

»Wenn er sich Mühe gibt und Geduld hat, schafft er es vielleicht, sein Handicap innerhalb eines Jahres auf 18, vielleicht 14 zu senken ... vor allem, wenn er nur zwei Stunden pro Tag üben kann.«

Interessanterweise fanden die meisten Menschen in den Foren die Wette nicht aberwitzig. Ein paar Golfzeitschriften hatten bereits über ähnliche Projekte berichtet, die jedoch weitgehend erfolglos verlaufen waren. Andere Forumsmitglieder hatten selbst schon ähnliche Aufgaben zu bewältigen versucht. Der allgemeine Tenor war, dass dies nicht möglich sei – ich sei viel zu alt und daher nicht in der Lage, meinem Trainer hundertprozentiges Vertrauen zu schenken. Ich würde zu viel arbeiten und daher nie die erforderlichen zehn bis 15 Stunden Übung pro Woche zusammenbekommen. Viele Forumsmitglieder schickten lange Listen mit Namen: lauter Menschen, die ebenso dramatische Verbesserungen ihres Handicaps vorgehabt hatten und gescheitert waren.

Ohnehin ist Vorsicht geboten, wenn man sich in Internetforen tummelt. Zwar bieten viele Mitglieder einfach freundlich ihren Rat an, es gibt aber auch die Spezies »Tastatur-Krieger«, die zu Hause sitzt und andere per Computertastatur niedermacht. Manche der Foren sind Insiderveranstaltungen. Dann wird man anfangs zwar freundlich willkommen geheißen, doch wenn die eigene Meinung der der Meinungsmacher im Forum widerspricht, findet man sich schnell auf dem Abstellgleis wieder.

In meinem Fall schlugen höfliche Ermutigung und wohlwollende Skepsis bald in Zynismus um. Eine der Äußerungen über meine Wette war so ätzend, dass sie sich tief in mein Gedächtnis brannte. Die Erfahrung erinnerte mich an das, was Jerry Lewis einmal so hellsichtig bemerkte: »Wenn du die Fahnenstange hinaufkletterst, lässt du die Leute unter dir. Und sie wollen dich herunterholen! Nicht etwa, weil sie selbst dort oben sein möchten, sondern weil sie nicht wollen, dass DU dort bist.« Ich hatte noch keinen Ball geschlagen, und Gott und die Welt regte sich bereits über mich auf. Allerdings verfüge ich über einen Wesenszug, der recht tief in mir verwurzelt ist: eine gute Portion von »Euch zeig ich's«-Mentalität. Giftige Kommentare spornen mich daher eher an.

Am Ende meiner »Umfrage« hatte ich keinen vernünftigen Grund zu hören bekommen, weshalb die Wette nicht klappen könnte. Und viele Leute hatten mich ermutigt. Das schien mir die Sache wert. Mir war nun klar, dass nicht alle Welt hinter mir stand. Und so fing ich mit der Schinderei an. Und »Schinderei« ist genau das richtige Wort dafür. Noch besser wäre »öde Schinderei«, denn am Anfang musste ich mich auf die Grundlagen konzentrieren.

Abgesehen vom Griff und der Schwierigkeit, dieses Problem in denselbigen zu bekommen, musste ich meine Beinarbeit verbessern. Debbie jedenfalls sah mich eines Tages auf der Übungsanlage amüsiert an.

»Was sollen wir denn mit deinem Elvis-Schwung machen?«, fragte sie. »Wenn das hier was werden soll, musst du dich umstellen.«

Sie hatte recht. Ich knickte immer zu sehr mit den Beinen ein, wie der King eben. Für Elvis war das im Jahr 1956 ein absoluter Karrierekick und seine Beinstellung garantierte ihm das Interesse der Damenwelt. Beim Golfschwung war diese Gewohnheit allerdings kontraproduktiv.

»Versuch, die Drehung aus der Wirbelsäule heraus zu machen, mit weit weniger Bewegung«, fügte Debbie hinzu.

Sie machte eine Pause und versuchte, ein Bild zu finden, um mir besser zu verklickern, was sie meinte.

»Weniger wie Elvis, ein bisschen mehr wie einer der Daleks aus *Dr. Who*.«

Kein Vergleich, der wissenschaftlichen Kriterien standhält, aber immerhin wusste ich jetzt, was sie von mir wollte. Sie meinte, ich solle einen Football aufheben und mich drehen, als müsste ich ihn jemandem in die Hand drücken, der unmittelbar neben mir stand. Als ich das nächste Mal auf der Übungsanlage war, hatte ich das Bild eines Daleks im Kopf, der sich herumdreht. Es funktionierte tatsächlich. Nur dass ich mir dauernd auf die Zunge beißen musste, um mir den Kampfruf der Daleks zu verkneifen: »Vernichten! Vernichten!«

Ballposition, Schwungpfad, Schulter- und Hüftdrehung waren jedoch Dinge, die sich relativ leicht verbessern ließen. Es gibt so vieles, was man beachten muss, bevor man auch nur daran denken kann, einen Ball zu schlagen, dass man sich nur allzu bald fragt, ob man überhaupt je Fortschritte machen wird. Für den Anfänger wird der Schwung bald zu einer undurchsichtigen Abfolge von Bewegungen nahezu jedes größeren Körperteils. Diese zu einer fließenden Bewegung verschmelzen zu lassen, scheint unmöglich. Der Golftrainer hilft, diese Bewegungen zu vereinfachen.

Zu Debbies Fähigkeiten gehört es, alles so einfach wie möglich zu machen, sodass man sich nur auf ein, allerhöchstens zwei Dinge zugleich konzentriert. Das senkt das Verwirrungspotenzial enorm. Man kann nicht gut spielen, wenn man zwei oder mehr Punkte an seinem Schwung gleichzeitig verbessern will. So geht es nun mal nicht.

Ich konzentrierte mich also auf den Stand zum Ball und darauf, mit weniger Schwung in den Schwung zu gehen. Eine meiner Schwierigkeiten war, dass ich beim Rückschwung immer das Knie steif machte. Das ist für viele Golfer ein Problem. Es nimmt dem Schwung viel von seiner Kraft.

In diesem Stadium suchte ich noch nach schnellen Lösungen und einfacheren Wegen, um meine Ziele zu erreichen. Wo? Im Internet natürlich. Dort gab es diesbezüglich Ratschläge in rauen Mengen. Nacht für Nacht saß ich am Computer und suchte nach dem Geheimnis, das mein Golfspiel ein für alle Mal verbessern würde. Lesley ging meist zu Bett und ich rief ihr nach, dass es nur noch fünf Minuten dauern würde. Zu dem Zeitpunkt glaubte ich das auch noch. Stunden später wurde mir plötzlich bewusst, dass es halb zwei Uhr morgens war. Schuldbewusst schlich ich die Treppe hinauf und versuchte, sie nicht zu wecken. Meist hatte ich bei meinen Recherchen noch nicht einmal etwas Brauchbares gefunden.

Bei einer dieser Nachtsitzungen allerdings fand ich ein Video, das man käuflich erwerben konnte. Ein Typ in

Amerika namens Jim McLellan behauptete, 99 Prozent der Golftrainer lägen falsch, wenn es um den Golfschwung ginge. Seiner Ansicht nach müsse er ganz anders vermittelt werden. Obwohl ich auf solche Ankündigungen im Internet gewöhnlich eher skeptisch reagierte, sprach mich irgendetwas in seinen Ausführungen an. Ich kaufte das Video und schrieb ihm eine E-Mail. Anders als die meisten Leute, die im Internet mit ihren Tipps zum besseren Golfspiel hausieren gingen, war Jim bereit, E-Mails zu beantworten. Außerdem ist sein Schwung wirklich ein Meisterstück, so wunderschön gleichmäßig, dass der von Ernie Els dagegen aussieht, als habe man einen Handicap-24-Spieler vor sich. Natürlich fragte man sich unwillkürlich, weshalb Jim nicht auf Tour ging, wenn er doch so gut war. Nun ja, Menschen haben nun mal unterschiedliche Ziele im Leben. Dachte ich mir.

Der Schwung, meinte Jim, sollte ein simples Wegwischen sein. Er riet interessierten Golfern, gar nicht auf all die Details zu achten, die gewöhnlich in diesem Zusammenhang gelehrt werden. »Halten Sie Ihren Kopf ruhig«, meint Jim. »Heben Sie die Hände beim Aufschwung schön hoch, beim Durchschwung auch, und schon haben Sie's.«

Das ist der Knackpunkt seiner Methode: Sieh dir das Video so oft wie möglich an. Übe den Schwung ohne Ball. 99 Prozent der Übung geschieht ohne Ball. Übe im Garten oder im Hof und möglichst mit einem Gewichtsschläger. Schlag dann 14 Tage lang keinen Ball. Außerdem musst du den Schläger mehrmals täglich mindestens fünf Minuten schwingen. Konzentrier dich dabei nur auf meine Technik und blende während dieser Zeit alle anderen Methoden aus. Und bitte jemanden, dich beim Üben aufzunehmen, damit du deinen Schwung mit meinem vergleichen kannst.

Das hörte sich toll an, obwohl es ein bisschen zu schön klang, um wahr zu sein. Aber ich wollte es zumindest versuchen. Natürlich würde ich nicht alle anderen Methoden oder Unterrichtsstunden ausblenden. Außerdem konnte ich in diesem Stadium meiner Wette nicht einfach ohne Ball spielen. Aber ich sah mir mit nahezu religiösem Eifer Jims Video an und schwang den Schläger ziemlich lange im Hof. Auch im Wohnzimmer. Leider schaffte ich es nicht immer, die Lampen zu umgehen, wie sehr ich mich auch bemühte.

Doch es war noch etwas anderes, was mich veranlasste, Jims Prinzip zu vertrauen. Eines Abends stand ich in der Driving Range und spielte schlecht. Meine anfängliche Euphorie war verflogen und ich schien den Ball überhaupt nicht mehr richtig spielen zu können. Ich war versunken in der Mühle endloser Übungen, und an manchen Tagen schien ich schlechter zu spielen als zu Anfang.

Extrem frustriert machte ich eine Pause. Ich lehnte mich zurück und ließ meinen Blick über die Anlage schweifen. Weiter hinten stand ein junger Mann, der jeden seiner Bälle in fast vollkommener Perfektion schlug. Wunderbar elegant und kraftvoll. Immer und immer wieder. Sein Schwung war so gleichmäßig, dass er fast schon hypnotisch war. Weit weg von meinem Gehacke jedenfalls. Dabei konnte der Junge nicht älter als 14 sein. Ich hatte keine Ahnung, dass es Rory McIlroy war, dem ich zusah. Er brach im Sommer 2005 den Bahnrekord in Royal Portrush mit unglaublichen 61. Rorys kometenhafter Aufstieg und sein außergewöhnliches Talent begeisterten bald schon die Golfwelt.

Nachdem ich ihm etwa 15 Minuten lang zugesehen hatte, schlug meine Frustration in Neugier um. Dann in Ehrfurcht. Und schließlich in Selbstvertrauen. »Das ist doch nur ein blöder Schwung, bei dem man einen Ball treffen muss«, sagte ich mir. »Wie schwierig kann das schon sein? Ich kann das.« Also wandte ich mich wieder meiner Aufgabe zu und – während ich mich irgendwie erhoben fühlte – machte ein paar der besten Schläge meines Lebens. Merkwürdigerweise war das, was Rory tat, irgendwie auf meinen kraftlosen Slice-Schwung übergegangen und hatte ihn verwandelt. Sein Rhythmus hatte sich meinem Schwung eingeprägt, und so schlug ich besser als je zuvor.

Diese unbewusste Absorption eines guten Schwungs war, was Jim lehrte. Jetzt hatte ich das Gefühl, endlich etwas in der Hand zu haben. Es stimmt schon: Die Mechanik des Schlags ist und bleibt wichtig. Ein schlechter Griff, eine schlechte Haltung kann den besten Schwung kaputt machen, aber offensichtlich schwang man den Schläger besser, wenn man sich nicht auf jedes Detail konzentrierte und dauernd kontrollierte, wo und wie Hände und Füße während des Schwungs agierten.

Von meiner Entdeckung begeistert, lud ich ein kurzes Video von Jims Schwung herunter und spielte es auf allen Computern zu Hause und im Büro ein. Ich sah es immer und immer wieder an, bis ich das Gefühl hatte, es ganz in mich aufgenommen zu haben. Das Ansehen wurde zum Ritual – morgens, mittags und abends. Debbie lieh mir ein 7er-Eisen für Kinder und ich stand zu Hause vor dem Computer und schwang im selben Rhythmus wie Jim. In der Arbeit wurden die meisten Meetings in meinem Büro abgehalten. Also konnte ich hinter meinem Schreibtisch sitzen und den großen Boss spielen, während Jim als Bildschirmschoner den Schläger schwang. Ich konzentrierte mich auf die Arbeit – was mir vermutlich nicht gelang – und hoffte dabei, dass Jims Schwung auf mein Unbewusstes abfärben und tief in meine Seele einsickern würde.

Ich kaufte mir ein Mobiltelefon mit Display und nahm Jims Schwung auf, sodass ich ihn auf dem kleinen Ding abspielen konnte. Ich machte einen Vierminutenfilm daraus und steckte es in die Handyhalterung meines Autos. Wann immer ich im Verkehr feststeckte, ließ ich den Film laufen, bis das ungeduldige Hupen des Wagens hinter mir mich aus meiner Träumerei riss.

Auf der Übungsanlage schlug ich den Ball besser, dann fing ich an herumzuspielen, um das Konzept zu testen. Ich wärmte mich auf und schlug zehn Bälle mit dem 6er-Eisen. Ich versuchte einzuschätzen, wie gut und exakt sie waren. Dann sah ich eine Minute lang Jims Film auf dem Laptop oder dem Handy an und versuchte es noch einmal. Jedes Mal gab es eine klare Verbesserung. Natürlich ist dies keine statistisch verwertbare Aussage, aber ich schlug den Ball besser, nachdem ich den Film angesehen hatte.

Ich nahm auch weiterhin wöchentlich eine halbe Stunde Unterricht bei Debbie. Ihre einfache und unkomplizierte Art, Golf zu lehren, hielt mich bei der Stange. Sie ist ein ruhiger Mensch – ein ausgezeichnetes Gegengift zu meiner üblichen Übererregbarkeit. Wenn ich wieder etwas gelesen oder recherchiert hatte, hüpfte ich herum wie Winnie Puuhs Freund Tigger und freute mich wie ein Schneekönig auf die Fortschritte, die ich zweifellos machen würde. Debbie nickte geduldig und ließ mich wieder ein paar Bälle schlagen. Dann sagte sie mir, welche Fehler ich gemacht hatte – meine Schwungebene stimmte nicht, mein Griff war immer noch furchtbar – und nach zehn Schlägen war ich wieder bei der Sache.

Während unserer Unterrichtsstunden hatten wir faszinierende Gespräche darüber, wie Menschen lernen und wie man eine komplexe Abfolge von Bewegungen vermittelt, ohne den Schüler zu überfordern.

»Warst du je bei einer Hochzeit, bei der man einen Cèilí-Tanz aufgeführt hat?«, fragte ich sie einmal.

»Nein, aber ich glaube, ich weiß, was du meinst. Das sind so Figurentänze zu irischer Volksmusik, nicht wahr?«, antwortete sie und sah mich fragend an. »Nun, nur damit keine Unklarheiten aufkommen: Ich habe davon eigentlich keine Ahnung. Sie haben Rufer wie beim Square Dance. Die stehen mit den Musikern auf dem Podest und sagen die Figuren an. Setz den Fuß dahin, die Hand dorthin, dreh dich, wende dich, hüpf mit beiden Füßen und so weiter und so fort. Dann erwarten sie, dass du dir das nach einem Durchgang schon merken kannst. Das Erstaunliche daran ist, dass manche Menschen sich die Ansagen wirklich merken können.«

»Aha«, meinte sie und sah mich immer noch verdutzt an.

»Ich will damit sagen: Mein Gehirn funktioniert so nicht. Ich kann das einfach nicht. Ich muss eine Bewegung immer und immer wieder sehen, bevor ich sie begreife. Wenn du es mir nur einmal erklärst, und sei es noch so logisch, legt mein Gehirn unweigerlich seine Nebel drüber.«

»Ja, jetzt verstehe ich, was du meinst«, sagte Debbie und sah mich lächelnd an. »Das ist das YMCA-Syndrom. Da sagen dir auch irgendwelche Typen, was du mit den Hüften machen sollst und mit den Armen und so weiter. Für jeden Buchstaben eine andere Bewegung, und wenn …«

» … und wenn du beim C bist, bist du total durcheinander«, sagten wir beide zugleich. Endlich hatten wir einmal etwas gemeinsam.

»Ja, genau das meine ich«, sagte ich. »Wie schwer kann es sein, vier Buchstaben nachzumachen? Und doch vertut man sich immer. Aber wenn ich das zehnmal hintereinander anschauen könnte, würde ich es richtig machen. Darauf wette ich. Wenn man es in die Einzelteile aufsplittet, dann verliert es seinen Rhythmus.«

»Ja, das geht mir auch so«, meinte Debbie. »Ich weiß, was du meinst.«

So seltsam dieser Vergleich auch klingen mag, er erwies sich im kommenden Jahr als äußerst nützlich. Natürlich gibt es zahllose verschiedene Wege, das Golfspielen zu erlernen, aber ich frage mich manchmal, ob einige davon nicht grundsätzlich falsch angelegt sind. Nichtsdestotrotz ist ein guter Lehrer, mit dem man arbeitet, wichtig. Es gibt einfach grundlegende Fakten, die man nicht ignorieren kann. Und viele der »Golf-Schnellkurse« und »30 Meter mehr beim Drive«-Techniken richten mehr Schaden an, als sie bringen.

Mein Ziel war es ursprünglich, meine Testrunde zu machen und dann für mindestens einen Monat lang gar nicht mehr zu spielen, sondern nur meinen Schwung zu trainieren. Natürlich hoffte ich, dass sich schon allein dadurch mein Score deutlich verbessern würde. Ich stellte mir das etwa so vor:

Mai – Score: 103
Juni – 90
Juli – 85
August – 82
September – 80
Oktober – 78
November – 77
Dezember – 76
Januar – 75
Februar – 74
März – 73
April – 72
Mai – 71

Meine Diskussionspartner in den Internetforen machten sich über meinen Plan lustig, doch ich dachte, es sei gut, sich Etappenziele zu setzen. Schließlich weiß man ja, dass es sehr viel einfacher ist, einen Par-100-Spieler um zehn Schläge zu verbessern als einen Par-80 um die Hälfte. Ich war – allerdings mehr als 20 Jahre zuvor – ein Par-90-Spieler gewesen. Da ich ein ewiger Optimist bin, schien es mir durchaus möglich zu sein, innerhalb eines Monats auf 90 zu kommen. Da dann die gute Jahreszeit kommen würde, in der ich viel zu spielen gedachte, glaubte ich, eine 85 innerhalb des nächsten Monats müsse drin sein. Und dann würde ich mich Stück um Stück vorrobben, bis ich im nächsten Mai auf 71 kommen würde.

Ich wusste, dass der Winter hart werden würde. Ich wurde das nagende Gefühl nicht los, dass es idiotisch gewesen war, nicht wie geplant im September anzufangen. Es stellte sich heraus, dass es extrem schwierig war, sich während der dunklen Wintermonate zu verbessern. Wenn ich meinen Plan so ansah, dachte ich, der schwierigste Teil wäre wohl, bis Oktober auf 78 zu kommen. Ich wollte mich innerhalb von sechs Monaten um 25 Schläge verbessern. Das war ja nun wirklich kein Pappenstiel.

Obsessionen und bittere Wahrheiten

Erfolg besteht darin, dass man Fehler um Fehler macht, ohne die Begeisterung zu verlieren.

Winston Churchill

Mitte Juni war ich von der Wette wie besessen. Trotz aller Versprechungen, die ich mir und Lesley gemacht hatte, begann das, was ich mir vorgenommen hatte, mein berufliches und privates Leben stark zu beeinträchtigen. Ich nutzte jede sich mir bietende Gelegenheit zum Golfspielen. Das war weiter nicht problematisch, aber die Aufgabe, die ich mir gestellt hatte, nahm auf jeden Fall mehr Zeit in Anspruch, als ich gedacht hatte. Debbie allerdings begann, sich Sorgen zu machen.

Auf den harten Matten der Driving Range zu üben, ist für die Gelenke nicht so gut, schon gar nicht für die Handgelenke. In Blackwood gibt es eine fantastische Driving Range, doch es besteht keine Möglichkeit, auf Gras zu trainieren. Ich arbeitete also hauptsächlich auf den Matten. Meine arthritischen Hüften hielten ganz gut durch, aber ich hatte immer öfter Schmerzen im rechten Handgelenk, weil ich den Schläger über die Matte zog. Debbie merkte das natürlich und riet mir, ein bisschen weniger zu üben. Doch wenn ich jetzt zurückgesteckt hätte, wäre das ganze Projekt auf der Kippe gestanden. Ich hatte das Gefühl, keine Wahl zu haben.

Debbie arbeitet in Blackwood nicht nur als Trainerin, sie managt auch die Anlage. Daher ist sie häufig dort anzutreffen. Sie wusste immer, wann ich da war und wie viel ich trainierte. Anfangs meinte sie noch ein paarmal, sie würde mir jede Woche bestimmte Übungen für die Anlage zeigen und am Ende überprüfen, ob ich ausreichend trainiert hatte. Bald aber merkte sie, dass das Hauptproblem darin bestand, mich vom übermäßigen Üben abzuhalten. Ich war meist in der Mittagspause eine Stunde lang auf der Anlage und dann noch einmal abends eine Stunde, nachdem ich meinen familiären Verpflichtungen nachgekommen war. Als meine Handgelenke zu schmerzen begannen, machte sie sich Sorgen. Ich dachte, ich müsse üben, solange ich Energie und Lust dazu hatte. Debbie aber hatte auf dem Höhepunkt ihrer Karriere selbst viel zu viel trainiert und war auf dem Operationstisch gelandet – mit sechsmonatiger Pause wegen eines Gipsarms. Und so fürchtete sie, ich würde den Erfolg unseres Projekts gefährden, noch bevor es richtig angelaufen war.

Sie bat mich, nur einmal am Tag zu trainieren und gelegentlich ein paar Tage auszusetzen, damit meine Handgelenke Ruhe hätten und ich ein wenig Abstand bekäme. Unglücklicherweise war ich in diesem Stadium komplett süchtig. Ich lebte, atmete, schlief und aß Golf. Wenn ich nicht auf der Anlage war, las ich Golfbücher, sah mir Golfvideos an und überlegte, worauf ich mich in der nächsten Trainingsstunde konzentrieren wollte. Ich ließ keine Gelegenheit verstreichen, auch zu Hause den Schläger zu schwingen – im Haus und davor oder dahinter.

Ich benahm mich ein wenig bizarr. Ich fuhr zur Range hoch und versteckte mein Auto am äußersten Ende des Parkplatzes wie ein Süchtiger, der seinen Drogenkonsum verschleiern will. Da der Parkplatz von Bäumen beschattet war, konnte Debbie vom Büro oder von der Rezeption aus meinen Wagen nicht sehen, wenn er dort hinten stand. Dann schlich ich auf eine Übungsbahn, die vom Haus aus nicht so leicht einzusehen war. Wenn sie unterrichtete, sah sie mich natürlich, aber oft war das nicht der Fall und ich kam damit durch. Ich log sie nicht an, wenn sie mir gratulierte, dass ich es geschafft hatte, das Ganze lockerer anzugehen, aber die Wahrheit gestand ich ihr auch nicht.

In der Rückschau war das ein bisschen lächerlich, aber so etwas kann eine Wette aus einem machen, auch wenn man sie nur mit sich selbst abgeschlossen hat. Es zeigt allerdings auch, wie leicht es ist, golfsüchtig zu werden. Ich war ja nicht der Erste, der dem Zauber dieses Spiels erlag, und werde sicher auch nicht der Letzte sein. Es ist ganz erstaunlich, wie Golf das Leben und Denken ansonsten geistig gesunder Männer und Frauen beherrschen kann.

Debbies Sorge war keineswegs unbegründet. Irgendwann war es so weit, dass mein rechtes Handgelenk permanent schmerzte und ich definitiv nicht mehr hätte üben sollen. Um den Schmerz zu bekämpfen, begann ich, Schläge mit einem Arm zu üben, was sich als segensreich erwies. Ich lernte, den Schläger mit mehr Rhythmusgefühl und Leichtigkeit zu schwingen, als wenn ich den Ball hätte treffen müssen. Ich benutzte den linken Arm und schlug dann ein paar leichte Pitches mit beiden Armen. Solange ich den Schläger weich hielt, hatte ich kein Problem. Diese Übung hatte mir Gott gesandt. Vor allem verbesserte sich während dieser Zeit mein Wedge-Spiel enorm, weil ich einfach nicht in der Lage war, mich auf etwas anderes zu konzentrieren.

Dieser Schlag nur mit dem linken Arm wurde während des ganzen Jahres ein wichtiges Praxisritual. John Daly, der Einzelgänger unter den Golfern, der eigentlich für seine Bombendrives bekannt ist, benutzt eine ähnliche Methode und meint, sie habe sein kurzes Spiel deutlich verbessert. Ich hatte also das Gefühl, etwas Nützliches zu tun, während ich darauf wartete, dass meine körperliche Beeinträchtigung verschwand.

Und dann, Ende Juni, ein paar Wochen nachdem ich begonnen hatte, stellte sich bei mir das Gefühl ein, ich müsse jetzt hinaus, um mich selbst zu prüfen. Ich hatte so hart gearbeitet und wollte wissen, ob ich Fortschritte gemacht hatte.

Voller Vertrauen in meinen neuen, verbesserten Schwung spielte ich sechs Löcher. Doch das Resultat meiner Bemühungen war bitter: ein Bogey, ein Double-Bogey, ein Bogey, ein Double-Bogey. Ich saß am Tee am fünften Loch und hätte am liebsten losgeheult. Ich war nach vier Löchern sechs über Par. So würde ich meine Wette nie gewinnen. Ich konnte auf dem nassen Rasen nicht putten und wo ich früher munter drauflosgechippt und gepitcht hatte, spielte ich jetzt, wenn ich mich nicht mehr im sicheren Umfeld der Driving Range aufhielt, miserabel.

Ich führte ein stilles Selbstgespräch und versuchte, mir darauf einen Reim zu machen. Durch meinen Kopf wirbelten all die Kommentare, die ich in den letzten Wochen zu meiner Wette gehört hatte, positive und negative. Da stand ich nun ganz allein auf dem Platz. Es waren noch nicht einmal zwei Monate vergangen und ich brach unter dem Druck schon halb zusammen. Und der Druck war immens, hatte ich doch viel mehr Leute in mein Vorhaben eingeweiht, als ich ursprünglich wollte. Ich musste mich beruhigen und akzeptieren, dass noch ein langer Weg vor mir lag. Der Druck würde im Laufe des Jahres nicht geringer werden – und damit auch die Notwendigkeit, damit umzugehen.

An diesem Tag aber schaltete ich mein Gehirn ein und begann, mich zusammenzureißen. Natürlich spielte ich auch an den nächsten beiden Löchern wieder ein Bogey, aber wenigstens wusste ich, dass ich sie gut gespielt hatte. Ich hatte einfach Pech, dass ich nicht so putten konnte, dass ein Par drin war. Bei beiden Löchern. Immerhin spielte ich diese Löcher um vier Schläge besser als bei meiner Testrunde. Offensichtlich hatte ich Fortschritte gemacht. Meine Erfahrung zeigte nur, wie groß der Unterschied zwischen dem Spiel auf der Übungsanlage und auf dem Platz war.

Ich übte weiterhin allein und spielte ein paar Neun-Loch-Runden am Abend – mit gemischten Resultaten. Mein Spiel war besser geworden, nur im Putten war ich miserabel. Das machte mir aber keine Sorgen. Ich wusste ja, dass ich nicht alles auf einmal ändern konnte. Das Putten konnte bis zum Winter warten, sagte ich mir. Da ich ansonsten in allem Verbesserungen feststellte und daher recht zuversichtlich war, organisierte ich für die erste Juliwoche ein Spiel mit meinem Vater in meinem alten Club in Portstewart.

Diese kleine Stadt im Norden begeistert mich immer wieder. Sie besitzt zwei Golfplätze – einen Par-64-Parcours auf der einen Seite der Stadt und auf der anderen der sogenannte Strand Course mit seinem bekannten Par-72-Kurs. Auf dem kleineren Platz hatten wir als Kinder gespielt, er war kürzer und hatte keine Par-5-Löcher. Die letzten neun Löcher sind kurze Par-4, die wenig Schwierigkeiten bieten – eine ausgezeichnete Übungsmöglichkeit also. Auf dieser Bahn spielte ich als Junge, dort brachte ich mein Handicap auf 15.

Der Strand Course ist da schon ein anderes Kaliber. Er schmiegt sich an den Strand und windet sich durch die berühmten hohen Sandhügel. Dort kann man seine Fähigkeiten wirklich austesten. Seit ich aus Portstewart weggezogen war, hatte man den Platz gründlich überholt. Nun war er noch schwieriger und wies auf den ersten Löchern ein paar Respekt einflößende Hindernisse auf. Auf diesem Platz wollten mein Vater und ich spielen. Dort würde ich herausfinden können, wie mein Spiel außerhalb der relativen Sicherheit der Driving Range im fast windfreien Blackwood tatsächlich ausfiel.

Meinem Vater meine Fortschritte vorzuführen, war mir wirklich wichtig. Ganz egal, wie alt man ist, man will doch immer seinen Vater beeindrucken. Ich wollte ihm zeigen, was er für einen tollen Sohn hatte und dass ich locker hätte Golfprofi werden können, damals.

Doch die Runde zeigte mir vor allem eines in brutaler Deutlichkeit: welch weiter Weg noch vor mir lag. Ich wusste, wenn ich hier eine 90 spielte, dann wäre ich überglücklich. Am Abschlag war ich dann aber doch ein bisschen eingeschüchtert.

Ich spielte eine 62. Unfassbar schlecht also. Ich kämpfte mich durch das sechste, siebte und achte Loch, wollte unbedingt meinen Vater beeindrucken, doch mein Spiel wurde immer bodenloser. Ich war ein zitterndes Wrack und spielte, als hätte ich absolut keine Ahnung. Ich puttete auf jedem Grün mit drei Schlägen und verlor fünf Bälle. Ich dachte: Wenn ich an den letzten neun Löchern genauso schlecht spiele, hätte ich eine 124! Dann wäre ich 34 Schläge von meinem Ziel entfernt und 21 von meiner Testrunde in Blackwood.

Wieder einmal war mir zum Weinen zumute. Dies war der erste richtige öffentliche Test meiner Fortschritte und ich führte mich gerade selbst ad absurdum. Ich stand am zehnten Tee und brabbelte alle möglichen Entschuldigungen vor mich hin, weshalb ich so schlecht spielte: Ich bin an diesen Platz nicht gewöhnt ... Hier spielt es sich ganz anders als in Blackwood ... Ich habe dort wirklich unglaubliche Fortschritte gemacht ... Es ist eine Schande, dass du mich dort nicht spielen gesehen hast. Natürlich hörte sich das alles dumm an. Golf ist Golf ist Golf, und hier spielte ich Golf auf einem Niveau, wie man es bestenfalls von einem totalen Anfänger erwartete. Im Geschäftsleben flüchte ich mich nicht in dünne Ausreden, trotzdem stand ich da wie ein arbeitsscheuer Angestellter, der immer neue Entschuldigungen für sein tägliches Zuspätkommen erfindet. Ach, hätte sich doch nur der Boden unter meinen Füßen aufgetan und mich und meine blöde Wette verschlungen.

Mein Vater spielte ruhig weiter und bemühte sich, den Tag zu genießen. Er wusste, dass ich mit mir kämpfte und gerade alle Dämme brachen, doch er wollte mir offensichtlich helfen, die Kontrolle über mein Spiel zurückzuerlangen, indem er keine große Sache daraus machte.

Und ich fragte mich nicht zum ersten Mal, warum zum Teufel ich mir dieses absurde Vorhaben aufgehalst hatte. Warum hatte ich nicht einfach wieder angefangen, Golf als Hobby zu betreiben, wie jeder andere halbwegs normale Mensch? Ich hätte ein paar Jahre fleißig trainieren können, bis ich ein Handicap von 11 oder 12 gehabt und zufrieden gewesen wäre. Es schien absurd, was ich da machte. Dieses dämliche Ziel, das ich mir gesetzt hatte und das jeder für unerreichbar erachtete, ruinierte gerade einen perfekten Familientag.

Nun konnte ich aber schlecht einfach aufgeben und nach Hause gehen. Also redete ich mir am neunten Loch gut zu und versuchte es sozusagen noch mal. Selbstmitleid mag ich noch weniger als Ausreden. Ich sagte mir: »Lass es und entspann dich.« Die letzten neun auf dem Strand Course sind deutlich einfacher als die ersten und daher weniger einschüchternd. Ich bemühte mich, das Vertrauen in meinen Schwung zurückzugewinnen. Hatte ich nicht hervorragende Arbeit im Training geleistet? Ich lenkte meine Gedanken auf den vollkommenen Schwung, den ich in Jims Video gesehen hatte. Das Ergebnis? Ich machte die Rückrunde mit 42 und spielte vier Löcher Par.

Auf den letzten neun brauchte ich kein einziges Mal drei Schläge zum Einlochen auf dem Green. Mein Schwung war locker. Ich vertraute meinem Rhythmus wieder. Doch die bittere Tatsache war: Ich schloss die Runde mit 104 ab, also mit einem Schlag mehr als meine Kontrollrunde in Blackwood. Ich versuchte, mich damit zu trösten, dass der Strand Course eine Par-72-Bahn ist, Blackwood aber nur Par-71.

In gewisser Weise sah ich dies als Fortschritt an. Tatsächlich würde ich noch auf mehr Scorekarten blicken, die hohe Werte aufwiesen und trotzdem Fortschritte signalisierten. Das zeigt einfach nur, wie hart das Golfspiel ist, wenn man um den Wert auf der Scorekarte spielt und nicht um Punkte oder gegen Freunde. Ein schlechtes Loch kann die ganze Runde kaputt machen. Mit anderen Spielformen wie zum Beispiel dem Stableford-Punktesystem ließe sich dies sicher vermeiden. Und natürlich gab es auch keine Gimmes auf dem Grün wie bei normalen Freundschaftsspielen.

Ich hatte zwar insgesamt schlecht gespielt, doch die letzten neun waren mir ganz gut gelungen. Dass mein Spiel an den ersten neun Löchern so mies war, lag daran, dass ich mich selbst verrückt gemacht hatte. Als ich meine Wette einging, war mir bewusst, dass die mentalen Aspekte des Spiels entscheidend sein würden. Alle Golfer wissen das, doch die wenigsten tun etwas, um sich mental zu verbessern. Der Schlüssel zum Erfolg war also die Frage, wie ich mein Gehirn nutzen konnte, um mich über die Runden zu bringen. Nicht die unermüdliche Arbeit am vollkommenen Schwung auf der Übungsanlage.

In den nächsten Tagen trainierte ich hart und spielte abends noch ein paar Löcher mit einigermaßen vernünftigen Resultaten. Debbie meinte jedenfalls, ich mache gute Fortschritte und solle mich um mein armseliges Putter-Spiel nicht allzu sehr kümmern. Sie war der Ansicht, dass wir nicht alles auf einmal trainieren konnten. Natürlich sei ein Jahr, angesichts dessen, was ich mir vorgenommen hatte, kurz, andererseits doch lang genug, dass ich die verschiedenen Aspekte des Spiels nacheinander angehen konnte.

Als ich meine erste Putting-Stunde bekam, machte Debbie mich darauf aufmerksam, dass ich auf den Ball mehr oder weniger einstach, anstatt flüssig durchzuschwingen. Ein Riesenfehler, den die meisten Golfer begehen. Ich holte zu einem langen Rückschwung aus, wurde aber beim Durchschwung langsamer – mit katastrophalen Ergebnissen. Manchmal brauchte ich vier Schläge zum Einlochen auf dem Grün. Das musste aufhören.

Ein anderes Problem, das mich bis heute plagt, ist, dass ich im Grunde ein Macho-Golfer bin. Ich knalle gern mit dem Schläger auf den Ball und versuche, ihn aufs Green zu kriegen. Wenn ich die Wahl zwischen einem sanften 7er-Eisen oder einem harten 8er-Eisen habe, nehme ich immer das 8er. Mit dem Ergebnis, dass ich auch bei einem exzellenten Schlag das Grün nicht ganz erreiche. Da wurde mir klar, dass ich neben anderen Aspekten meines Spiels auch mein Platzmanagement verbessern musste.

Den Rhythmus finden

Genie ist ein Prozent Inspiration und 99 Prozent Perspiration.

Thomas Alva Edison

Als die Zeit verging, wurde klar, wie schwierig sich die Wette im Hinblick auf die »Work-Life-Balance« gestaltete. Es war generell nicht einfach, den Bedürfnissen meiner Angestellten und Mit-Geschäftsführer sowie denen meiner Familie gerecht zu werden. Normalerweise gelang mir das ganz gut, doch in letzter Zeit bohrte das Golftraining sich regelrecht in mein Familien- und Arbeitsleben. Hier musste ich wirklich aufpassen.

Ich war noch nicht an dem Punkt, dass ich wichtige familiäre Ereignisse oder geschäftliche Termine vergaß, aber allzu weit war ich auch nicht mehr davon entfernt. Meine mittäglichen Übungsstunden dehnten sich ständig weiter aus, als es der Arbeit zuträglich war, und wenn ich Lesley abends mit Aimee, Bügeleisen und Fernseher zurückließ, hatte ich ein schlechtes Gewissen.

Morgens brachte ich Aimee zur Schule und ging dann in mein Büro in unserem größten Gartencenter in Donaghadee. Mittags fuhr ich im Auto die 15 Minuten nach Blackwood und übte für etwa eine halbe Stunde auf der Driving Range. Dann kehrte ich ins Gartencenter zurück, wo ich noch bis etwa 18 oder 19 Uhr arbeitete. Dann fuhr ich nach Hause zum Abendessen, spielte mit Aimee und las ihr eine Geschichte vor. Um 20:30 Uhr verließ ich das Haus wieder und fuhr zurück nach Blackwood, das etwa zehn Autominuten von unserem Haus entfernt lag. Kein Zweifel – meine Wette war selbstsüchtig.

Mannschaftssport hatte mich noch nie interessiert. In der Schule schmollte ich, wenn ich Rugby spielen musste und jemand aus der Mannschaft mir sagte, was ich zu tun hatte. Später schloss ich mich dem Ruderclub an, war aber nicht wirklich bereit, mich anzustrengen. Golf hingegen gefiel mir so wie das Skifahren. Du kannst, egal an welchem Tag, immer dein Zeug packen und bist allein draußen – nur du und die Elemente. Niemand lässt dich im Stich, niemand braucht dich.

Immer mehr genoss ich den ruhigen, zengleichen Zustand, der sich nach langen Trainingsstunden auf der Übungsanlage einstellte. Anfangs fand ich das Üben noch furchtbar langweilig, mittlerweile war es zum Vergnügen geworden. Ich wusste nun, weshalb Leute wie Vijay Singh so lange üben können. Irgendwann erreicht man einen wunderbaren Zustand der Ruhe, in den sich eine innige Freude mischt. Die besten Zeiten waren zweifelsohne die, wenn ich spätabends allein auf der Range war. Andere Golfer saßen da schon zu Hause vor dem Fernseher oder genehmigten sich mit Freunden einen Drink im Clubhaus. Ich aber stand da, wurde mit jeder Stunde besser und genoss das mindestens ebenso wie sie ihren Drink. Das bereitete mir umso größeres Vergnügen, da die meisten ja an meinem Erfolg gezweifelt hatten. Der Wettbewerb mit den Neinsagern, in den ich getreten war, motivierte mich und brachte mich das Jahr über immer weiter vorwärts.

Zu jener Zeit las ich *Der längere Atem* von George Leonard, ein Buch, das sich zunächst einmal an Aikido-Kampfsportler richtet. Der Autor legt großen Wert auf die tägliche und freudvolle Wiederholung einfacher Übungen. Die Prinzipien, die er beschreibt, ließen sich meiner Ansicht nach auch auf mich und mein Golf anwenden. Allmählich begann ich, das regelmäßige Training zu genießen, statt es als Quälerei zu empfinden. Ich freute mich regelrecht auf meine täglichen Besuche in Blackwood.

Der Nachteil allerdings war, dass ich mich ein bisschen zu sehr an das Üben auf der Driving Range gewöhnte. Überhaupt gab es während des Jahres immer wieder Momente, in denen ein bisschen Praxis auf dem Golfplatz mir sicher besser gezeigt hätte, wo ich stand. Doch ich fand immer wieder eine andere Entschuldigung, um nicht einmal schnell sechs Löcher spielen zu müssen. Da übte ich doch lieber noch ein wenig auf der Range. War es nicht immer furchtbar schwierig, einen Abschnitt des Platzes zugeteilt zu bekommen? Außerdem konnte es doch jederzeit regnen. Eine Rechtfertigung nach der anderen – und jede diente nur einem Zweck: Ich wollte mir die Wahrheit nicht eingestehen, und die Wahrheit war, dass das Spiel auf dem Golfplatz mir Angst einjagte. Dort draußen konnte einfach alles schiefgehen. Also machte ich es mir auf der Übungsanlage bequem. Dort war ich sicher. Dort konnte ich an den einzelnen Aspekten des Spiels arbeiten, ohne einen Scorewert ermitteln zu müssen.

Und doch – wenn ich tatsächlich einmal draußen spielte, spürte ich die Fortschritte. Meine Werte allerdings schwankten immer noch enorm. Aber auch, wenn ich allein in Blackwood spielte, hatte dies etwas hochgradig Künstliches und Steriles. Irgendwann einmal – und zwar je eher, desto besser – würde ich meine Fähigkeiten vor anderen Golfern beweisen müssen. Das zögerte ich jedoch noch hinaus, um nicht den Mut zu verlieren, indem ich mich vor anderen unsterblich blamierte.

Mitte Juli schlüpfte ich einmal in der letzten Stunde der Öffnungszeiten hinaus, als es gerade noch hell und niemand mehr auf dem Platz war. Ich spiele heute noch gerne auf einem leeren oder fast leeren Platz. Das ist so ähnlich, als würde man noch ein letztes Mal mit dem Skilift auf den Berg fahren, nachdem alle anderen schon beschlossen haben, für diesen Tag zusammenzupacken – ein Vergnügen, das mein Bruder Patrick und ich uns nie entgehen lassen, wenn wir miteinander Ski laufen gehen. Die Lokale waren voller Leute, die ihre Après-Ski-Cocktails genossen, und wir standen ganz allein auf dem Gipfel. Wir warteten, bis der Lift stoppte, und dann glitten wir nach unten – ein exquisites, stilles Vergnügen. An jenem besonderen Abend in Blackwood hatte ich ein ähnliches Gefühl, und so spielte ich entspannt und voller Genuss.

Zwei Pars auf den ersten beiden Löchern hoben meine Stimmung noch, aber das schwierige dritte Par-3 spielte ich alles andere als gut: drei Putts und ein Double-Bogey. Doch mein Selbstvertrauen wurde davon nicht erschüttert. Über die nächsten Löcher spielte ich Par, Bogey, Par, Par und Birdie. Da der Platz vollkommen leer war, wanderte ich weiter zum 18. Tee. Ich hatte acht Löcher zwei über Par gespielt und war euphorisch. So sehr, dass ich Patrick, Debbie und meiner Schwester Katriona eine SMS schrieb, um ihnen die großartige Nachricht kundzutun.

Patrick und Katriona waren vom ersten Moment an, in dem ich ihnen von der Wette erzählt hatte, ganz auf meiner Seite gewesen. Patrick war ein paar Jahre nachdem ich die Universität abgeschlossen hatte nach Nordirland zurückgekehrt, war glücklich verheiratet und lebte in Portstewart. Er hatte mittlerweile jedes Interesse am Golf verloren. Der Virus hatte ihn auch als Teenager nie so richtig infiziert wie mich. Katriona war Ergotherapeutin und lebte in New York. Beide wussten nur zu gut, was mir Golf in der Vergangenheit bedeutet hatte, und teilten meine Begeisterung über neue Abenteuer. Ich hatte sie seit Beginn der Wette des Öfteren angerufen und sie sprachen mir Mut zu, wenn es nicht gut lief. Als ich an jenem Abend auf dem Platz in Blackwood stand, wollte ich mein Glück mit ihnen teilen. Und tatsächlich hatte ich auch schon innerhalb kürzester Zeit ihre Antworten: Sie freuten sich mit mir.

Mittlerweile war das Licht fast ganz weg, aber ich wollte das 18. Loch trotzdem noch spielen. Ich führte den Annäherungsschlag aus und verlor sofort den Ball aus dem Blickfeld, also wanderte ich in die Richtung, in die er meiner Ansicht nach geflogen war. Erstaunlicherweise fand ich ihn gleich und schlug ihn im Dunkeln aufs Grün. Dort fand ich ihn wieder ohne Probleme und spielte ein Bogey.

Ich lag also über neun Löcher drei über Par, und das, obwohl ich ein Loch in fast vollkommener Dunkelheit gespielt hatte. Ich hatte immer schon fest daran geglaubt, dass ich meine Wette gewinnen könnte, doch hier war der Beweis – ein für alle Mal. Trotz all meiner Hochs und Tiefs hatte ich bislang das Richtige getan. Eine Welle des Stolzes überkam mich und löschte die Demütigung von Portstewart aus. Die ganze Mühsal des Trainings war wie weggeblasen. Innerhalb weniger Monate hatte ich deutliche Fortschritte erzielt, was mir zu neuem Optimismus und noch mehr Motivation verhalf.

Einen großen Teil dieser Fortschritte führte ich darauf zurück, dass ich mit dem Wedge Tausende von Bällen geschlagen hatte, während mein Handgelenk mir Schwierigkeiten bereitet hat. Diese einhändigen Pitches hatten mein Selbstvertrauen enorm gestärkt. Und so fing ich an zu fantasieren, dass ich mein Ziel ja vielleicht schon innerhalb von sechs Monaten erreichen könnte … bis ich am nächsten Abend auf der Range übte und vollkommen versagte. Schreckliche Slices, brutale Hooks und sogar ein paar lässige Shanks mit dem Wedge. Und es gibt nichts Hässlicheres im Golf als das Geräusch, wenn beim Shank nicht der Schlagkopf den Ball berührt, sondern das Hosel, das Verbindungsstück, in das der Schaft eingesetzt wird.

Es erstaunt mich immer wieder, in welch übermenschliche Euphorie Golf einen Menschen versetzen kann, nur um ihn dann wieder ins tiefste Elend zu stürzen und ihm vollkommen den Wind aus den Segeln zu nehmen. Dieses Muster sollte sich während meines Wettjahres stets wiederholen. Wann immer ich den Mut verlor und das Gefühl hatte, das Weitermachen sei sinnlos, gewährten die Golfgötter mir ihre Gunst und ich spielte eine Superrunde, die meine Motivation wieder stärkte. Sobald ich aber auch nur zu denken wagte, dass ich eben über mich selbst hinausgewachsen sei, blies mir eine steife Brise um die Ohren und versetzte mich schnell zurück in die Wirklichkeit.

Ich glaube, die Golfgötter sind die großen Meister der Vergangenheit. In *Denke nach und werde reich*, einem Klassiker unter den Erfolgsratgebern, empfiehlt Napoleon Hill, sich ein Mastermind-Team zusammenzustellen. Er malte sich aus, wie er in einem Raum zusammen mit einigen der größten Denker der Geschichte saß, mit Henry Ford etwa oder Thomas Edison, und mit ihnen seine Probleme besprach. Da ich immer schon eine lebhafte Fantasie gehabt hatte, hatte ich das Prinzip bereits zuvor mit Erfolg angewandt. Ich war früher Motorsport- und Autofan gewesen und hatte mir ein geradezu blödsinnig schnelles Auto gekauft, mit dem ich auf der örtlichen Rennstrecke am Tag der offenen Tür über den

Asphalt gedüst war. Auch das hatte mir richtig gefallen, war es doch ebenfalls ein Sport, den man allein ausüben konnte. Doch natürlich konnte ein bisschen Hilfe nicht schaden. Und so hatte ich mir für diese Events einen illustren Beifahrer gewählt: den legendären Ayrton Senna, der mir vom Beifahrersitz aus imaginäre Ratschläge erteilte, die mich Ruhe bewahren ließen. (Da hatte er logischerweise einiges zu tun.) Dass ein eingebildeter Senna bei mir mitfuhr, amüsierte meine Freunde, die meine Rennbegeisterung teilten, doch dieser psychologische Trick erwies sich als außerordentlich hilfreich. Letztlich aber schaltet man nur den eigenen gesunden Menschenverstand ein. Im Eifer des Gefechts ist es manchmal schwierig, die eigene Situation objektiv zu beurteilen. Diese Technik erlaubt es, Abstand zu sich selbst zu gewinnen und das Problem aus einer anderen Perspektive zu sehen.

Wenn es um Golf ging, war Ayrton natürlich die falsche Besetzung. Sein ewiges »Schneller, schneller« mit diesem brasilianischen Akzent würde mir beim Putten nicht helfen. Für diese Herausforderung brauchte ich einen anderen Experten. Nach einigem Nachdenken blieben zwei Profis in der engeren Wahl: Seve Ballesteros und Ben Hogan. Doch am Ende konnte es nur einen geben, der Ayrtons Rolle als polternder guter Geist an meiner Seite einnehmen konnte. Ich dachte an den Tag zurück, als ich Gänsehaut bekommen hatte, sobald er zum Tee ging – es konnte nur Seve sein.

Diese Beziehung sollte sich während meiner Wette als immens wichtig herausstellen. Ob ich nun im Auto saß oder auf der Driving Range stand, ich unterhielt mich mit Seve über mein Spiel, und er half mir, meine Probleme aus dem richtigen Blickwinkel zu sehen. Gelegentlich funkte auch Ben Hogan dazwischen, aber eher vom Rücksitz aus. Meist aber waren nur ich und Seve von der Partie.

Seves Hilfe war sehr wichtig für mich, vor allem, was das kurze Spiel anging. Natürlich hielten mich auf der Driving Range alle für leicht skurril, als ich dastand und nickend vor mich hin murmelte: »Ich weiß, ich weiß.« Nur weil Seve mich für eine meiner üblichen Dummheiten gerügt hatte. Dann lächelte ich einfältig und zeigte allen Umstehenden mein dümmstes Gesicht. Vermutlich dachten sie, bei mir wäre eine Schraube locker.

Natürlich hatte ich immer noch viel zu lernen. Golf ist eines der grausamsten Spiele der Welt. Doch es half mir enorm, Seve an meiner Seite zu wissen. Wenn alles schiefging, saß er neben mir im Wagen und führte die unvermeidliche »Was wäre gewesen, wenn«-Diskussion. Er war immer da, begleitete mich mit seinem spanischen Akzent und forderte meine Aufmerksamkeit. Und ich habe nicht eines dieser imaginären Gespräche bedauert. Sie gaben mir die Möglichkeit, die positive Seite des Ganzen zu sehen und mich einem neuen Tag zu stellen.

Während der Schulferien verbrachten Lesley, Aimee und ich eine Woche Ferien in Portstewart im Haus meiner Eltern. Das war eine angenehme Auszeit von meiner täglichen Übung und endlich einmal eine ganze Woche, in der wir zusammen sein konnten.

Natürlich hoffte ich, auf dem Golfplatz vor Ort ein paar Runden spielen zu können. Andererseits wollte ich Lesley nicht verärgern, also stand ich in der Morgendämmerung auf und fuhr gegen halb sechs zu dem kleineren 64-Par-Platz hinaus. Um diese Uhrzeit war noch keine Menschenseele da, was mir ausgesprochen gelegen kam. Bei diesen Runden trug ich mein Bag selbst und ging recht schnell von Loch zu Loch, um meine Fitness zu steigern. Ich musste tatsächlich fitter werden, hatte aber wirklich keine Zeit mehr, um auch noch ins Studio zu gehen. Also rannte ich wie ein Irrer über den Platz, schleppte die schwere Tasche und hob sie hoch, um meine Armmuskulatur zu stärken. Auf einem leeren Platz ging das, doch wenn andere Golfer anwesend waren, zogen sich auch schnelle Runden gut über eine Stunde hin, die mir entweder für meine Familie oder im Büro fehlte.

Am ersten Morgen in Portstewart spielte ich recht gut: 12 über Par über 18 Löcher. Am nächsten kam ich zwar zur selben Zeit, fand aber trotzdem schon Leute vor. Also flitzte ich wie ein Idiot zum ersten Tee, am zweiten hatte ich sie schon überholt. Ungeduldig, wie ich war, hatte ich einen schlechten Abschlag und tauchte Stück um Stück ein in die Golferhölle, während ich mich über die ersten Löcher hackte. Die Jungs, die das Grün pflegten, waren ebenfalls da und einer blies mir am sechsten Loch den Marsch, weil ich schon so früh auf dem Platz war. Ich fühlte mich wie ein 14-jähriger Schuljunge. Als ich – frisch getadelt – am siebten Tee stand, fragte ich mich wieder einmal, warum zum Teufel ich das alles auf mich nahm. Lesley und Aimee lagen zusammengekuschelt im warmen Bett, ich aber stand auf dem kalten Platz, spielte miserables Golf und handelte mir so nebenbei auch noch einen Anpfiff ein. Zeit, nach Hause zu gehen. Ich stopfte den Driver zurück in die Tasche und trabte den Weg zum Auto hinunter.

Klugerweise – wie ich heute finde – gab ich das Golfspielen für den Rest der Woche auf. Das Wetter war nicht gerade gut, trotzdem verbrachten wir eine schöne Zeit in Portstewart. Und endlich einmal hatte meine arme Seele Frieden von dieser irrwitzigen Wette, wenigstens für ein paar Tage. Wir fuhren an den Strand und saßen Eis essend im Regen auf der Promenade. An den Abenden gingen wir ins Restaurant und tranken zu viel Rotwein. Ich erfand Geschichten für Aimee und war einmal Vater ohne das Gefühl, meine Tochter für meine ständige Abwesenheit entschädigen zu müssen. Gelegentlich blätterte ich in einer Golfzeitschrift, doch das war auch schon alles. Kein Putten auf dem Wohnzimmerteppich, kein Schwingen imaginärer Schläger vor dem Spiegel, keine Visualisierung der perfekten Runde in jeder freien Minute. Ein paar Tage lang nur Ruhe und Entspannung. Ich glaube, Lesley begann sogar wieder, mich zu lieben.

»Sie Esel!«

Erfahrung ist die Bezeichnung, die wir auf unsere Fehler anwenden.

Oscar Wilde

Unser Haus sah aus, als hätte eine Bombe eingeschlagen. Meine Bücher und Videos lagen überall herum. Normalerweise las ich etwa drei Golfbücher gleichzeitig, zusammen mit den wichtigsten Golfzeitschriften (etwa sechs, die alle monatlich erschienen). Außerdem erhielt ich regelmäßig Ratschläge von dem Internetforum in Australien, wo ich meine Fortschritte dokumentierte. Also bekam ich jeden Monat eine Menge Input – meist widersprüchlicher Natur.

Bei einem faszinierenden Gespräch mit einem Golfjournalisten erfuhr ich, dass es immer wieder vorkam, dass in einem Heft unterschiedliche Meinungen zum selben Thema veröffentlicht wurden. So fand man auf Seite 58 Tipps gegen die Gewohnheit des Slicens, während auf Seite 134 gerade das Gegenteil empfohlen wurde. Beide Ratschläge kamen gemeinhin von anerkannten Golfprofis. Wer konnte schon sagen, was daran richtig oder falsch war? Da blieb den Herausgebern letztlich nur eine Möglichkeit: die Artikel mit vielen Seiten dazwischen abdrucken und hoffen, dass die Leser es nicht bemerkten.

Meine unermüdliche Suche nach einfachen Lösungen und Soforthilfen führte dazu, dass ich Debbies kluge Ratschläge gelegentlich missachtete. Auch die Tatsache, dass ich in

Jim McLellans Methode ein Geheimnis entdeckt zu haben glaubte, hielt mich von meiner Suche nicht ab. Ich brachte immer noch viel Zeit damit zu, mir perfekte Schwünge anzusehen und die Bewegung quasi durch »Übertragung« in meinen eigenen Schwung aufzunehmen. Ich hatte nicht den geringsten Zweifel daran, dass das funktionierte. Ich stand auf der Range und schlug 20 Bälle mit dem Driver. Dann versuchte ich einzuschätzen, welchen »Score« es geben würde, wenn ich meiner Ansicht nach einen exzellenten Drive hinbekam. Dann sah ich mir fünf Minuten lang Jims Schwung an oder andere tolle Schwünge, die ich als Film auf dem Handy gespeichert hatte. Schließlich schlug ich wieder 20 Bälle. Und ich hatte in jedem Fall einen besseren Score. Eben dieser Durchbruch war es, der mich davon überzeugte, dass es in der Golfwelt noch andere Geheimnisse geben musste. Geheimnisse, die den Unterricht durch einen guten Trainer unterstützen konnten.

In diesem Stadium trainierte ich sehr viel weniger mit Debbie. Wir hatten die Grundlagen erarbeitet, nun war es an mir, sie so zu verinnerlichen, dass sie mir zur zweiten Natur wurden. Schließlich fuhr ich in die Ferien, dann Debbie. Als sie wieder zurückkam, hatte sie viel zu tun. Ich hatte also in über acht Wochen nur eine Golfstunde. Das Fehlen ihrer führenden Hand machte sich schnell bemerkbar. Ich fing an, wie ein Irrer nach Golftricks und -tipps zu suchen.

So kaufte ich das Buch *Tour Tempo* von John Novosel, das mir von einigen Mitgliedern des Internetforums empfohlen worden war, hieß es doch im Untertitel: »Das letzte Geheimnis des Golfs – endlich enthüllt«. Was ich suchte, war ein guter Rat, wie ich meine Arbeit auf der Driving Range effektiver gestalten und die dort gewonnene Übung in mein Spiel auf dem Platz einfließen lassen konnte.

In *Tour Tempo* stellt Novosel eine Methode vor, wie man das Timing seines Schwungs so verbessern kann, dass er dem der Profis gleichkommt. Man hat nämlich festgestellt, dass das Verhältnis zwischen Rückschwung und Durchschwung immer gleich bleibt, egal, wie schnell der Schwung ist. Dem Buch lag eine CD-Rom bei, die Amateuren helfen sollte, genau dieses Verhältnis zu finden und so ihr Spiel zu verbessern.

Das hörte sich gut an und so beschloss ich, es ein paar Wochen lang damit zu versuchen. Es mag schon sein, dass diese Methode bei einigen Leuten funktioniert. Für mich war sie ein absolutes Desaster. Ich versuchte, einen Teil meines Schwungs zu verbessern, der nicht verbesserungsbedürftig war. Und das versaute mein ganzes Spiel. Am Ende spielte ich eine elend schlechte Runde in Blackwood.

Ich war schon um sieben Uhr morgens am Tee, um noch vor der Arbeit neun Löcher zu spielen. Es war eine einzige Katastrophe. Ich schlug einen grauenhaften Slice und sandte den Ball schon am Abschlag in die Bäume. Ruhig legte ich den Ball wieder auf, dieses Mal hookte ich das Ding so stark, dass es auf der anderen Seite des Fairways im Rough verschwand und nie wieder gesehen wurde. Ein ganz klein wenig unzufrieden versuchte ich es nochmals. Ich schlug zwei weitere Slices in die Bäume. Ich hatte also schon vier Bälle verschossen und war noch nicht einmal vom ersten Tee weggekommen. Völlig verstört steckte ich den Driver zurück ins Bag und ging den einsamen Gang des Verlierers zurück zu meinem Auto. Das war einfach nicht mein Tag.

Ich hatte eine unmissverständliche Lektion erhalten: Mach's nicht zu kompliziert. Ich hatte mich verkrampft und die Grundlagen vergessen. Als ich zum Auto trottete, fühlte ich Seve hinter mir. Er sagte kein Wort. Ich ignorierte ihn – ich wusste ja, was kommen würde. Ein langer, leidenschaftlicher Vortrag über meine Dummheit und darüber, dass es besser war, Büchern wie *Tour Tempo* aus dem Weg zu gehen. Dass ich raus auf den Platz und selbst meine Erfahrungen sammeln müsse. Dass ein blödsinniger Timing-Trick mich nicht weiterbrachte. Ich packte meine Schläger ins Auto und machte mich bereit für meine Lektion.

Er setzte sich neben mich. Ich wollte es hinter mich bringen, daher sah ich ihn an und sagte: »Ich weiß, ich weiß. Ich weiß genau, was du sagen willst.«

Er maß mich mit einem Blick der Verachtung. Nach einer Ewigkeit öffnete er den Mund und murrte: »Miiiister Richardson. Sie sind ein Esel!«

Mit diesen Worten öffnete er die Tür, stieg aus und ließ mich allein, sodass ich meine Wunden lecken konnte.

Natürlich hatte er recht. Darüber musste man nicht mehr viele Worte verlieren. Ich war ein Esel.

Und als ob man mir diese Erkenntnis noch tiefer eintrichtern müsste, kam ein paar Tage später Debbie auf der Range an mir vorbei. Sie warf mir einen kurzen Seitenblick zu und lächelte mich fröhlich an: »Viel zu hoch, Johnnie-Boy.« Damit meinte sie die Lage meiner Hände auf dem Schläger. Das Problem hatte sich schon während unserer letzten Sitzungen abgezeichnet. Innerhalb weniger Minuten schlug ich den Ball wieder schön dorthin, wo er hin sollte. Ich weinte fast vor Erleichterung. Ich weiß, ich habe das schon gesagt und vermutlich werde ich es auch wieder sagen, aber ein guter Trainer, der die Dinge so einfach wie möglich macht und den Schwung seines Schülers kennt, ist sein Gewicht in Gold wert. Es ist eine Schande, dass ich meine eigenen Erkenntnisse so häufig ignorierte.

Ich höre immer wieder von einzelnen Leuten, dass sie, wenn sie regelmäßig Stunden nähmen, sich enorm verbessern würden. Aber das ist zu einfach gedacht. Der durchschnittliche Amateur braucht nur ein paar Stunden Unterricht und dann viele, viele Stunden Übung. Es ist ungeheuer schwierig, den Golfschwung aus einem Buch oder von einem Video zu lernen. Und Golfstunden sind – wenn man sie mit dem Preis für einen neuen Driver oder einem Essen im Club vergleicht – wirklich günstig. Es gibt also keinen Grund, diese Möglichkeit nicht gelegentlich zu nutzen. Professionelle Trainer sehen jede Woche so viele Schwünge, dass sie nur ein paar Sekunden brauchen, um ein Problem zu erkennen und eine Lösung vorzuschlagen. Dieses Wissen ist so wertvoll wie purer Goldstaub und zu einem vergleichsweise günstigen Preis erhältlich. Wie man die Lösung, die der Trainer einem zeigt, dann umsetzt, ist Sache des Schülers. Denn was der Trainer nicht für jemanden tun kann, ist, zu üben.

Ich erzielte weitere Durchbrüche, entdeckte noch mehr »Geheimnisse des Spiels«, doch nun konzentrierte ich mich darauf, die Grundlagen richtig umzusetzen. Denn das ist der rote Faden, der sich durch sämtliche Lehrbücher zieht: Auf die Basics achten – Griff, Haltung, Stellung zum Ball, Körperbewegung und so weiter. Die richtige Körperhaltung einnehmen und den Schläger gerade nach hinten ziehen – damit ist schon viel gewonnen. Ich hatte viel vermasselt, indem ich besonders komplizierte Lösungen gesucht hatte. Daher beschlossen Debbie und ich bei unserer nächsten Stunde, mich zu filmen, damit ich ein Gefühl dafür bekam, wie mein Schwung aussah.

Vier Monate zuvor hatte ich begonnen, für die Wette zu trainieren, und mein Griff ließ immer noch zu wünschen übrig. Also lieh Debbie mir einen besonders geformten Griff, der meine Hände in Position hielt. Dieses Ding hielt ich in der Hand, wann immer ich Gelegenheit hatte – am Schreibtisch, beim Fernsehen, am Telefon. Ich wollte, dass mein Gehirn sich ein für alle Mal einprägte, welche Position meine Hände einnehmen sollten. Außerdem las ich Hogans *Der Golfschwung* wieder. Ich scannte mir sogar das darin abgedruckte Bild von seinem Griff am Computer ein, sodass ich es als Bildschirmschoner benutzen konnte. Wenn ich also nicht gerade Jims Schwung studierte, konzentrierte ich mich auf Hogans Griff. Beide Bilder sollten sich meinem Geist unauslöschlich einprägen.

In den nächsten Wochen trainierte ich intensiv und machte entscheidende Fortschritte. Ich würde lügen, wenn ich behauptete, ich hätte alle anderen Informationen über Golf, die sich so bei mir ansammelten, ignoriert, aber eine Lektion hatte ich jedenfalls gelernt: Ich wollte mich auf die Grundlagen konzentrieren. Und dieser vergleichsweise simple Ansatz trug mir erste Erfolge ein.

Ich spielte eine Runde mit meinem Schwager Paul, der schon sein Leben lang ein leidenschaftlicher Golfer war. Sein bestes Handicap war 11 gewesen, damals aber spielte er mit 14. Ich hatte in den letzten zehn Jahren mehrmals mit ihm gespielt. Er kannte also mein Spiel und würde mich wohl einfach niedermachen. Doch dieses Mal spielte ich gut ... so gut, dass ich ihn schlug. Natürlich war er von meinen Fortschritten beeindruckt.

An jenem Abend telefonierte Lesley mit ihrer Schwester Karalyn, Pauls Frau. Als sie ins Wohnzimmer kam, erzählte sie mir, Paul sei von meinem Spiel beeindruckt gewesen. Ein kleines Lob zur rechten Zeit und plötzlich scheint wieder alles möglich. Ich hatte einen Schritt in die richtige Richtung getan.

In der ersten Septemberwoche heiratete meine Schwester, und zwar in Portstewart. Katrionas Zukünftiger war Schotte. Es reisten also viele Gäste aus Schottland und Amerika extra für den großen Tag an, und wir hatten ein richtiges Fest geplant, um die Gastlichkeit der Nordiren unter Beweis zu stellen. Der Empfang sollte im Clubhaus des Golfclubs stattfinden. Am Ende des Tages standen wir alle zusammen und beobachteten, wie die Sonne über den Sandhügeln, die den Platz umschlossen, unterging. Ein herrlicher Sonnenuntergang, der mich daran erinnerte, welch wunderbarer Sport Golf sein konnte, wenn man die tolle Landschaft der meisten Plätze in Betracht zog.

Natürlich hatten wir für die Hochzeitsgäste auch eine Golfpartie organisiert, und so hatte ich einmal mehr Gelegenheit, meine Fähigkeiten auf dem Strand Course zu testen – dort, wo ich noch wenige Monate zuvor meine albtraumhafte 104 gespielt hatte. Der Wind heulte, der Regen prasselte herab, wie es nur auf den besten schottischen und irischen Links, also Strandplätzen, vorkam. Der Anblick der Amerikaner, die mit diesen Bedingungen zurechtkommen mussten, war ein Vergnügen für sich. Ich hatte angenommen, dass das Wetter sie abschrecken würde, aber ganz im Gegenteil: Die wildromantische Seite der schottischen und irischen Links schien sie zu begeistern.

Ich spielte gar nicht schlecht und konzentrierte mich vor allem auf mein Platzmanagement. Mit Seve an meiner Seite spielte ich eine passable 90. (In Anbetracht des Strandplatzes hatte Seve das Outfit gewählt, das er 1984 in St. Andrews getragen hatte. Für mich hatte er ein paar Bemerkungen parat, wie ich mein Spiel den dortigen Konditionen anzupassen hatte.) Das entsprach zwar nicht meinen Intentionen, doch angesichts des Wetters war es immer noch ein guter Score. Auf den letzten neun Löchern spielte ich sogar richtig gut.

Die Arbeit an meinem Schwung und auf der Driving Range machte sich mittlerweile auch auf dem Platz bezahlt, doch hatte ich noch nicht an meinem kurzen Spiel gearbeitet. Jeder Golfer aber weiß, dass das kurze Spiel und die mentale Seite des Golfes entscheidenden Einfluss auf den Scorewert haben. Aber irgendwie scheint es unserer Psyche mehr zu entsprechen, auf der Driving Range einen Ball nach dem anderen zu schlagen, statt auf dem Puttinggrün zu üben. Ich hatte mir zu Beginn der Wette versprochen, dass ich das nicht tun würde. Aber auch ich ging in die Falle.

Meine australischen Freunde sparten nicht mit Kritik, was diesen Mangel an Begeisterung anging, doch ich ließ mich von meinem Erfolg blenden und machte weiter wie bisher. Was wussten denn die schon?

Der gnadenlose Vormarsch der Technologie

Ich habe einen Traum. Dann prüfe ich, wie er zu meinen Glaubenssätzen passt, gehe Risiken ein und setze meine Vision um, damit der Traum auch Wirklichkeit wird.

Walt Disney

Eines der Versprechen, die ich mir selbst gegeben hatte, war, dass ich den Versuchungen der Technologie in den ersten Monaten widerstehen würde. Die Ausrüstung, und sei sie noch so gut, würde mich nicht zu einem 0-Handicap-Golfer machen. Die 20 Jahre, die vergangen waren, seit ich regelmäßig Golf gespielt hatte, hatten den Golfspielern unendlich viele Möglichkeiten beschert, Geld auszugeben. Die neuen Schläger schienen vollkommen verändert, und zwar, das muss man betonen, zum Besseren. Freunde hatten mich immer wieder ihre modernen Schläger testen lassen. Vor allem mit den neuen Drivern ließ sich der Ball besser schlagen als je zuvor. Andererseits hatte ich das Gefühl, dass es meinen Schwung verderben würde, wenn ich zu früh mit verschiedenen Schlägern spielte. Das ganze neumodische Equipment sollte erst später drankommen, wenn ich mich bewiesen hätte.

Mit einiger Befriedigung benutzte ich weiter die alten Mizuno-Eisen, die mir mein Schwiegervater vermacht hatte, eine dicke Bertha von Callaway und ein 10-Pfund-Dreier-Holz von Mizuno, das gut 15 Jahre alt war. In meinem Bag steckten sogar ein paar Dunlop-65-Schläger. Wenn die alte Technologie gut genug für die altvorderen Golfer war, dann war sie auch gut genug für mich, zumindest bis ich die Grundlagen des Schwungs verinnerlicht hatte. Ein schlechter Schwung wird auch mit einem 300-Dollar-Driver nicht besser.

Seve musterte meine alten Schläger stets mit Wohlwollen. Er erinnerte mich immer wieder daran, dass er mit einem einzigen Schläger zu Berühmtheit gelangt war – dem 3er-Eisen. Schließlich ginge es beim Golf um Geschicklichkeit, nicht um Schläger. Ich spürte, wie ich allmählich seinen Respekt gewann. Vielleicht würde er ja bei den anderen Golfgöttern ein gutes Wort für mich einlegen, sodass sie mir gnädig gestimmt wären, wenn ich ihrer Hilfe bedurfte.

Im September, als ich schon einige gute Runden gespielt und einen halbwegs guten Schwung entwickelt hatte, begann ich, mich nach Schlägern umzusehen, die mir helfen würden, den Ball besser zu schlagen. Ich war auf diesen Schritt nicht besonders erpicht gewesen, gelangte aber schließlich zu einer positiven Sicht auf die moderne Golfausrüstung und merkte, wie groß der Unterschied sein kann. Es mag schon stimmen, dass eine gute Ausrüstung aus einem schlechten Golfer keinen guten macht, aber gute Schläger, die zum persönlichen Stil passen, verleihen mehr Selbstvertrauen und führen zu konstanteren Leistungen. Vor allem die Driver-Technik hatte unglaublich zugelegt.

In Blackwood gibt es keinen Laden für Profigolfer, also besuchte ich Colin Murphy, der den örtlichen Golf Spot führte. Colin war ein Handicap-0-Spieler und ich hoffte, er könnte mir einen Weg durch die verwirrende Schlägervielfalt weisen. Ich hatte schon verschiedene Schläger ausprobiert und daher eine vage Vorstellung davon, was mir lag. Ich fuhr also mit verschiedenen Schlägern auf die Driving Range: Mizuno

MX23 und MP30, Callaway X16 und ein paar Titleist. Recht schnell entschied ich mich für die Mizunos. Das Gefühl, das einem dieser Schläger vermittelte, war einzigartig. Natürlich verliebte ich mich in die teuren MP30, die eine Mischung aus Cavity-Back und klassischem Kopfdesign darstellen. Ein Cavity-Back hat eine höhere Fehlerverzeihung, während das Blade mehr Gefühl gibt und eine bessere Ballkontrolle.

Auf der Range jedenfalls schlug ich mit den MP30 nicht einmal daneben und so traf ich trotz der hohen Kosten meine Wahl. Doch bald stellte ich fest, dass ich mich einmal mehr von der illusorischen Atmosphäre der Driving Range hatte blenden lassen. Als ich auf dem Platz spielte, stellte ich schnell fest, dass es zwischen den MX23 Cavity-Back und den MP30 einen großen Unterschied gab. Ein Artikel von Lee Westwood, in dem sogar er dafür plädiert, möglichst jenen Eisen den Vorzug zu geben, die leicht zu schlagen sind, überzeugte mich vollends. Außerdem war Debbie derselben Meinung.

Da mein Selbstvertrauen auf dem Platz immer noch gering war, dachte ich, dass ich wohl besser die MX23 kaufen sollte. Doch als ich weiter recherchierte, fand ich heraus, dass die geschmiedeten Eisen von Mizuno wie das MX23 und das MP30 schnell Abnutzungserscheinungen auf der Schlagfläche zeigen. Da ich etwa 400 Bälle pro Tag schlug, wollte ich keine 600 Dollar ausgeben, nur um meine Schläger dann nach sechs Monaten ersetzen zu müssen. Andere Golfspieler rieten mir, auf das ähnliche, aber nicht geschmiedete MX15 auszuweichen. Ein kurzer Besuch auf eBay zeigte, dass dies auch wesentlich billiger war. Obwohl diese Serie bald von der MX17 ersetzt werden sollte, waren noch einige Sets erhältlich. Für 200 Dollar konnte ich einen nagelneuen Satz Eisen bekommen, die zu ihrer Zeit als die am besten zu schlagenden galten. Dies war mein erster Ausflug in die suchterzeugende Welt von eBay und ich stellte bald fest, dass diese Internetseite für Menschen von obsessivem Charakter ein gefährlicher Ort war. Meine großspurigen Ankündigungen, ich würde nicht Unmengen Geld für meine Golfausrüstung ausgeben, waren bald vergessen.

Anfangs dachte ich ja noch, ich hätte einen Riesenfehler begangen, als ich über eBay bestellte, denn meine MX15 gingen bei der Post verloren. Die klassische Internetparanoia setzte ein und ich nahm an, dass ich mein Geld nie wiedersehen würde. Doch es stellte sich heraus, dass ich einen ausgezeichneten Händler ausgewählt hatte. Er hatte zwar keine MX15 mehr, übersandte mir aber die gerade auf den Markt gekommenen MX17 für denselben Preis. Das war ein echtes Schnäppchen, denn diese Schläger waren 350 Dollar wert.

Als die Eisen ankamen, war ich begeistert, denn es fiel mir nun *sehr viel* leichter, mit Selbstvertrauen den Ball zu schlagen. Doch die guten Erfahrungen mit meinem Händler führten dazu, dass ich jede Vorsicht in Bezug auf eBay-Bestellungen vergaß. In den nächsten Wochen kaufte ich noch mehrere Schläger über die Plattform und auch bei Colin im Golf Spot. Bei mir ging alles gut. Trotzdem möchte ich hier eine Warnung aussprechen: Golfschläger zu kaufen, ist eine höchst unsichere Sache, und wenn man keine Moglichkeit hat, sie auszuprobieren, gehen Fehlkäufe schnell ins Geld.

Am Ende sah mein Bag so aus:

DRIVER: TaylorMade R580XD Stiff Shaft Loft: 9,5

Dieser Schläger veränderte die Technik meines Annäherungsschlages vollkommen. Er ist viel einfacher zu schlagen als meine alte Dicke Bertha, sodass ich vom Tee weg mindestens 18 Meter mehr schlage. Ich war beim Driven ohnehin immer recht sicher, doch damit konnte mir nun gar nichts mehr passieren.

HOLZ 3: Ping G2 Loft: 15

Es dauerte lange, bis ich etwas fand, das ich besser schlagen konnte als das 10-Pfund-Mizuno, aber als ich dieses Holz ausprobierte, war ich wirklich erstaunt. Ein toller Schläger, der mich noch sicherer werden ließ.

HYBRID: TaylorMade Rescue TP No. 2

Ein eBay-Kauf, den ich anfangs sehr gut schlug, auch wenn ich dann bald Schwierigkeiten bekam. Der Schläger hatte einen steifen Fujikura-Schaft, der mir zeigte, wie wichtig (und schwierig) die Auswahl der Schaft-Technologie ist.

EISEN: 3 PW Mizuno MX17 regulärer Schaft

Kein Zweifel – ein einfach zu schlagendes Eisen. Es gibt zwar nicht ganz das Gefühl der geschmiedeten Mizunos, aber auf der Ebene, auf der ich spielte, gab es meiner Ansicht nach keine besseren Eisen.

WEDGES: 52/56/60 Ping Tour

Auch diese sind meiner Ansicht nach die am einfachsten zu spielenden Wedges, die im Moment zu haben sind. Sobald mir aufgegangen war, wofür ich sie benutzen konnte, verbesserten sie meinen Score beträchtlich.

PUTTER: Odyssey 2-Ball; Odyssey White Hot No. 7

Zu jener Zeit war die Welt verrückt nach Odyssey-2-Ball-Puttern, und ich sah keinen Grund, warum ich mich den Fans nicht anschließen sollte. Ein paar schicke Fotos auf eBay allerdings führten zum übereilten Kauf eines Odyssey White Hot No. 7. Doch damit der Dummheit noch nicht genug: Ich marschierte schnurstracks zum Golf Spot, um mir dort den begehrten 2-Ball zu sichern, nur um am Ende festzustellen, dass mir der fälschlich bei eBay erworbene viel mehr lag. Dies zeigt einmal mehr, dass es beim Putten um Selbstvertrauen und Gefühl geht, nicht um den Schläger selbst.

Wenn man überlegt, wie einfach Golf war, als sich im Bag vielleicht einmal drei Hölzer, elf Eisen – zwei davon Wedges – und ein Putter fanden, dann kann man sich über die Vielzahl neuer Schläger, die das Spiel angeblich alle vereinfachen, nur wundern. Aber natürlich ist dies auch ein guter Indikator dafür, wie viel Geld gemeinhin für Golf ausgegeben wird.

Vor allem Driver sind unglaublich teuer und es gibt eine Menge Leute mit hohem Handicap, die alle paar Jahre mehr als 300 Pfund für einen neuen Driver anzulegen bereit sind. Manche kaufen sich sogar jedes Jahr einen neuen im vergeblichen Versuch, damit ihr Spiel zu verbessern. Ich kenne einen Spieler mit Handicap 24, der mehr als 400 Pfund für den brandneuen TaylorMade R7 mit verteilbarem Gewicht ausgegeben hat. Dann brachte er Stunden damit zu herauszufinden, wie er das Gewicht am besten einstellen sollte. Ich sah ihm zu, wie er auf der Range herumexperimentierte und Ball um Ball unauffindbar ins Nirgendwo schlug, während er sich um ein paar Gramm Gewicht mehr oder weniger sorgte. Die Macht des Marketings ist *stark* im Golf.

Ein anderes Problem, das unbestreitbare Vorteile für die Hersteller von Schlägern bringt, ist der sogenannte Honeymoon-Effekt, den wir alle mit neuen Drivern erleben. Die Qualität heutiger Schläger ist so hoch, dass jeder Durchschnittsgolfer mit einem neuen Driver unweigerlich besser spielt als mit dem alten. Der schöne, glänzende Schlägerkopf flößt Vertrauen ein. Dazu kommen noch ein paar gute Testbeispiele, die man gelesen hat. Man konzentriert sich ein bisschen besser, und das Selbstvertrauen steigt. All das führt zu ein paar wirklich außergewöhnlichen Schlägen und der Überzeugung, dass der neue Schläger ganz neue Dimensionen des Annäherungsschlages eröffnet. Bereitwillig zückt der Spieler die Kreditkarte. Daran schließen sich zwei Wochen Honeymoon an. Doch die Probleme des Drives sind ja mit dem neuen Schläger nicht aus der Welt geschafft. Draußen auf dem Platz bröckelt das Selbstbewusstsein dann nach ein paar miesen Putts und man ist zurück auf Los.

Aber die Macht des Marketings bekam auch mich in ihre Klauen. Auch ich hätte fast einen der kostspieligen R7-Driver gekauft, weil ich glaubte, ich müsse damit vielleicht nicht lernen, wie man den Ball mit dem richtigen Fingerspitzengefühl schlägt. Was für ein simpler Weg, ordentliche Drives zu schlagen, dachte ich. Doch ein fünfminütiges Gespräch mit Seve zeigte mir, wie falsch ich damit lag.

»Miiister Richardson. Sie müssen einfach nur lernen, den Ball zu schlagen, okay? Vertrauen Sie mir: Schlagen Sie einfach den Ball auf dem Kurs, dann spielen Sie Par. Es iiist so einfach. Hören Sie auf mit diesem Unsinn mit Schlägern und verstellbaren Gewichten.«

Zur Verzweiflung meines spanischen Maestros konnte ich natürlich trotzdem nicht davon lassen. Ich verkomplizierte wieder alles, indem ich alle möglichen Schläger ausprobierte, die man kaufen konnte. Und auf dem Platz experimentierte ich zu viel mit meinen neuen Schlägern herum. Genauer gesagt verwendete ich unzählige Schläge und viel Zeit darauf, das Lob-Wedge Dinge tun zu lassen, für die es nicht gedacht ist. Das Resultat war, dass ich mit meinen nagelneuen Schlägern erst einmal einige Runden lang schlechter Golf spielte als vorher.

Zum Thema Lob-Wedge wusste Seve auch so einiges zu sagen. Es war früher jahrelang sein Lieblings-Hassobjekt gewesen und er hielt es für eines der Hauptprobleme am modernen Spiel. Er hatte sogar den Antrag gestellt, das Lob Wedge von den Plätzen zu verbannen. Dass ich damit herumspielte, bevor ich wirklich begriff, wozu es gut war, brachte mir allerhand Ärger ein.

An einem besonders nassen Tag war ich auf dem Platz und spielte eine Solorunde, wobei ich mit dem Lob Wedge experimentierte. Seve stand neben mir und sah mir genau zu. Ich schaffte es mit dem Ball nie so recht aufs Grün. Gerade hatte ich mit dem Annäherungsschlag den Ball am sechsten Loch in den Bunker vor dem Green gejagt. Seve hatte während der letzten Löcher nicht viel gesagt, doch ich spürte, wie seine Anspannung stieg. Jetzt reichte es ihm. Mit ärgerlichem Knurren drehte er sich zu mir um.

»He, he, he, jetzt legst du aber diesen blöden Schläger hin. Ich will dir was zeigen.«

Er zog ein rostiges 3er-Eisen heraus und spielte damit einen wunderschönen, weichen, fließenden Lob. Danach einen wunderbar laufenden Chip und einen Pitch mit einem leichten Neigungswinkel. Danach wanderte er zum Bunker hinüber und legte einen perfekten Sandschlag hin. Alles mit dem 3er-Eisen. Jeder einzelne Schlag besser, als ich ihn mit einem meiner tollen, neuen Schläger ausführen könnte.

Er zeigte auf mein Lob Wedge.

»Nun, Miiister Richardson, legen Sie diesen doofen Schläger weg und lernen Sie, mit Gefühl zu spielen. Sie müssen den Schlag richtig draufhaben, bevor Sie mit diesem Unsinn herumexperimentieren. Ich kann einfach nicht glauben, dass Sie so dumm sind. Sie müssen die Schläge richtig fühlen können und dann den Schläger einsetzen.«

Betreten senkte ich den Kopf. Ich fühlte mich wie ein gescholtener Welpe.

»Ihr Leute von heute glaubt immer, der Schläger sei eine Art Zauberstab. Jeden Tag ein anderer Schläger und eure Golfprobleme sind Schnee von gestern. Blödsinn. Das iiist nichts als Blödsinn. Verstanden? He?«

»Ja, Seve, natürlich. Ich wollte nur ... etwas ausprobieren ... damit es einfacher wird ...«

»Aber genau davon rede ich ja.« Er seufzte und schüttelte den Kopf. »Es gibt keine Abkürzungen. Die machen alles nur schwieriger. Sie müssen mit dem ersten Schläger lernen, der Ihnen in die Hände fällt. Golf ist kein einfaches Spiel. Es erfordert Anstrengung und harte Arbeit.«

»Okay, okay, okay«, antwortete ich ungehalten.

Leise murmelnd trat er zur Seite. Ich kam mir vor wie ein Schuljunge. Aber wie jeder Bengel dachte ich immer noch, es besser zu wissen. Ich musste erst auf die Nase fallen, bevor ich ihm glaubte. Nach zahllosen miesen Schlägen mit dem Lob Wedge, die entweder zu kurz ausfielen oder knapp über das Grün segelten, merkte ich, dass das Lob Wedge keine Wunderpille war. Ein toller Schläger zweifelsohne, doch ein Golfer muss schon sehr versiert sein, um es richtig einsetzen zu können. Nach monatelanger Übung wurde ich schließlich doch noch zum Freund des Lob Wedge – gegen Ende des Jahres. Insgesamt aber muss ich sagen, dass es mich bei meiner Wette mehr aufhielt als half.

Und so hatte ich eine Lektion erhalten, deren Inhalt ich eigentlich schon kannte: Wir neigen dazu, Golf weit komplizierter zu machen, als es ist. Der Schwung ist natürlich schwierig, trotzdem sollten wir es damit so einfach wie möglich halten. Die Schlägertechnologie ist recht komplex geworden, am Ende aber ist auch diese Frage leicht zu lösen. Am besten nimmt man Eisen, die gut zu schlagen sind. Das gilt auch für den Driver. Der Schaft muss dem eigenen

Schwungtempo angepasst sein. Wenn Sie mit längeren Eisen Probleme haben, dann nehmen Sie um Gottes willen Hybridschläger und kaufen Sie sich ein paar bequeme Wedges, mit denen Sie gut zurechtkommen. Und dann raus auf den Platz und üben, üben, üben. Damit Sie für Ihre Schläger ein Gefühl bekommen. Stellen Sie sich vor, Sie sind neun Jahre alt und die neuen Schläger seien Ihr Weihnachtsgeschenk. Gehen Sie damit durchs Haus. Gewöhnen Sie sich an ihr Gewicht. Auf diese Weise werden Sie sich auch auf dem Platz damit wohlfühlen.

Etwa um diese Zeit begann ich, mir über mein Gewicht und meine allgemeine Fitness Gedanken zu machen. Ich wollte nicht stundenlang im Fitnessstudio herumhängen, also ließ ich mir ein paar golfspezifische Geräte nach Hause liefern, die mich beim Krafttraining unterstützen sollten. Ich nahm ein billiges Paar Hanteln auseinander und montierte eins der Gewichte an einen alten Schläger, der noch in der Garage herumlag. Das war mindestens so effektiv wie der Vorschlaghammer, den ich ebenfalls dort aufbewahrte. Diese beiden Dinger schleppte ich in mein Heim-Fitnessstudio und schwang sie dort immer wieder. Das war sehr nützlich, nicht nur, weil ich so mehr Muskeln aufbaute, sondern auch weil ich ein ganz neues Gefühl für meinen Schwung entwickelte. Dazu kaufte ich noch ein Thera-Band, ein elastisches Gummiband, mit dem ich die Muskeln trainierte, die beim Golf beansprucht werden. So konnte ich meine Fitness locker verbessern, ohne weniger Zeit für die Praxis auf dem Golfplatz zu haben.

Außerdem trug ich mein Bag selbst. Auf diese Weise stärkte ich meine Ausdauer. Obwohl mich das anfangs auf den letzten Löchern vielleicht ein bisschen Energie kostete, war ich mir sicher, dass es sich auf Dauer auszahlen würde, wenn ich erst regelmäßiger spielte. Profigolfer Darren Clarke, der erst kürzlich viel Gewicht verloren hat, meinte ja, das Beste an seiner neuen Figur sei, dass er auf den letzten Löchern nicht mehr so schnell müde werde, vor allem, wenn er mehr als 18 Löcher am Tag spiele. Und was für Darren gut genug war, tat es für mich schon lange.

Natürlich machten sich die Schläger und Hilfsmittelchen, die ich mir liefern ließ, im Haus breit. Wenn ich ein ordentlicherer Mensch wäre, hätte ich sie wohl aufgeräumt. So aber lagen überall Schläger, Videos, Puttingmatten, Bücher und der Vorschlaghammer herum. Naiv, wie ich war, nahm ich an, das würde Lesley nicht stören, da es schließlich Teil der großen Herausforderung war, der ich mich stellen wollte. Da lag ich völlig falsch.

»Lesley, wo hast du denn meinen Vorschlaghammer hingetan? Ich habe ihn dort drüben neben dem Fernsehgerät stehen lassen«, rief ich eines Abends genervt. Ihr musste doch klar sein, dass ich das gute Stück brauchte.

»Ich habe ihn in die Garage getragen. Wo glaubst du wohl, gehört ein Vorschlaghammer hin?«, antwortete sie, mindestens ebenso genervt.

Da hätte ich mir schon denken können, dass ich einen Nerv getroffen hatte, doch ich machte gedankenlos einfach weiter. War meine Wette nicht das Wichtigste in unser beider Leben?

»Ja, ich weiß, aber ich brauche ihn nun mal. Es kann doch nicht so schwierig sein, ihn im Wohnzimmer stehen zu lassen?«

»Nun, John, um ganz ehrlich zu sein: Ich finde schon.«

Mir war klar, dass ich eine Grenze überschritten hatte, doch nun konnte ich sie nicht mehr aufhalten. Ich spürte förmlich, wie die Dämme brachen.

»Jeden verdammten Tag kommt irgendein neues Päckchen an«, schimpfte sie. »Ein Mann läutet an der Tür: ›Päckchen für Mr Richardson. Können Sie das unterschreiben?‹ Und jeden verdammten Tag unterschreibe ich, obwohl ich weiß, dass dann wieder irgendein Müll unser Haus verstopft.«

»Ja, aber das meiste kaufe ich doch gebraucht. Die alten Videos auf eBay kosten höchstens ein Pfund«, erwiderte ich und ging in Verteidigungsstellung. Das war nicht die richtige Antwort, und Lesley wusste das.

»Es geht doch nicht nur ums Geld, sondern um das ganze Chaos hier. Die Bälle unter dem Sofa, die Puttingmatte auf dem Küchenboden, die Bücherstapel neben dem Bett, die Videos, die überall herumliegen, und dann noch der Vorschlaghammer, ein verdammter Vorschlaghammer neben dem Fernseher im Wohnzimmer. Und diese grässlichen Schläger mit den Gewichten dran, die du dauernd zusammenbastelst, woraufhin dann das Isolierband in der Küche herumliegt. Soll ich weitermachen?«

Nein, bitte nicht, dachte ich. Es war ja noch viel mehr. Sie hatte die Sachen, die ich mir ins Büro hatte liefern lassen, ja noch gar nicht gesehen. Ich musste damit aufhören, bevor es zu spät war.

»Ich verstehe das, und es tut mir leid. Es ist nur so, dass ich an nichts anderes mehr denken kann. Ich muss doch ausprobieren, was funktionieren könnte. Ich mache hinterher alles wieder gut.«

»Das weiß ich ja. Wirklich, und ich finde die Sache ja auch toll. Ganz ehrlich. Aber kannst du nicht versuchen, es wenigstens ein klein bisschen unter Kontrolle zu halten? Wenn du einen Schläger benutzt, räum ihn hinterher weg. Wenn du ein Video ansiehst, steck es wieder in seine Hülle und stell es ins Regal. Ist das zu viel verlangt?«

»Nein, natürlich nicht. Entschuldige bitte. Ich weiß, was du meinst. Ich werde es versuchen.«

»Mehr verlange ich ja gar nicht.«

Ich war noch mal davongekommen, kein Zweifel. Ich hatte mich eben daran gewöhnt, dass Lesley alles hinnahm und sich nicht gestört fühlte. Ich rechnete ihr hoch an, dass sie sich im Normalfall nicht beschwerte, aber dass ich von ihr erwartete, den Vorschlaghammer in unserem Wohnzimmer zu dulden, war dann wohl doch ein wenig zu viel verlangt. Ich kann mir gar nicht vorstellen, wieso.

Drei Runden fürs Handicap

Ob Sie nun glauben, Sie können etwas schaffen oder Sie können es nicht schaffen, Sie haben beide Male recht.

Henry Ford

Die erste Oktoberwoche hatte begonnen. Ich hatte meistens für mich allein gespielt und geübt, damit mein Spiel sich ohne äußere Einflüsse entwickelte. Bald würde die Schlechtwetterperiode losgehen, der Platz sein Wintergesicht annehmen. Das bedeutete, ich würde nur auf dem Wintergrün spielen können und mit Gummi-Tees vorliebnehmen müssen. So würde ich meinen aktuellen Stand nicht feststellen können. Zeit also, sich dem Golfclub anzuschließen und die drei Karten fürs Handicap einzureichen.

Ich hatte in letzter Zeit gut gespielt, also nahm ich an, dass mein Handicap bei höchstens 11 oder 12 liegen würde. Solch ein Handicap würde meinen Freunden wie Kritikern zeigen, wie viel ich in der kurzen Zeit schon geschafft hatte.

Für meine erste Runde bat ich die Golfer, die jeden Morgen um zehn Uhr auf dem Platz spielten, mit mir eine Runde zu spielen und meinen Scorewert zu bezeugen. Ich ging davon aus, dass mir vier Stunden reichen würden, um 18 Löcher zu spielen, und nahm mir den Vormittag frei. Nachmittags wollte ich wieder arbeiten. Während der Sommermonate war dies ausreichend gewesen, manchmal hatte ich sogar nur zwei Stunden gespielt, entweder am Morgen vor der Arbeit oder gegen acht Uhr abends, sozusagen gegen die einsetzende Dunkelheit.

Ich war wie vereinbart um zehn Uhr morgens im Club, musste aber auf die anderen Spieler noch warten. Wir kamen nicht vor halb zwölf auf den Platz. Da wurde mir klar, dass ich vermutlich nicht am Nachmittag ins Büro zurückkommen würde. Tatsächlich spielten wir viereinhalb Stunden.

Ich war gerade mitten in einer unangenehmen Kündigungsgeschichte mit einem meiner Angestellten. Außerdem versuchten wir, den Betrieb in einem unserer Cafés umzustellen. Es war also nicht gerade die beste Zeit, um sich freizunehmen. Und schon gar nicht sollte ich auf einem Golfplatz mit meinen neuen Freunden herumhängen. Dieses Problem belastete mich. Ich bekam einfach den Kopf nicht frei. Dazu kam noch, dass ich mit fremden Leuten spielte, was mich nervös machte. Und ich fühlte mich wie der Fisch im Goldfischglas: Ich wollte unbedingt zeigen, was ich gelernt hatte. Eine tödliche Mischung, wie sich herausstellen sollte. Ich spielte katastrophal. Richtig katastrophal. Demütigend katastrophal. Ich spielte Golf, dass ich mich fragte – und das nicht zum ersten Mal –, wieso ich mir das alles überhaupt antat.

Wie immer rettete mich das Driven. Zumindest sahen meine Partner, dass ich einen ordentlichen Schwung hatte und den Ball traf. Mit meinem funkelnagelneuen TaylorMade-Driver schlug ich unglaubliche 275-Meter-Schläge. Nur um den gewonnenen Vorteil dann wieder mit miserablem Kurzspiel zunichtezumachen. Ich war vollkommen durch den Wind und setzte das Lob-Wedge viel zu oft ein, trotz Seves Ratschlägen. Vollkommen fertig prüfte ich meinen Score-Wert: 95. Verdammt! Wochen harter Arbeit und ich hatte mein Handicap um ganze acht Schläge gesenkt? Mit dem vertrauten Gefühl aufsteigender Panik und unfähig, noch einen klaren

Gedanken zu fassen, fuhr ich nach Hause, um mich selbst zu bemitleiden.

Ich hatte vorgehabt, in der Winter League zu spielen, um meinen Wettbewerbssinn zu stärken, doch diese Erfahrung belehrte mich eines Besseren. Vermutlich hätte ich bei diesem Vorsatz bleiben sollen. So hätte ich wenigstens gelernt, in verschiedenen Situationen zu spielen, was mir später geholfen hätte, meine mentalen Probleme anzugehen.

Ein langes, jammerseliges Gespräch mit Debbie, dessen Inhalt man im Wesentlichen mit »Es ist ja so unglaublich schwer!« zusammenfassen könnte, brachte mich wieder in die Spur zurück. Sie erbot sich, mit mir auf den Platz zu gehen und die Scorekarte für die Runde nächste Woche zu unterschreiben, um meinen Wert zu bestätigen. So würde ich ruhig spielen können, da ich Debbie nichts beweisen musste. Sie wusste ja bereits, welche Fortschritte ich gemacht hatte. In dieser Sache steckten wir schließlich beide drin, daher stand ich in ihrer Gegenwart nicht so unter Druck. Außerdem konnte sie auf diese Weise mein Platzmanagement beurteilen und andere Aspekte meines Spiels, die in einer Stunde nicht geklärt werden konnten.

Es war eine großartige Runde. Wir waren entspannt, plauderten über unsere Töchter und über alle möglichen anderen Dinge, die mit Golf nichts zu tun hatten. Und so spielte ich eine absolut sehenswerte Runde. Uns wurde bald klar, dass ich wirklich gut spielte, und schon kam wieder eine gewisse Spannung auf. Ich spürte, dass sie dazu nichts sagen wollte, und so versuchten wir beide, ruhig zu bleiben.

Debbie gelingt das ohne Weiteres, weil sie ein ruhiger Typ ist. Ich hingegen bin das nicht. Und so stand ich am 15. Tee mit einem Wert von drei über Par und meine überbordende Fantasie schaltete einen Gang höher. Wenn ich auf den letzten vier Löchern drei Birdies spielen würde (was hart, aber möglich war), würde ich meine Runde Par spielen. Dann hätte ich es geschafft. Aber damit gab mein Gehirn sich noch nicht zufrieden. So leicht ließ es mich nicht vom Haken. Plötzlich hatte ich Visionen von Kamerateams und der ganzen Weltpresse, die sich einstellte, um den neuen Wundergolfer gebührend zu feiern. Der Knabe, der so viel Talent hatte, dass er mit 37 Jahren 32 Schläge von seinem Handicap herunterkam, und zwar nicht in zwölf Monaten, wie vorgesehen, sondern in nur fünf. Ich würde zum neuen Ballesteros. Seve stand neben mir und seufzte. Dann stützte er den Kopf in die Hände.

Gab meine überhitzte Fantasie jetzt Ruhe? Beileibe nicht. Meine Visionen strömten weiter: In ein paar Jahren würde ich nur noch auf Tour sein. Seve richtete den Blick in die Ferne und schüttelte mitleidig den Kopf. Meine schöne, stressfreie und mühelose Runde wurde von dem Druck zunichtegemacht, den ich mir selbst aufbaute, von meiner wild gewordenen Imagination. Ich eilte mir selbst voraus, und die Golfgötter merkten, dass ich die Dinge ein klein wenig zu leicht nahm. Ich zollte ihrem schönen Spiel nicht den ihm gebührenden Respekt. Das schrie förmlich nach einer Lektion. Und so spielte ich auf den letzten vier Löchern zwei Double-Bogeys.

Heute ist mir klar, dass dies eine gute Lektion war. Die Golfgötter taten gut daran, mir ein paar Knüppel zwischen die Beine zu werfen. Ich hatte es wirklich nötig. Hätte ich an den letzten Löchern Par gespielt und eine 74 erreicht, hätte ich tatsächlich ein Riesenproblem gehabt. Von diesem Moment an hätte ich mich nämlich kein bisschen mehr angestrengt, da die ganze Sache ja ohnehin offensichtlich ein Kinderspiel war. Eins aber ist sicher am Golf: Es ist kein Kinderspiel.

Ich spielte also eine 78 und war hingerissen. Es gibt Golfer, die 40 Jahre lang spielen, ohne je in den 70er-Bereich zu kommen. Und ich machte eine 78 nur wenige Monate nachdem ich über 100 gespielt hatte. Ich hatte die Hürde genommen, die mir am schwierigsten erschienen war, und alles, was ich jetzt noch tun musste, war, mich um einen Schlag pro Monat zu verbessern. Dann hätte ich es geschafft.

Am interessantesten aber war zweifellos, wie ich diese Runde geschafft habe. Leider hatte ich die verhängnisvolle Tendenz, auf dem Platz zu experimentieren. Spielte ich aber mit Debbie, ging das nicht, weil ich sonst eine ziemlich miese Figur abgegeben hätte. Daher schätzte ich jeden Schlag realistisch ein, versuchte erst gar nicht die üblichen Macho-Schläge mit den 7er-Eisen, wo doch das 6er sehr viel besser gewesen wäre. Ich tat nicht, als wäre ich Seve Ballesteros, und siehe da: Ich hatte einen exzellenten Score. Das hätte mir so einiges sagen sollen, aber leider war ich damals nicht so erpicht auf diese Lektion, wie ich es hätte sein sollen. Denn eigentlich müsste ich sie mir jedes Mal ins Gehirn rammen, wenn ich zu den Schlägern greife.

Wenn man mit einem 0-Handicapper oder einem Trainer spielt, überträgt sich zudem dessen Tempo aufs eigene Golf. Das bedeutet, man nimmt sich Zeit für jeden Schlag und überlegt sich genau, wie man spielen will. Spielt man hingegen mit einer Bande Hacker nur zum Spaß, dann nimmt man (zumindest ich) auch deren Stil an. Mit einem echten Profi aber kopiert man nicht nur, man lernt.

Stuart Kennedy – der Freund, der am Royal County Down mit Sam Torrance gespielt hatte – hatte meine Fortschritte mit Interesse verfolgt. Als ich ihm erzählte, dass ich jetzt mein Handicap festlegen wollte, bot er mir an, mit mir zu spielen und meine letzte Karte zu unterzeichnen. Sein Handicap lag offiziell bei 16, er hatte aber in der Vergangenheit weit besser gespielt. Doch vor einigen Jahren hatte er das »Shanks-Virus« bekommen und aufgehört zu spielen.

Also starteten wir zur dritten und letzten Runde für meine Handicap-Karten. Ich stand am ersten Tee und schlug einen meiner üblichen Bomben-Drives aufs Fairway, was Stuart einen Ausruf der Bewunderung entlockte.

»Das ist unglaublich, John. Ich hätte nicht gedacht, dass du so gut spielst. Ich will dir ja keinen Honig ums Maul schmieren, aber das war ein unglaublicher Schlag.«

»Danke, Stuart. Du darfst es genießen. Ich kann das nicht immer, aber das ist vermutlich der beste Part meines Spiels.«

»Soll ich dir was sagen? Wenn du in diesem Stadium so einen Ball schlagen kannst, wirst du es schaffen.«

Die Bedingungen auf dem Platz waren ähnlich wie an dem Tag, als ich die 78 spielte, und so war ich voller Selbstvertrauen. Wenn ich mich zusammenriss, konnte ich diesen Wert verbessern und mein Selbstvertrauen steigern. Doch einmal mehr war es der mentale Aspekt des Spiels, der mich in die Knie zwang. Ich spielte eine 90. Zwölf Schläge mehr in nur vier Tagen. Stuarts Lob war mir zu Kopf gestiegen, und ich hatte mich nicht mehr konzentrieren können. Ich wollte ihn beeindrucken, wenn ich am Tee stand, und war bei anderen Schlägen zu forsch. Letztlich ist es immer schwer zu sagen, welcher Aspekt meines Spiels für die Verschlechterung verantwortlich war. Einfach gesagt, war mein Golf auf jeder Ebene schlechter als bei den 78.

Doch das zeigte letztlich nur eines: Ich musste lernen, mit dem Druck umzugehen, der entstand, wenn man auf dem Platz mit verschiedenen Leuten spielte und die Bedingungen dabei nicht ideal waren. Dies war ein wichtiger Teil des Spiels und für mich einer der entscheidenden Lernschritte in diesem Jahr.

Aber ich genoss das Spiel mit Stuart, und so wurde er für den Rest des Jahres mein bevorzugter Partner. Er liebt den Wettbewerb und verfügt darüber hinaus über ein ausgezeichnetes Platzmanagement. Das hielt meine Motivation aufrecht und half mir, meine Fort- oder Rückschritte nicht überzubewerten. Ich lernte viel von ihm in jenem Winter.

Ich hatte also drei Karten ausgefüllt und von Zeugen unterzeichnen lassen. Diese reichte ich Ende Oktober dem Handicap-Komitee ein. Eine merkwürdige Abfolge von Werten: 78, 90 und 95. Dementsprechend wurden sie auch aufgenommen. Man fütterte sie dem Computer und dieser errechnete daraus mein Handicap: 14. Das gab mir einen vernünftigen Anhaltspunkt für meinen augenblicklichen Stand. Trotzdem ärgerte ich mich, dass ich nicht drei gute Runden hatte spielen können, um ein besseres Handicap zu bekommen. Ich fand es schade, dass ich mir diese Mühe nicht schon zu Beginn der Wette gemacht hatte, um meinen Fortschritt besser nachvollziehen zu können. Aber das war ja auch nicht mein Ziel gewesen. Es war nie ums Handicap gegangen. Ich wollte eine Runde Par spielen, in meinem eigenen Rhythmus und auf meine eigene Art und Weise.

Dass ich meine Wette so angelegt hatte, verhinderte, dass ich irgendwie in Clubangelegenheiten und die klassischen Konkurrenzkämpfe unter den dortigen Golfern verwickelt wurde. Ich hatte keine Zeit, um andere Matches zu spielen, und das Warten auf die anderen sowie das Herumhängen im Clubhaus wären mir ohnehin nur auf die Nerven gegangen. Ich bin kein ungeselliger Mensch, aber diese Events im Club sind sehr zeitraubend. Ich in meiner Situation wollte diese Zeit lieber darauf verwenden, besser Golf zu spielen.

So weit, so gut. Als man mir mein Handicap-Zertifikat aushändigte, begann ich zu überlegen, wie schnell ich es wohl schaffen konnte, es auf 0 zu bringen. Ich überlegte hin und her. Vielleicht sollte ich ja eine neue Wette fürs nächste Jahr in Angriff nehmen? Doch würde mich das nicht von meinem aktuellen Ziel ablenken? Ein Freund riet mir, mich auf die anstehende Herausforderung zu konzentrieren und erst einmal zu sehen, was dabei herauskommen würde. Weise Worte. Denen ich zur Abwechslung einmal folgte.

Bestandsaufnahme

Manche Menschen sehen die Dinge, wie sie sind, und fragen sich: »Warum?«
Ich sehe Dinge, die es noch nie gegeben hat, und frage mich: »Warum nicht?«

George Bernard Shaw

Der Herbst neigte sich dem Ende zu. Ich saß in der Bar des Golfclubs in Blackwood und ließ meinen Blick über den Platz schweifen. Ich machte mir Gedanken über mein Spiel und genoss die Schönheit der Landschaft. Der Golfplatz war das geistige Kind der Marquise von Dufferin und Ava, der das Land gehörte und die auf dem nahe gelegenen Landsitz Clandeboye Estate residierte. Lady Dufferin wollte einen Golfplatz schaffen, der nicht nur schön gelegen war. Er sollte auch nicht nur den reichen Mitgliedern der Gesellschaft offenstehen. Golf für die Massen, das war die Idee, die hinter Blackwood stand.

Die Landschaft ist atemberaubend – die Waldstücke beherbergen einige der seltensten Bäume Irlands. Im Herbst gibt es dort wunderbare Pilze. Ich (und andere) haben dort jahrelang die Wälder durchstreift und nach Steinpilzen gesucht. Und nicht selten kehrten wir mit vollen Körben heim, die uns in den schicken Restaurants von London ein Vermögen eingebracht hätten. Zum Blackwood Golf Centre gehörte auch das hervorragende, von Robbie Millar und seiner Frau Shirley geführte Restaurant *Shanks*, das sogar einen Stern im

Guide Michelin erhalten hatte. Ich liebte diesen Platz und seine Landschaft.

An jenem Abend in der Bar dachte ich über den Weg nach, der mich bis hierher geführt hatte. Ich betrachtete es als Gabe Gottes, dass ich meinen Traum in Blackwood verwirklichen durfte. Nun musste ich eine Zwischenbilanz ziehen und eine Bestandsaufnahme machen, wie ich dies bei jedem beliebigen Unternehmen getan hätte. Vor allem wollte ich meinen Schwächen auf die Spur kommen, um herauszufinden, woran ich arbeiten musste. Im Geschäftsleben gibt es nur wenige Probleme, die nicht mit ein bisschen methodischem Denken und einem guten Businessplan gelöst werden können. Natürlich wollte ich nicht unbedingt so rational ans Golfen herangehen. Golf ist für mich eine Herzenssache. Wenn ich aber meinen Unternehmerschädel einschaltete, dann ließ meine Wette sich analysieren wie jedes beliebige unternehmerische Problem. Was bedeutete, dass es möglich sein musste, eine Lösung zu finden.

Die Uhr begann nämlich zu ticken, und zwar immer schneller. Mir war klar, dass ich tolle Fortschritte ebenso wie grundlegende Fehler gemacht hatte. Diese grundlegenden Fehler waren nötig gewesen. Ich glaube nicht, dass ich mit dem Programm eines anderen je solche Fortschritte erzielt hätte. Ich musste es auf meine Art machen. Bisher hatte noch niemand erreicht, was ich mir vorgenommen hatte. Ich würde einen völlig neuen Weg gehen müssen. Und es erforderte Mut, neue Wege zu gehen. Der Knackpunkt war letztlich, zu erkennen, wann ich in der Sackgasse steckte, und so schnell wie möglich wieder herauszukommen. Ich hatte von Debbies guter und gleichmäßiger Betreuung profitiert und ebenso von Jim McLellans Tipps. Durch ihre Ratschläge und mein unermüdliches Training hatte ich einen sehr guten Schwung entwickelt. Gelegentlich spielte ich auch schon Runden mit richtig guten Scorewerten.

Und so sah meine damalige Bestandsaufnahme aus:

Putten

Ich war mit meiner Putterei eigentlich recht zufrieden, obwohl das sicher auch etwas mit Verdrängung zu tun hatte. Putten trainiere ich nicht gerne, und so hatte ich die illusorische Vorstellung entwickelt, dass das Puttinggrün den ganzen Winter über geöffnet bleiben würde. Dann hätte ich immer noch Gelegenheit, putten zu üben. Im Durchschnitt brauchte ich 36 Putts pro Runde, manchmal weniger. Das sollte also kein Problem sein.

Driven

Das Driving war sicher der beste Part meines Spiels. Meine Übungen hatten sich auf die Entwicklung eines guten, vollen Schwungs konzentriert. Das Driven ist das Ergebnis ebendieses Schwungs. Unter den richtigen Bedingungen konnte ich ohne Weiteres einen 275-Meter-Drive schlagen. Auch wenn man die übliche männliche Prahlerei abzog, kam dabei am Ende fast immer ein guter Drive heraus.

Der Hamilton Course in Blackwood ist mit 5760 Metern kein besonders langer Platz. Ich konnte an acht der Par-4-Löcher mit einem Drive und einem Wedge aufs Green spielen, was meinen Scorewert entscheidend verbesserte. Da ich mich bei meiner Wette auf den Hamilton Course bezogen hatte, lernte ich erst gar keine Schläge, die mir dort nicht nützlich sein würden. Da ich so viele Löcher mit einem Drive und einem Wedge spielen konnte, fielen bestimmte Dinge von vornherein weg. Außerdem verlief der Kurs relativ gerade, sodass ich nicht lernen musste, dem Ball den richtigen Spin zu geben. Ich bewunderte meine Freunde, die das vermochten, doch da ich nur ein Jahr Zeit hatte, um den Kurs Par zu spielen, wollte ich alles so einfach wie möglich halten und den Ball gerade spielen. Da verließ ich mich vollkommen auf Seves Rat. Natürlich war es toll fürs Ego, wenn man den Ball in einem Bogen dorthin spielen konnte, wo man ihn haben wollte, doch bis es so weit war, waren Monate der Frustration garantiert. Und das würde die Fortschritte, die ich bislang erzielt hatte, sicher zunichtemachen. Das war ein Luxus beim Schlagen des Balles, den ich mir einfach nicht leisten konnte und wollte. Ich war mit meinem TaylorMade Driver glücklich und zufrieden, und das steigerte mein Selbstvertrauen.

Fairway-Hölzer

Das gleiche vertraute Verhältnis hatte ich zu meinem alten Mizuno Holz 3. Glücklicherweise stellte es sich auch bei meinem neuen Ping bald ein. Ich schlug selten mit dem Dreier-Holz, doch schließlich hatte ich auch Vertrauen zu meinem Driver, obwohl ich ihn höchstens zwei oder drei Mal pro Runde aus dem Bag zog, vor allem zum zweiten Schlag an den Par-5-Löchern. Meine Lieblingsschläger waren also Driver, Holz 3 und Wedge, da sie meinen Stärken entsprachen.

Lange Eisen

Die Vorsicht hatte mich geleitet, als ich mich für Eisen mit Cavity-Back-Design entschied, und diese Entscheidung war richtig gewesen. Sie gab mir im Spiel viel Vertrauen. Mein guter Drive und das Platzdesign in Blackwood aber sorgten dafür, dass ich selten zu einem Eisen unterhalb von sechs greifen musste – außer natürlich, ich hatte etwas verbockt.

Kurze Eisen (Wedges)

Meine Fähigkeit, den Ball mit kurzen Eisen zu schlagen, war vergleichsweise gut entwickelt, letztlich aber war ich hier ein klassischer Fall von »Range-Jockey«. Ich schlug ziemlich schlecht, wenn der Ball nicht gut lag. Außerdem wusste ich nie, welches Eisen ich nehmen sollte, wenn es windig war. Dass ich auf dem Platz mit verschiedenen Wedges herumexperimentierte, wirkte sich auf meinen Scorewert nicht gerade positiv aus. Mehr als einmal führte mein pfeilgerader 275-Meter-Drive (ja, ja, ich weiß, die Golferbrille lässt jeden Drive ein wenig länger aussehen) am Ende doch noch zu einem Bogey, weil ich mich nicht für das richtige Wedge entscheiden konnte und es nicht sauber schlug. Neben dem Par-3-Kurs in Blackwood lag ein schmaler Grasstreifen, den ich dazu benutzen wollte, den Ball tatsächlich vom Rasen schlagen zu lernen.

Pitching/Chipping

Beim Pitchen und Chippen fielen meine Ergebnisse sehr unterschiedlich aus. Auch hier machte ich keine Fortschritte, weil ich zu viel auf der Range arbeitete und nicht genug auf Gras unterschiedlicher Beschaffenheit übte. Da es in Blackwood auf der Driving Range keine Gelegenheit gab, auf Gras zu üben, konnte ich mich hier nur verbessern, wenn ich eine Runde spielte. Letztlich aber war dies auch nur eine Ausrede. Ich hätte leicht einen Grasplatz zum Üben finden können, wenn ich gewollt hätte. Ich hätte ja auch die grünen Flecken der Driving Range benutzen können, die zum Entspannen gedacht waren.

Grundsätzlich traf ich den Ball gut, weil ich genau das aufgrund meiner Handgelenksprobleme ja so lange hatte üben müssen, aber wenn er nicht gut lag oder ich ein Hindernis wie einen Bunker vor Augen hatte, dann fiel mein Selbstbewusstsein gewöhnlich in sich zusammen und ich versiebte den Schlag. Auch konnte ich schwer einschätzen, wie der Ball beim Chippen mit den einzelnen Schlägern laufen würde. Es sah so aus, als würde ich mehr draußen üben müssen, zumindest unter realistischeren Bedingungen.

Platzmanagement

Unsinn! Wer braucht denn so was? Hier kam meine übliche »Ich spiele wie Seve 1979«-Mentalität ins Spiel. Zweifellos hatte ich einen schönen Schwung entwickelt und schlug auch den Ball gut. Doch von Zeit zu Zeit überkam es mich und ich verwarf alles, was ich gelernt hatte. Dann vermasselte ich mir gute Scores mit dummen Fehlern und unsinnigen Entscheidungen über die Wahl der Eisen. Dass Seve mich coachte, war natürlich wunderbar, verursachte mir aber allerlei Probleme, als ich diese Phase hinter mir ließ und damit auch mein schwärmerisches »Ich kann das auch!«. Seve hatte während seiner Laufbahn so viele unglaubliche Schläge gespielt, dass ich immer gedacht hatte, das müsse ich auch tun.

Problematisch war, dass ich keinen Funken von Seves Talent oder Kreativität besaß. Außerdem darf man nicht vergessen, dass Seve der einzige Golfspieler war, der mit einem derartigen Stil eine stete Erfolgskurve zu verzeichnen hatte. Und selbst er war mit den Jahren sehr viel ruhiger geworden. Doch draußen auf dem Platz lag mir diese Art logischen Denkens bedauerlicherweise fern. Normalerweise spielte ich nie auf Sicherheit. Ich versuchte immer, aus einem Eisen das Maximum herauszuholen, statt ein anderes zu nehmen und vorzulegen.

Die Auswirkungen meiner »Seve-Mentalität« zeigten sich zum Beispiel, wenn mir ein Baum im Weg stand. Ich versuchte quasi immer, durch den Baum hindurchzuschlagen. Den Ball einfach darum herum zu spielen und dahinter zum Schlag auszuholen, fiel mir im Traum nicht ein. In fast jedem Golfratgeber steht, man solle den Strafschlag in Kauf nehmen und den Ball um den Baum herum chippen. Ich aber – naiv beziehungsweise arrogant, wie ich war – bildete mir natürlich ein, mich ginge das nichts an.

Stuart verfügte über ein ausgezeichnetes Platzmanagement. Er half mir diesbezüglich sehr. Bei jedem Spiel mit ihm ging es letztlich auch darum, wie man geschickt spielt, um einen guten Score zu erreichen, und nicht nur um den einzelnen, möglichst guten Schlag. Als wir einmal in Blackwood das zehnte Loch spielten, spielte ich meinen Drive rechts aufs Fairway, wo bedauerlicherweise ein paar Bäume standen. Die auf der Hand liegende Lösung war, den Ball mit einem unproblematischen Schlag nach links zu spielen, wo keine Bäume mehr standen, und dann mit dem kurzen Spiel das Par zu retten. Ich musste den Ball natürlich durch die Bäume schlagen, sodass er sich zuerst in einem Ast verfing und dann nur wenige Meter weiter auf dem Fairway landete.

Dies war eine Schlüsselszene.

Stuart hielt inne und sagte: »Stopp, stopp. Bevor wir jetzt weitermachen, möchte ich dir nur eine Frage stellen. Bist du mit dem Schlag zufrieden oder nicht? Denk nach, bevor du antwortest.«

Doch ich musste nicht eine Sekunde nachdenken: »Natürlich nicht! Ich habe den Baum getroffen. Wieso sollte ich zufrieden sein, wenn ich einen Baum anschieße?«

»Ganz einfach«, meinte er. »Meiner Ansicht nach hättest du zufrieden sein können. Du hast einen dummen Schlag gemacht und Glück gehabt, dass alles so glimpflich ausgegangen ist. Du hättest den Ball ja auch in den Fluss schlagen können. Er hätte dir sogar ins Gesicht fliegen können.«

Ich dachte kurz darüber nach. »Na gut«, sagte ich. »Ich verstehe, was du meinst. So habe ich das noch nie gesehen.«

»Nun, John, du solltest lernen, so über Golf zu denken. Es hat keinen Sinn, nur so hart draufzuschlagen, wie es geht«, fuhr er fort. »Du musst einfach auf den Platz und mit ein paar guten Leuten spielen, damit du siehst, wie sie die Sache angehen. Du wirst merken, dass sie ganz anders spielen als du.«

»Ja, ich weiß. Aber es ist immer so schwierig, genug Zeit für ein Spiel zu finden. Und ehrlich gesagt kenne ich auch niemanden, der so gut spielt.«

»Dann besorg dir Videos. Bestell dir auf eBay alte Tour-Aufnahmen. Übersieh die Macho-Schläge einfach. Konzentrier dich darauf, was wirklich gute Spieler tun, wenn sie ein Problem haben, und nimm das in dich auf. Du wirst überrascht sein, wie viele von ihnen am Ende einfach ihr Par retten. Auch nachdem sie einen fulminanten Drive hingelegt und einen sicheren, zusätzlichen Schlag in Kauf nehmen mussten. Das kann ich gar nicht oft genug betonen. Du solltest die mechanische Seite des Spiels eine Zeit lang außer Acht lassen und dich aufs Platzmanagement konzentrieren.«

Diese Szene hat mir die Augen geöffnet. Und so begann ich tatsächlich, das Spiel auf andere Weise zu betrachten. Ich konzentrierte mich darauf, Golf auch einmal als Rechenaufgabe zu sehen. In anderen Worten: Par zu retten und nicht jede Gelegenheit zu einem doppelten und dreifachen Bogey wahrzunehmen. Allerdings verlief dieser Lernprozess in winzigen Schritten. An jenem Tag versuchte ich noch einmal, den Ball durch die Wand – genauer gesagt durch einen Baum – zu spielen. Eine Stunde zuvor hatte Stuart mit mir gesprochen – nun war alles wieder vergessen. Dass ich dabei ganz gut davongekommen war, half mir in der Zukunft nicht gerade. Ich sehe Stuart noch vor mir, wie er vor mir übers Fairway spaziert und verzweifelt den Kopf schüttelt.

Stuart half mir noch bei einem anderen Aspekt des Platzmanagements, nämlich dem Spiel bei heftigem Wind. Für gewöhnlich neigte ich nämlich dazu, an windigen Tagen die falschen Eisen zu benutzen. Stuart lehrte mich, besser einzuschätzen, wie weit ich bei der Wahl des Schlägers nach unten gehen musste. So standen wir beispielsweise am Tee und er fragte: »Gut, wir haben 150 Meter vor uns. Was würdest du normalerweise hier spielen?«

»Das 7er.«

»Aber heute bläst der Wind. Welches Eisen brauchst du also?«

»Sicher eines weniger. Ein 6er, schätze ich mal.«

»John, wenn du den Wind ausgleichen willst, musst du schon um drei Nummern höher greifen. Überleg mal, wie er uns am letzten Loch gestört hat. Und schau, wie er die Bäume durchschüttelt. Wenn du hier ein Sechser spielst, bleibt es einfach in der Luft stehen. Hier musst du ein Vierer spielen und flach schlagen.«

Wie immer hatte er recht. Hin und wieder werden Tour-Profis gefragt, was ihnen bei Pro-Am-Touren am Spiel von Amateuren auffällt. In 90 Prozent der Fälle lautet die Antwort, dass Amateure das Eisen, das sie brauchen, einfach zu niedrig wählen und daher nicht aufs Grün kommen. Zu diesen Leuten gehörte auch ich. Ich entschied mich immer und immer wieder für die kurzen Eisen statt für die langen. Nach zwei tollen Annäherungsschlägen musste ich doch immer wieder ums Par kämpfen, weil ich die Entfernung nicht richtig einschätzte und immer zu kurzen Eisen für kurze Distanzen griff.

Die mentale Seite

Es war klar, dass ich an der mentalen Seite meines Spiels noch fleißig arbeiten musste. Der Winter kam, und obwohl ich schon unter 80 spielte und in den nächsten Monaten zweifelsohne genug Gelegenheit haben würde, mich in Golfbücher zu vertiefen, wusste ich, dass ich diesbezüglich etwas unternehmen musste. Natürlich war dieser Aspekt für mich noch wichtiger als für andere Golfer, da ich mir ja aufgrund meiner Wette ordentlichen Druck aufgebaut hatte. Gerade die unterschiedlichen Ergebnisse bei meinen Handicap-Runden hatten mir gezeigt, dass die mentale Seite für meinen Erfolg ausschlaggebend sein würde. Eine Differenz von 17 Schlägen zwischen Runden, die ich unter ähnlichen Bedingungen gespielt hatte, gab Einsicht in meine geistige Verfassung.

Ich ging die einzelnen Runden noch einmal unter diesem Blickwinkel durch. Ich war dabei, ein seltsames Spiel zu entwickeln, das sich auf einen bestimmten Platz konzentrierte und Schläge, die ich dort niemals brauchen würde, außen vor ließ. Dabei ging es nicht darum, ein Golf für Strandplätze zu entwickeln, ja nicht einmal darum, mit Wettbewerbssituationen fertigzuwerden. Ich spielte ein eher unübliches Golf mit klaren Einschränkungen. Doch bei meiner Wette ging es eben darum, diesen Platz zu bespielen, und es hatte wenig Sinn, Fähigkeiten zu entwickeln, die mir nur auf anderen Plätzen dienlich gewesen wären. Das regelmäßige Spielen mit Stuart half mir, von dieser Einseitigkeit loszukommen und meine Fähigkeiten allgemein zu verbessern. Ich resignierte beispielsweise sofort, wenn ich auf den ersten neun Löchern schlecht gespielt hatte, weil ich meinen Score schon im Keller sah. Dass ich mit Stuart spielte, half mir, meinen Kampfgeist bis zum Schluss zu bewahren, bis das 18. Loch gespielt war.

Familienleben

Das Familienleben lief eigentlich ganz gut. Von ein paar entnervten Bemerkungen von Lesley und Aimee einmal abgesehen, die eigentlich nur in der Hitze des Gefechts fielen, wirkte sich meine Wette kaum auf Aimees Leben aus. Ich ging wie üblich zur Arbeit und kam zur selben Zeit nach Hause wie immer. Zur Range fuhr ich erst, wenn sie schon schlafen gegangen war. Spielte ich am Wochenende Golf, so beschränkte ich mich auf den Sonntagmorgen und gelegentlich ein paar Stunden am Samstagnachmittag, wenn sie bei Freunden war oder etwas mit meiner Frau unternahm. Was Lesley wichtig war, hatte sie mir bei dem Vorfall mit dem Vorschlaghammer unmissverständlich deutlich gemacht, und ich versuchte mein Bestes (das möglicherweise nicht ausreichte), um das Chaos zu begrenzen. Hin und wieder war sie ein wenig verstimmt, äußerte ihren Groll aber nie laut. Sie schaffte es, mich dauerhaft zu unterstützen und zu ermutigen, egal, ob die Dinge nun gut oder schlecht liefen. Außerdem hörte sie voller Geduld zu, wenn ich ihr von meinen neuesten Fortschritten oder schwachsinnigen Ideen berichtete, die mir meiner Ansicht nach die Arbeit in den kommenden Monaten erleichtern würden.

Arbeit

Auch die Work-Golf-Balance ließ sich gut handhaben. Ich war im Büro nicht immer hundertprozentig bei der Sache, aber meine Geschäftspartner unterstützten mich – obwohl sie von meiner häufigen Abwesenheit sicher nicht begeistert waren. Vermutlich haben sie sich des Öfteren gefragt, wo ich meine Mittagspause verbrachte.

Etwa zu dieser Zeit bemerkte ich, dass die Natur meiner Wette sich verändert hatte. Was zehn Jahre zuvor nur so dahingesagt worden war, hatte sich in eine Aufgabe verwandelt, die mich und mein Golf anging. Der Radrennfahrer Lance Armstrong berichtet in seinem Buch *Tour des Lebens*, wie er den Krebs besiegte und danach 1999 die Tour de France gewann. Wenn man mich zu meiner Wette befragte, sagte ich immer, es ginge dabei nicht um Golf – wie Armstrong, der meinte, es ginge letztlich nicht ums Radfahren. Jetzt aber fand ich, dass es eben genau darum ging – um Golf. Ich wollte nicht nur besser werden, ich war vollkommen eingetaucht ins Spiel.

Vor meinem inneren Auge sah ich mich, wie ich 20 Jahre zuvor Seves großartigem Sieg bei den Irish Open in Dublin beiwohnte. Und doch hatte ich den Wunsch, ein Profi zu werden, aufgegeben. Mit der Wette wollte ich mir wohl letztlich auch beweisen, dass ich – und in mir der 15-jährige Junge, der ich einmal war – dazu imstande gewesen wäre. Wenn ich mit 37 innerhalb eines Jahres mein Handicap auf 0 verbessern konnte, dann musste der Junge doch wohl gut genug gewesen sein, um wenigstens einen einfachen Profi ohne große Turniersiege abzugeben?

Ich wollte gar nicht groß herumtönen: »Ich hab's euch ja gleich gesagt.« Eigentlich wollte ich nur den 15-jährigen John und Seve um mich versammeln, um ihnen zu sagen: »Seht ihr, ich wusste, dass ich das kann. Ich wusste tief drin, dass ich richtig gutes Golf spielen kann.« Ich wollte diesem ungeschickten Teenager so gern ein wenig von dem Selbstvertrauen geben, das ihm in diesem Alter gefehlt hatte. Natürlich würde das am Ende keinen Unterschied machen, aber für mich war es wichtig.

Ganz zu Anfang, im Mai, hatte ich noch die Absicht gehegt, das größtmögliche Medieninteresse zu erwecken, als wäre die Wette eine meiner unternehmerischen Herausforderungen. Mittlerweile stand das nicht mehr im Vordergrund. Es schien auch dem Geist der Wette zu widersprechen. Wenn ich wieder einmal bei strömendem Regen auf der Range übte, hatte ich den Eindruck, als müsste ich ein bestimmtes Maß an Unbill erdulden lernen wie alle großen Golfer, um mir so das Recht auf Fortschritt zu verdienen. Ein altes Jack-Nicklaus-Video verdeutlichte mir, worum es wirklich ging. Da saß Nicklaus mit seinem vertrauten Trainer Jack Grout und erzählte, wie er den Winter in Ohio verbracht hatte. Er habe jeden Ball, dessen er habhaft werden konnte, in den Schnee hinausgeschlagen, obwohl er wusste, dass er sie erst im Frühjahr wieder würde einsammeln können. Dieses romantische Bild fand ich wunderschön.

Ich musste dem Spiel mein Opfer bringen. Und ich durfte nicht allzu laut herumposaunen, wie großartig ich meiner Ansicht nach war und wie leicht mir meine jetzige Entwicklung gefallen war. Wenn ich das getan hatte, war ich ein paarmal recht böse auf dem Arsch gelandet. Und ich war die ewige Eigenwerbung leid. Ich brachte dem Spiel Opfer: Tag für Tag stand ich auf der Range und tat, was der unsterbliche Ben Hogan »Dreck hacken« genannt hatte. Dreck hacken zusammen mit Hogan, Ballesteros, Jones, Palmer und Nicklaus, die in meiner Vorstellung in den angrenzenden Boxen ihre Bälle schlugen. Versunken in das zengleiche Bemühen um Vollendung.

Das mentale Spiel

Vergiss nie, dass deine Entscheidung für den Erfolg wichtiger ist als alles andere.

Abraham Lincoln

Schon seit einer Weile las ich Bücher über die mentale Seite des Golfsports, ohne mich bisher konkret um die Verbesserung meiner Fähigkeiten bemüht zu haben. Zu Beginn der Wette war mir Rotella eine große Inspiration, doch seine Worte klangen mehr nach »Jetzt beweg endlich deinen fetten Arsch!« als »So kannst du deine mentalen Probleme in den Griff bekommen!«. *Inner Game Golf: Die Idee vom Selbstcoaching* von Timothy Gallwey beeindruckte mich sehr, auch wenn ich das Gefühl hatte, dass Gallweys Herz nicht ganz beim Golf war. Das Buch war wohl mehr als Folgeprodukt seines hervorragenden Buches über *Tennis – das innere Spiel* gedacht. Trotzdem fand ich seinen Rat, man solle während des Schwungs an etwas anderes denken, um sich selbst nicht im Weg zu stehen, ganz hervorragend.

Ich kaufte einen CD-Lehrgang von Dr. Karl Morris, der mit vielen Tour-Spielern arbeitete, unter anderem mit Darren Clarke. In Nordirland wird Clarke als eine Art Golfgott betrachtet, daher interessierte mich Morris' Lehrgang sehr. Und tatsächlich erwies er sich als recht hilfreich, vor allem, um den Strom der Gedanken beim Putten zu beruhigen. Auf meinen langen Fahrten zwischen den beiden Gartencentern hörte ich seine Tipps immer wieder an. Schließlich begann ich mich immer mehr für die mentale Seite des Spiels zu interessieren.

Was das Putten angeht, weist Morris immer wieder darauf hin, dass es wichtig sei, die kreative Hälfte des Gehirns, also die rechte, zu aktivieren. Wenn man etwas unter einem neuen Blickwinkel sieht, wird die rechte Gehirnhälfte aktiv. Eine wissenschaftliche Untersuchung zeigte, dass bei überdurchschnittlich guten Puttern diese Gehirnhälfte während des Puttens aktiver ist als die linke. Versucht man hingegen, ein Problem logisch zu erfassen, arbeitet vor allem die linke Gehirnhälfte.

Dass beim Putten die rechte Gehirnhälfte aktiv ist, lässt vermuten, dass es dabei eher darum geht, seinem schöpferischen Instinkt zu vertrauen, als um perfekte Schläge und logische Analysen. Für mich ergab das durchaus Sinn. Ich hatte immer das Gefühl, dass das Putten unnötig verkompliziert wurde. Aus diesem Grund bekommen so viele Menschen Panik, wenn es darangeht, den Ball ins Loch zu bringen. Ein schönes Beispiel zeigt, was damit gemeint ist. Wenn man Sie bittet, Ihren Schlüssel herauszuholen und ihn einer Person auf der anderen Seite des Raumes zuzuwerfen, treffen wir mit 99-prozentiger Sicherheit. Weshalb also können wir nicht auf dieselbe intuitive Weise einlochen? Jedenfalls bringen Sie nicht Stunden damit zu, die Schlüssel anzustarren. Und vermutlich würde auch niemand auch nur im Traum daran denken, einen Übungswurf zu machen. Morris' Beobachtungen deckten sich ziemlich genau mit meinen Vorstellungen. Und so lernte ich, das Putten aus einer anderen Perspektive zu sehen.

Der stärkste Part meines Spiels war das Driven, der schwächste das Putten. Eine Statistik, die ich in *Today's Golfer* las, berührte mich daher besonders:

- Die Golfer mit dem längsten Drive auf der European Tour gewannen im Durchschnitt 12 958 Pfund.
- Die Golfer mit dem besten Putt (niedrigste Puttzahl pro Runde) brachten im Durchschnitt 61 160 Pfund nach Hause.

In einer Ausgabe des *Golf Magazine* von 1996 fand ich eine weitere interessante Statistik, in der ein Golfer mit Handicap 18 mit einem Scratchgolfer verglichen wurde. Der Scratchgolfer schlägt im Durchschnitt den Drive nur um 16 Meter weiter als der Bogey-Golfer. Er kommt pro Runde nur zweimal öfter aufs Fairway als der Bogey-Golfer. Doch während der Bogey-Golfer in fünf von sieben Fällen, bei denen er ins Rough schlägt, ein Hindernis auf seiner Bahn vorfindet, ist dies beim Scratchgolfer nur in einem von fünf Fällen so. In dem Artikel wurde dafür auch ein Grund genannt: Der Bogey-Spieler kommt seltener aufs Fairway, weil er vom Tee weg stets zu lang schlägt – was mir irgendwie bekannt vorkam.

Der Scratchgolfer trifft in 72 Prozent der Fälle das Grün, wenn er vom Fairway kommt, in 55 Prozent, wenn er aus dem Rough schlägt, fast dreimal so oft wie unser Bogey-Spieler. Der Scratchgolfer trifft also an circa 13 von 18 Löchern das Grün vom Fairway aus, der Bogey-Spieler nur an vier. An genau diesem Punkt ließen mich meine Golfer-Fähigkeiten im Stich. Ich hatte einen Drive wie ein Scratchgolfer, doch meine Annäherungsschläge glichen denen eines Bogey-Spielers. Da ich stets die falschen Schläger auswählte und mein Platzmanagement zu wünschen übrig ließ, vergab ich regelmäßig sämtliche Vorteile, die mir meine gewaltigen Drives einbrachten. Natürlich führte ich selbst keine Statistik, aber das war auch nicht nötig. Als ich den oben genannten Artikel las, fiel es mir wie Schuppen von den Augen.

Der größte Unterschied zwischen den beiden Spielertypen aber lag im kurzen Spiel. Der Scratchgolfer schlägt den Ball aus 45 Metern Entfernung mit einer dreimal so hohen Wahrscheinlichkeit in den Bereich von fünf Fuß um das Loch als der Bogey-Spieler (47 Prozent versus 16 Prozent). Der Bogey-Spieler hingegen verpasst das Grün mit einer viermal so hohen Wahrscheinlichkeit (vier Prozent versus 16 Prozent). Der Scratchgolfer verfehlt zwar pro Runde im Durchschnitt auch sechs Mal das Green, gleicht dies aber dadurch aus, dass er sechs Mal mit nur einem Putt einlocht. Der Scratchgolfer spielt durchschnittlich 30 Putts pro Runde, vier weniger als der Bogey-Spieler, und dies, obwohl die Putt-Distanz mit 15 versus 17 Fuß meist ähnlich ausfällt.

Diese statistischen Daten unterstreichen, was ich – wie vermutlich viele andere Golfer – schon wusste: Wenn wir unser Spiel verbessern wollen, müssen wir uns aufs Putten konzentrieren, nicht auf die Drives. Wir wissen es, wollen es aber nicht wahrhaben. Denn die langen Drives, die unsere Freunde so beeindrucken, sind unser heiliger Gral.

Ein Gespräch mit Jason Carlton, einem erfolgreichen Werbetexter, der viele Jahre lang Werbung für Golfhandbücher gemacht hatte, bestätigte mir dies. Die Verlage brachten keine Bücher mehr übers Putten heraus, weil sie sich einfach nicht verkaufen ließen. Im besten Fall waren sie die Beilage zu irgendwelche Bestsellern mit dem Titel *Wie Sie Ihren Drive um mindestens 37 Meter verlängern*. Wir alle wollen sofortige Fortschritte sehen. Das ist wohl der Hauptgrund hinter der enormen Entwicklung der Driver-Technologie. So kommen wir zu unseren zusätzlichen Metern – ohne eine einzige Unterrichtsstunde, ohne einen einzigen Ball. Haben Sie schon einmal gehört, dass jemand Tiger Woods Fähigkeit bewundert, unter Druck auch lange Putts spielen zu können?

Jeder schwärmt nur von seinen 320-Meter-Drives. Heißt es nicht immer, man müsse den klassischen Golfplatz um einige Meter verlängern, um »den Tiger zu zähmen«?

Natürlich tappte auch ich in diese Falle. Bislang hatte ich höchstens fünf Stunden Putten geübt. Fürs Chippen und Pitchen hatte ich Zeit aufgewendet, aber sogar diese Zeit schien minimal verglichen mit der, die ich damit verbracht hatte, lange Drives zu schlagen und an meinem Schwung zu arbeiten.

Und doch schien alles irgendwie zu klappen. Ende Oktober jedenfalls spielte ich zwei außergewöhnlich gute Runden. Stuart und ich spielten regelmäßig am Abend und hatten so einen eigenen Rhythmus gefunden. Ich genoss unsere Spiele und mein Gefühl für den Platz wurde immer besser.

Ich hatte viel über die mentale Seite des Golfs gelesen und dadurch mein Spiel verbessert. Es fiel mir jedenfalls leichter, mich zu konzentrieren. Häufig ging ich im Geist den Platz noch einmal durch, wenn ich abends auf dem Sofa saß. Und ich spielte den ganzen Kurs komplett durch, während ich auf der Range übte, jeden Schlag an jedem Loch. Zuerst mit dem Driver und einem Pitching-Wedge fürs erste Loch, dann Driver, Dreier-Holz und Pitch über den Bunker am zweiten, einem Par-5. Und so weiter, bis ich den ganzen Platz gespielt hatte. Ich stellte fest, dass ich auf der Range nur zwei oder drei schlechte Schläge hatte, während ich im Geist den Platz spielte. Das schenkte mir Selbstvertrauen, wenn ich auf dem Golfplatz war.

Dies war nur eine meiner vielen ausgeklügelten Übungsstunden. Allmählich begann ich, weniger Bälle zu schlagen und bessere Resultate zu erzielen. So litten meine Gelenke weniger und das Üben machte mehr Spaß. Wenn ich an einem Aspekt meines Spiels arbeiten wollte, wählte ich eine der vielen Techniken aus, die ich dafür entwickelt hatte, und übte, bis sie mir langweilig wurde. Dann übte ich mit einer anderen Technik weiter oder arbeitete an einer anderen Aufgabenstellung. Auf diese Weise wurden die Übungsstunden nie eintönig. Ich musste ja nicht mehr endlos mit dem Driver auf den Ball dreschen und zur Entspannung versuchen, den hinteren Zaun zu treffen. Ich konzentrierte mich jetzt auf bestimmte Aspekte meines Spiels, an denen ich arbeiten musste, und betrachtete das Training nicht mehr länger als unangenehme Pflicht.

Ich hatte immer noch sechs Monate vor mir, und es war wunderbar, im Herbst auf diesem großartigen Platz zu spielen. Zusammen mit Stuart gelang es mir einmal, 15 Löcher nur vier über Par zu spielen. Ein anderes Mal schaffte ich 16 Löcher mit nur zwei Bogeys. Beide Male ließ uns am Ende das Tageslicht im Stich, doch gerade die letzte Runde zeigte, wie viel Selbstvertrauen ich hatte und wie gut mein Golf lief. Damals schien es, als würde ich es in ein paar Wochen geschafft haben. Ich stand also am 17. Loch am Tee. Es war fast dunkel. Natürlich wollte ich versuchen, hier zwei Birdies zu spielen. Aber es war nicht nur dunkel, sondern auch kalt, und Stuart überzeugte mich, dass wir es für heute besser gut sein ließen.

Hätte ich in jenem Stadium auch noch gut geputtet, wäre ich vermutlich sogar unter Par geblieben. Ich glaubte immer noch, dass ich im Winter genug Zeit haben würde, mein mangelndes Geschick beim Putten auszugleichen, sodass im Frühjahr alles in bester Ordnung sein würde. Wenn ich mit der gleichen Energie weitermachte wie bislang, so dachte ich, dann würde es leicht sein, eine Runde Par zu spielen. Hätte ich nur beim Einsteigen ins Auto einen Blick auf Seve geworfen, der auf dem Beifahrersitz saß, dann hätte ich zumindest gesehen, dass seine Lippen etwas murmelten, das sich anhörte wie: »Sie Esel!« Und ich hätte bemerkt, wie er verzweifelt den Kopf schüttelte.

Etwa um diese Zeit erhielt Stuart die Einladung zu dem Jaguar Corporate Day auf dem Royal County Down Course. Eine Einladung, bedeutende Menschen zu treffen, die sich einen Jaguar leisten konnten, aber auch den legendären Sam Torrance. Den Helden von acht europäischen Ryder-Cup-Teams, ihn, der 1985 den Putt versenkte, der die 28-jährige Siegesserie der Amerikaner im Ryder Cup beendete. Sam war bekannt dafür, dass er kein Blatt vor den Mund nahm. Bei dieser Gelegenheit fragte Stuart ihn, wie er meine Erfolgschancen einschätzte. Und er antwortete: »Träum nur weiter.« Diese drei Worte verfolgten mich in den nächsten Monaten, wurden aber auch zu meiner stärksten Motivation. In diesen Worten spiegelte sich, was die Wette für mich letztlich bedeutete. Sie veränderte mein ganzes Leben.

Zu jener Zeit erschütterte Sams Bemerkung mein Selbstvertrauen nicht im Geringsten, ganz im Gegenteil. Sie stählte meinen Willen zum Erfolg und ließ mich meine Anstrengungen verdoppeln. Und doch begannen in der Ferne die Wolken des Zweifels aufzuziehen. Bald würden sie sich am Winterhimmel von Ulster, meiner nordirischen Heimat, zusammenballen.

DER WINTER KOMMT

All unsere Träume können wahr werden, wenn wir den Mut haben, danach zu streben.

Walt Disney

Aufgrund einer Verletzung musste ich mein Training einschränken. Dieses Mal war allerdings nicht das Golfspielen schuld. Ich verletzte mich, als ich mit meiner Tochter schwimmen ging. Ich wollte nicht einer dieser ewig abwesenden Väter sein und verbrachte daher viel Zeit mit Aimee, um meine Golfübungsstunden auszugleichen. Meine väterliche Strenge (die ohnehin nicht sehr ausgeprägt war) ließ in dieser Zeit mehr denn je zu wünschen übrig. Ich kaufte ihr viel mehr, als ich es normalerweise getan hätte. Wenn wir zusammen waren, beschäftigte ich mich ausschließlich mit ihr. Ich wollte nicht Zeitung lesen und dann und wann zu ihrem Geplapper freundlich nicken. Wenn ich also mit ihr schwimmen ging, saß ich keineswegs faul am Beckenrand, während sie herumplanschte. Ich setzte sie auf meinen Rücken, machte im Wasser Handstand und andere verrückte Dinge, die ihr Spaß machten. Dann hatte ich kein schlechtes Gewissen, wenn ich hinterher auf der Range meine Bälle schlug. Ich machte mich im Schwimmbad für meine Tochter zum Hampelmann. Kein Wunder, dass ich mir einen Muskel im Unterarm zerrte.

Diese Verletzung führte dazu, dass ich einige Wochen lang keinen vollen Schwung ausführen konnte. In der Zwischenzeit aber übte ich nicht etwa Putten, sondern Chippen. (Man könnte seine Zeit natürlich auch produktiv mit einem Putter nutzen. Doch da sei Gott vor!)

Wenn mich früher etwas daran gehindert hatte, voll zu trainieren, übte ich Pitchen und Schläge mit dem Lob-Wedge – die Glamourseite des kurzen Spiels also. Ein ordentlicher Lob, ein Pitch mit ordentlicher Drehung und in meiner Fantasie jubelten mir die Massen zu. Das Chippen ähnelte mehr dem Putten, also mochte ich es nicht besonders. Ich wollte es irgendwann ganz bestimmt üben – »wenn ich nachher mal Zeit habe«. Überraschenderweise hatte ich dann nie Zeit.

Ich musste mir also etwas Unterhaltsames ausdenken, damit ich mich dazu bringen konnte, das Chippen zu üben. Und so erlaubte ich mir noch einen kleinen Privatwettkampf, um mich anzuspornen. Ich hatte ein paar Dutzend Pitches auf etwa 20 Fuß gespielt. Einer der Bälle unterschied sich farblich von den anderen. Und so beschloss ich zu chippen, bis ich diesen Ball treffen würde. Erst dann würde ich nach Hause gehen. Ich nahm an, dass es mir mit 30 bis 40 Schlägen gelingen würde.

Als ich gut 100 Chips geschlagen hatte, ohne mein Ziel zu erreichen, war ich – gelinde gesagt – ein wenig verärgert. Beim 150. weinte ich fast vor Frustration. Die zengleiche Freude an der Übung machte sich durchs Hintertürchen davon. Ich war wie besessen. Nichts hätte mich zur Heimfahrt bewegen können, bevor ich diesen Ball nicht getroffen hatte. Die Range war längst leer. Rund um den Zielball verteilten sich meine anderen Bälle wie ein Fächer. Beim 180. Chip, fünf Minuten vor Schließung der Range, gab ich schließlich auf.

Diese Erfahrung nagte an mir. Ein paar Tage später versuchte ich dasselbe Spiel noch einmal. Dieses Mal traf ich den Ball mit nur 47 Schlägen. Und doch waren die 180 nicht mein höchster Wert. Einmal brauchte ich mehr als 200 Chips, um den Zielball zu erwischen. Diese Übung schaffte es nicht in den Olymp meiner Lieblingstechniken, aber ich machte sie dann und wann, wenn ich mich dafür bestrafen wollte, dass ich mein kurzes Spiel so sehr vernachlässigte. Und um mich erneut daran zu erinnern, dass ich ja einen bestimmten Scorewert erreichen wollte.

Mitte November stellte ich fest, dass die Verletzung am Arm schlimmer war, als ich gedacht hatte. Mein Chipping hatte davon zwar profitiert, aber ich konnte immer noch keine Runde spielen. Darüber hinaus war das Wetter so scheußlich, wie es nur im Winter in Nordirland sein konnte. Der Platz war nur noch an manchen Tagen geöffnet.

Ich hatte keine Wahl, ich musste einfach locker lassen. Kurzfristig schadete das auch nicht. Mein Leben war lange genug sehr hektisch gewesen. Meiner Ansicht nach gab es im Leben natürliche Höhen und Tiefen. Man konnte nicht immer Vollgas geben. Mein Selbstvertrauen war stark, möglicherweise stärker, als mir guttat. Nur mein körperlicher Zustand bereitete mir Sorgen. Ich verletzte mich häufig und erlitt daher im Training nicht wenige Rückschläge. Ich fragte mich, was passieren würde, wenn in den letzten Monaten eine Verletzung auftreten sollte, dann, wenn ich mehrmals pro Woche spielen musste.

Das Training mit meinem hausgemachten Gewichtsschläger, dem bekannten Vorschlaghammer, und dem Elastikband schien nicht auszureichen, also wagte ich mich ins Fitnessstudio. Dort fand ich einen Trainer, der mir half, Kraft, Fitness und Flexibilität zu steigern. Dabei machten wir nur wenig, was mir nicht direkt auf dem Platz oder im Hinblick auf den Schwung etwas bringen würde. Die Muskeln, die ich beim

Schwung einsetzte, mussten so flexibel und stark wie möglich sein.

Problematisch war nur, dass sich diese neue Art von Training schließlich zum Selbstzweck entwickelte. Meine Golfbesessenheit wurde übergangsweise zur Fitnessbesessenheit. Immer öfter ging ich lieber ins Fitnessstudio als auf den Golfplatz. Hatte ich nicht im Herbst wunderbare Scores geschlagen? Und war das Wetter nicht absolut grauenhaft? Natürlich war es wichtig, fit zu werden, aber allmählich wurde mir meine Fitness wichtiger als mein Spiel. Die Mittagspause, die ich vorher auf der Range zugebracht hatte, opferte ich nun fürs Fitnessstudio und meinen irregeleiteten Wunsch, ultrafit zu sein.

Meine Übungen dort nahmen etwa eine Stunde in Anspruch. Dazu kamen noch die Fahrt dorthin und die Zeit fürs Duschen. Ich war also fast zwei Stunden lang von meiner Familie getrennt. Ging ich demnach drei- bis viermal pro Woche ins Fitnessstudio, hieß das, dass ich sechs bis acht Stunden pro Woche weniger Zeit hatte, mein Golf zu verbessern.

Ich wurde natürlich schnell fitter. Trotzdem lag mein Fitnessniveau, nachdem meine Verletzung verheilt war, nur bei etwa 80 Prozent dessen, was ich hatte leisten können, als ich mit dem Bag auf der Schulter dreimal die Woche über den Par-3-Kurs gesprintet war und zu Hause mit Vorschlaghammer, Thera-Band und Gewichtsschläger trainiert hatte, während ich ein Golfvideo ansah.

Mir war klar, dass ich mich von meiner Wette hatte ablenken lassen. Mit dem begrenzten Zeitrahmen, der mir zur Verfügung stand, war der Fitnesstrip ganz sicher ein Fehler. Der »leichte« Weg eben, der mir nur in der Fantasie bei meiner Wette half. Ich hatte mir immer vorgestellt, dass ich ein bisschen Zeit im Fitnessstudio verbringen würde. Und so lebte ich diesen Traum. Als ich anfing, *Rocky* zu spielen, saß Seve wieder einmal kopfschüttelnd auf dem Beifahrersitz.

Bald zeigte sich außerdem, dass meine Idee, ich könnte das Putten ja in den Wintermonaten üben, komplett illusorisch gewesen war. Debbie informierte mich, dass das Puttinggrün von November bis Anfang April geschlossen sein würde. Das war einer jener Momente, in denen ich nur noch eins sagen konnte: »Verdammter Mist!« Trotzdem sah ich mich nicht nach anderen Lösungen um. Ein verborgener Aspekt meiner Persönlichkeit freute sich sogar, dass ich jetzt nicht das Putten üben konnte.

»Esel«, hörte ich Seve murmeln.

Und dann kam Weihnachten. Das war aus verschiedenen Gründen bitter. Zum einen gibt es in einem Gartencenter in der Vorweihnachtszeit mindestens genauso viel zu tun wie im Frühling oder Sommer, wenn die Pflanzen verkauft werden. Zu Weihnachten verkauft man eben Deko-Objekte und Geschenke. Ich hatte meinen Arm in den letzten Wochen geschont. Jetzt aber musste ich hinlangen, damit Weihnachten für uns geschäftlich ein Erfolg wurde.

Mehrarbeit, schlechtes Wetter und eine Verletzung – das bedeutete, dass ich nicht mehr viel zum Spielen kam, was mir Sorgen bereitete. Mein Selbstvertrauen bröckelte in Windeseile wieder ab. Außerdem war ich insgeheim des Ganzen ein wenig müde. Schlimmer aber war, dass ich über Weihnachten viele Freunde und Familienmitglieder sehen würde, die gute, erfahrene Golfer waren. Da mein Selbstbewusstsein ohnehin schon wieder auf wackligen Füßen stand, war ich nicht gerade scharf auf die üblichen Kommentare im Stil von: »Vergiss es. Du hast keine Chance.« Es ist einfach, Selbstbewusstsein gegenüber Unkenrufern zu demonstrieren, wenn diese auf der anderen Seite des Globus sitzen und man nur per Computertastatur kommuniziert. Aber wenn Ihnen jemand, den Sie kennen und schätzen, sagt, dass Sie keinen Erfolg haben können, dann ist das schon etwas ganz anderes. Wenn sie dann noch diesen zurückhaltend skeptischen Gesichtsausdruck aufsetzen und Ihnen erklären, warum Ihr Vorhaben nicht zu verwirklichen ist, dann kann das eine katastrophale Wirkung haben. Vermutlich wollen diese Menschen Sie ja gar nicht sabotieren, aber ihre Worte, ihre Körpersprache kann Ihr ohnehin schon angeschlagenes Selbst zu Boden gehen lassen. Selbstvertrauen ist ein scheues Reh, wenn man nicht gerade Tiger Woods oder Donald Trump heißt.

Natürlich kann man Tiger Woods' Zuversicht nicht als Maß aller Dinge nehmen. Er hat über die Jahre hinweg einen unerschütterlichen Glauben an sich selbst entwickelt. Ausschlaggebend dafür war sein verstorbener Vater. Eine der vielen Tiger-Geschichten, die mir im Gedächtnis haften geblieben sind, ist die von seinen Trainingsstunden auf dem Golfplatz, als er noch ein Teenager war. Damals stand sein Vater neben ihm und brüllte, was das Zeug hielt, um den Junior abzulenken. Er hatte diesen Trick aus seiner Zeit als Soldat in Vietnam. Das erklärt wohl Tigers Abgeklärtheit auf dem Platz. Es ist Unsinn, dass Tiger gottgleich und sein Talent nicht von dieser Welt ist. Er hat nur härter und effektiver als jeder andere Golfer an seinem Talent gearbeitet.

Ich hatte keinen Vater, der in Vietnam gewesen war und mir während meiner Übungsstunden Beschimpfungen ins Ohr gebrüllt hätte – nicht einmal, um meine Fähigkeiten als Golfer zu fördern. Eher wegen meines Fehlverhaltens als Teenager, aber nicht, um mein Golf zu verbessern. Daher bin ich nicht so unerschütterlich wie Tiger Woods. Die ständigen Gespräche darüber, weshalb »es nicht geht«, nagten an mir.

Vor allem eines dieser Gespräche ist mir in Erinnerung geblieben. Auf einer großen Party fiel ich einem aufgeblasenen Wichtigtuer in die Hände, der von meiner Wette gehört hatte. Er äußerte sich ausgesprochen herablassend über meine bisherigen Fortschritte, während ich versuchte, höflich zu bleiben.

»Sie wissen doch sicher, dass es Ihnen nie gelingen wird, vor Mai Par zu spielen, auch wenn Sie jetzt ein paar Runden um die 70 gespielt haben?«

»Nun, da wäre ich mir nicht so sicher.« Die tendenziöse Art seiner Fragestellung brachte mich auf, obwohl ich äußerlich ruhig blieb. »Natürlich ist es sehr schwierig, aber immerhin habe ich mich schon um mehr als 30 Schläge verbessert.«

»Ja, aber die letzten paar Schläge sind der Albtraum. Glauben Sie mir, ich habe dieses Spiel über 40 Jahre lang gespielt, und es gibt nichts, was ich darüber nicht weiß. Was haben Sie denn im Moment für ein Handicap?«

Das Gespräch lief definitiv in die falsche Richtung.

»Nun, es liegt bei 14, aber ...«

»Und Sie wollen innerhalb von fünf Monaten auf 0 kommen? Keine Chance!«, unterbrach er mich.

»Nein, ich will in fünf Monaten eine Runde Par spielen.«

»Auch das ist unmöglich«, versetzte er. »Es kann Jahre dauern, bis Sie von den letzten Schlägen runterkommen. Jahre. Wie kommen Sie nur auf die Idee, Sie wüssten es besser als alle anderen Golfer, die jeden Tag auf den Plätzen der Welt spielen?«

»Ich sage ja nicht, dass ich es besser weiß.« Mittlerweile konnte ich meinen Unmut kaum mehr verbergen. »Ich habe mir einfach ein Ziel gesetzt und bislang enorme Fortschritte gemacht. Ich sehe keinen Grund, weshalb ich es nicht versuchen sollte, mein Ziel zu erreichen.«

»Fünf Wintermonate liegen vor Ihnen und Ihre beste Runde nach einem ganzen Sommer Training lag bei 78? Keine Chance.«

Jeder Satz wurde von einer verächtlichen Grimasse begleitet und kam in einem überheblichen Tonfall daher. Wenn ich nicht so ein höflicher, netter Mittelklassetyp wäre, hätte ich ihm gesagt, er solle sich doch bitte schön verpissen. Doch wie die Dinge lagen, fühlte ich mich nur genervt und an die Wand gedrängt. Ich führte in letzter Zeit viel zu viele von diesen Gesprächen. Sie kosteten mich unendlich viel Kraft.

Ich hatte zu Golf ohnehin immer schon ein anderes Verhältnis als die meisten Golfer. Zum Beispiel hing ich nicht gern im Clubhaus herum, das die Golfer scherzhaft das »19. Loch« nennen. Und ich spielte nur mit Leuten, die schon seit Jahrzehnten golften. Bisher hatte ich mich auch geweigert, mit Leuten zu spielen, die meine Ziele nicht für erreichbar hielten. Ihr Wunsch, zu sehen, ob ich denn besser wurde, setzte mich zu sehr unter Druck.

Ich hatte mir also zum Golf dasselbe Verhältnis bewahrt, wie ich es als Teenager gehabt hatte: naiv und voller Staunen. War denn nicht alles möglich? Meine Helden waren immer Menschen gewesen, die die Dinge auf ihre eigene Art handhabten, die trotz Widerspruch voller Selbstvertrauen taten, was sie wollten. Muhammad Ali, Ayrton Senna, Keith Richards und Seve Ballesteros – das waren Menschen, zu denen ich aufsah. Zweifellos talentiert, doch auch mit einer unglaublichen Hingabe an ihr »Handwerk« ausgestattet, taten sie, was sie für richtig hielten, ohne sich um die Meinung der anderen zu kümmern.

Diese innere Haltung, die alles für möglich hielt, hatte in mir 20 Jahre lang geschlummert, jetzt aber war sie wieder da und mit entscheidend für den Erfolg meines Unternehmens.

Club-Golfer denken nicht so. Je nachdem, welcher Generation sie angehören, lassen sie sich von Arnold Palmer, Seve Ballesteros oder Tiger Woods inspirieren, doch wenn es um ihr eigenes Spiel geht, trauen sie sich wenig zu, vor allem, weil sie ja ständig von den mittleren Handicappern ihres Golfclubs umgeben sind.

Das liegt wohl auch daran, dass das durchschnittliche Handicap seit mehr als 40 Jahren bei 17 liegt. Für einen Anfänger ist ein Spieler mit Handicap 12 also schon ein Halbgott. Die Handicap-12-Spieler sind vermutlich die besten, mit denen er je spielen wird, denn Golfer spielen sozusagen im Paket, schön nach Handicap geordnet. Da hört er dann stets, wie unglaublich hart dieses Spiel ist und wie schwer es ist, ein passables Handicap zu erzielen. Und früher oder später wird seine eigene Haltung von der der Golfer um ihn herum beeinflusst, die ja auch auf seinem Niveau spielen. Anders ausgedrückt: Der durchschnittliche Golfer lernt, seine Ziele herunterzuschrauben. Und wenn das passiert, kann er den Wunsch vergessen, je ein Tiger Woods oder ein Seve Ballesteros zu werden, wie heiß er auch in seinem Herzen gebrannt haben mag.

Wenn Sie diesen Fallstrick vermeiden können, wenn Sie auf die Art lernen können, wie es mir vergönnt war, dann ist das gut für Sie. Ich habe darüber mit Mark McMurray gesprochen, der mich ja ursprünglich zu meiner Wette inspiriert hat. Auch er war der Ansicht, dass diese Art von negativem Einfluss unter allen Umständen vermieden werden sollte. Er fing an, Golf zu spielen, als er schon über 30 war. Alles, was er mitbrachte, war das Wissen, dass er schon in einer anderen Sportart, nämlich Basketball, sein Bestes gegeben hatte. Sein Ziel war ebenso einfach wie »unerreichbar«, nämlich in Blackwood eine 67 zu spielen. Natürlich reagierte man auch auf ihn mit amüsiertem Kopfschütteln, ähnlich wie auf mich. Er bekam die gleichen sarkastischen Kommentare zu hören wie ich, als er in den Wintermonaten lange Zeit auf der Range trainierte.

Für ihn war Golf kein soziales Event, sondern ein Sport, in dem er gut sein wollte. Er hatte Basketball auf internationalem Niveau gespielt. Dies hatte ihn gelehrt, dass es das Beste war, gleich nach einem Spiel zu trainieren. Diese Einstellung übertrug er aufs Golf. Kaum hatte er eine Runde gespielt, ging er mit den anderen ins Clubhaus, trank eine Limonade und kurz darauf war er schon wieder auf der Driving Range, um zu üben. Als er seine 67 spielte, hieß es jahrelang, das sei ja nur möglich gewesen, weil er eine »natürliche« Begabung für Sport hatte. Mit seinem hart erarbeiteten Glauben an sich selbst und dem unermüdlichen Training war dies ja nicht zu erklären. Wenn man jedoch seine Leistung einmal rational betrachtete, wenn man sie aus dem Blickwinkel des Nicht-Golfers sah, dann war sie nur folgerichtig. Man arbeitet hart, und man wird gut. So einfach ist das.

Wie Mark sehe ich Golf aus einer anderen Perspektive. Wer glaubt, kein Handicap-6-Spieler zu sein, wird auch keiner. Das ist eine sich selbst erfüllende Prophezeiung. Viele der Probleme, die in den nächsten Monaten noch auf mich zukommen sollten, gingen zurück auf meinen mangelnden Glauben an mich selbst und auf das kontinuierliche Bröckeln meines Selbstvertrauens. Ich hörte über Weihnachten zu viele negative Kommentare und fing an, wie ein durchschnittlicher Golfer zu denken. Ich hörte auf, Seve und Hogan um Rat zu fragen, lauschte dafür aber den unausgegorenen Meinungen der Club-Golfer. Ein schwerer Fehler!

Durchbruch, der zweite

Es gibt nichts Besseres als Träume, um die Zukunft zu formen.
Heute noch Utopie, morgen atmende Wirklichkeit.
Victor Hugo

Im Januar war meine Verletzung endlich verheilt, und ich konnte wieder auf die Range gehen. Ich übte meist abends und konzentrierte mich in meiner Lektüre immer mehr auf die mentalen Aspekte des Spiels. Dabei las ich zunehmend Bücher, die mit traditionellem Golf nichts zu tun hatten. Ich beschäftigte mich zum Beispiel mit Möglichkeiten, wie man im Geschäftsleben Höchstleistungen erzielen kann. Eine der vorgestellten Methoden war das neurolinguistische Programmieren (NLP). Tatsächlich hatte ich meinen Durchbruch beim Schwung mit ähnlichen Methoden erzielt, ohne es zu wissen.

Ich las von einer Technik, die auch Karl Morris erwähnt, die Arbeit mit dem sogenannten »Anker«. Man denkt sich einen psychologischen Anker für ein gutes Gefühl oder einen erfolgreichen Moment im Leben aus, speichert ihn ab und kann ihn dann künftig in jeder Situation abrufen. Das ist letztlich ein ganz einfacher Prozess. Ein schönes Beispiel, das die Wirksamkeit des Ankers verdeutlicht, sind unsere Geruchserinnerungen. Ein bestimmter Geruch ruft uns stets unsere Kindheit ins Gedächtnis. Rieche ich beispielsweise Ginster, denke ich sofort an ein Picknick mit meinem Großvater und der Familie. Er starb vor vielen, vielen Jahren – ich war damals noch nicht einmal neun. Und doch steigt jedes Mal unweigerlich das Bild auf, wie ich mit meiner Familie im Gras sitze, wenn ich diesen Geruch wahrnehme. Ein glücklicher Augenblick – verbunden mit einem bestimmten Duft.

Im Berufsleben kann man einen Anker bilden, wenn man ein Geschäft erfolgreich abschließt. Diesen Anker kann man dann wieder aufrufen, wenn die Dinge weniger gut laufen. Er hilft, das Gefühl von Macht und Einfluss zu erwecken. Statt sich über künftige Verkaufszahlen und mögliche Flops Gedanken zu machen, sollte man den Anker nutzen, um das Gefühl des Erfolgs in sich aufsteigen zu lassen.

Sie können selbst mit dieser Anker-Idee experimentieren. Legen Sie Musik auf, die Sie mögen. Wenn Sie sich gut fühlen und wie ein Irrer drauflossingen, drücken Sie auf einen Ihrer Körperteile, auf das Ohrläppchen zum Beispiel oder den Handrücken. Wählen Sie einfach einen bestimmten Punkt, an den Sie sich später erinnern. Wann immer Sie künftig Erfolg haben oder glücklich sind, tun Sie dasselbe. So wird die Emotion an die Berührung gebunden. Später, wenn es Ihnen einmal nicht so gut geht und Sie einen Schuss Selbstbewusstsein vertragen könnten, wiederholen Sie die Bewegung – und schon kehrt das positive Gefühl zurück. Je öfter Sie das tun, desto besser funktioniert es, es klappt aber auch bereits beim ersten Mal.

Ich muss gestehen, dass mir das Ganze anfangs trotz aller Einfachheit nicht so ganz klar war … bis ich eines Abends auf der Driving Range eine Erleuchtung hatte. Das Tolle am winterlichen Training auf der Range war, dass ich sie ganz für mich hatte (wenn man von meinem Freund Seve einmal absieht). Die Range-Jockeys aus Sommertagen hatten sich getrollt, und so stand ich da in der Kälte, erfüllt von einer gewissen Selbstgerechtigkeit, und schlug meine Bälle. Solange ich in einem ordentlichen Tempo übte, war mir warm. Ich hatte sogar ein paar Thermowesten gekauft, damit ich nicht fror.

An jenem Abend lief alles super. Jeder Golfer, der übers Anfängerstadium hinaus ist, kennt diese Augenblicke, in denen alles Hand in Hand zu gehen scheint. Es war schon spät, und ich jagte gewaltige, pfeilgerade Drives zum hinteren Zaun. Alle männlichen Golfer träumen davon, den Zaun ihrer Driving Range zu treffen. Für viele ist das sogar mindestens ebenso wichtig wie ein guter Score. Für einige sogar noch wichtiger. Der Zaun steht für Männlichkeit und Stärke.

Die Legenden um Blackwood ranken sich um die Zeit, als Darren Clarke auf dem Platz spielte. Er jagte Ball um Ball nicht nur über den Zaun, sondern direkt aufs Fairway des Par-3-Kurses, der hinter dem Zaun liegt. Hätte ich mit meiner Wette irgendeinen finanziellen Gewinn einfahren wollen, dann hätte ich mich aufs Driven auf der Range konzentriert. Ein Buch mit dem Titel »Von null auf hundert Bälle über den hinteren Zaun: Wie Sie Ihre Clubkameraden maßlos beeindrucken« ließe sich mit Sicherheit ausgezeichnet vermarkten.

Wenn der Schwung gut sitzt, gibt es oft einen Punkt, an dem alles kippt, vor allem, wenn man sich zu sehr bemüht. An jenem Abend drosch ich so richtig drauf, doch statt an diesen Punkt zu gelangen, flog der Ball immer weiter und weiter. Ball um Ball jagte ich in den Zaun. Sogar Seve war hingerissen. »Jetzt hast du's, mein Freund!«, rief er. »Siiiehst du, was man mit harter Arbeit alles erreichen kann? Jetzt brauchst du nicht mehr nach Wundermitteln zu suchen.« Ich hatte es geschafft. Ich hatte das Nirwana der Golfer erreicht. Ich stand da ganz allein und wunderte mich darüber, dass ich den Ball so gut schlug. Bei jedem Schlag murmelte ich etwas wie »Unglaublich! Unfassbar!«, während ich zusah, wie er pfeilgerade noch weiter flog als der Ball davor.

Eine Art Euphorie erfüllte mich. Und als ich da so mein »Unglaublich!« murmelte, merkte ich, dass ich mir gerade einen Anker schuf, einen Anker für das Gefühl, ein unbesiegbarer Golfer zu sein. So musste Seve sich bei der Open Championship von 1984 gefühlt haben. Ich brauchte etwas, um dieses Gefühl zu erhalten, da war der Anker als Hilfsmittel genau richtig.

Später überlegte ich mir, dass es nützlich sein könnte, einen zweiten Anker zu haben. Ich hatte gelesen, dass Tiger einen guten Schlag »verankert«, indem er seinen Schläger kreisen lässt. Vielleicht würde das für mich auch funktionieren. Ich sah also zu, wie der perfekt geschlagene Drive in der Ferne verschwand, murmelte »Unglaublich!«, lächelte und hielt den Griff des Schlägers locker in der Hand, während ich mit dem Kopf die Bahn des Balls nachzeichnete. Jetzt hatte ich zwei (wenn man das Lächeln mitzählt, sogar drei) Anker, mit denen ich mir das Gefühl der Unbesiegbarkeit zurückholen konnte.

Dieses Prozedere wandte ich allerdings nur bei absolut perfekten Schlägen an. Ich wollte mich in diesem euphorischen Gefühl verankern, der König des Universums zu sein, und nicht in der einfachen Freude, einen guten Schlag gespielt zu haben. Ich wollte das Gefühl abrufbar machen, wie ich da in meinem Super-Golfer-Outfit stand, bereit, es mit der ganzen Welt aufzunehmen.

Nun musste ich nur noch daran arbeiten, wie ich meine Anker einsetzen konnte, wenn ich eine Runde spielte. Ich musste sie in meine Pre-Shot-Routine einbauen, die Strategie also, mit der man den Schlag vorbereitet. Ich musste das Gefühl abrufen können, wenn ich draußen auf dem Platz stand.

Wenn ich die Nervosität vor jedem Schlag durch dieses Gefühl der Unbesiegbarkeit ersetzen könnte, würde mein Golf davon sicher profitieren. So könnte ich – in der Theorie wenigstens – eine Verbindung zwischen Range und Platz schaffen, was immer schwer zu erreichen ist.

An jenem Abend auf der Range versuchte ich, mir eine Pre-Shot-Routine auszudenken, die mit Ankern arbeitete. Ich stand hinter dem Ball und überschritt eine imaginäre Linie, die für meine innere Verpflichtung stand. Dann stellte ich mir den perfekten Schlag vor, die Flugbahn. Ich visualisierte jeden Aspekt des Ballfluges, sogar das Geräusch, mit dem der Ball auftreffen würde. Dabei bohrte ich mir den Griff in den Handballen, zog mit dem Schlägerkopf die imaginäre Flugbahn nach und murmelte »Unglaublich«. Interessanterweise war das Lächeln genauso wichtig wie die anderen beiden Elemente meines Ankers, da es mir half, das Gefühl der Euphorie wiederzuerwecken. Ich visualisierte also den Schlag und ließ die Anker arbeiten, bis sich alles »richtig« anfühlte. Dann spielte ich den Ball. Das Ganze war ein fließender Prozess. Ich blieb nicht steif stehen und starrte den Ball an, sondern bewegte mich und hielt mich geschmeidig, bis es losging.

Am nächsten Tag auf der Range arbeitete ich wieder an der Pre-Shot-Routine, vor jedem einzelnen Übungsschlag. Wie das beim Golf immer so ist, hatten mich meine nahezu Ballesteros-gleichen Fähigkeiten vom Vorabend schon wieder verlassen. Ich schlug immer noch gut und meine Anker schienen zu funktionieren. Das Gefühl der Unbesiegbarkeit ließ sich ohne große Mühe abrufen. Meine üblichen Zweifel wurden ersetzt durch die Überzeugung: »Ich bin gut in diesem Spiel.« Der ganze Prozess leuchtete mir ein. Auf der Range jedenfalls funktionierte es. Jetzt ging es nur noch darum, ob ich diese Routine auch auf den Platz würde mitnehmen können. Und schwupp – war ich auch schon unterwegs, um mich auf die Probe zu stellen.

Am ersten Tee kamen meine Nerven nur selten ins Flattern. Das lag vielleicht daran, dass es in Blackwood vom Clubhaus her nicht eingesehen werden kann. Da ich selten vor Publikum spielte, war das wichtig für mich. Mein erster Schlag auf dem Platz war also so gut wie immer, der Rest der Runde aber lief weit besser als üblich. Wie alle Golfer hatte auch ich bestimmte Stellen auf dem Kurs, die mich nervös machten: In Blackwood war es zum Beispiel das dritte Loch. Auf dieses lange und schwierige Par-3-Loch reagierte ich immer mit Anspannung. Für mich war es ohnehin eher ein Par-4. Doch mit meiner neuen Anker-Technik stand ich am Ball und ließ mich vom Gefühl der Unbesiegbarkeit überfluten. Und am neunten Loch schlug ich den besten Drive, den ich an diesem Loch je geschlagen hatte, nur indem ich den Anker nutzte.

Es gab noch andere Löcher, die ich in der Vergangenheit schlecht gespielt hatte, und so einige andere Hindernisse, die mir Schwierigkeiten bereitet hatten. So hatte ich zum Beispiel die letzten drei Schläge an einem Wasserhindernis versenkt und verband damit eher Negatives. Doch sogar in dieser Situation sorgten meine Anker für mehr Optimismus. Nur mit dem Putten klappte es nicht – wie immer. Trotz alledem spielte ich eine schöne 80 und war sehr zufrieden damit, wie mir die Anker beim Spiel geholfen hatten. Natürlich musste ich noch ein bisschen daran feilen, musste üben, sodass sie mir in Fleisch und Blut übergingen, doch für mich stellte diese Methode einen wahren Durchbruch dar, was die Kontrolle über den Kopf anging.

Grundlagen, Grundlagen, Grundlagen

Wer seinen Traum verwirklichen will, darf sich nicht auf das Ziel konzentrieren, sondern auf seine Bedeutung – dann wird jeder Schritt auf dem Weg, jeder noch so kleine Sieg zu etwas ganz Besonderem.

Oprah Winfrey

Mit dem mentalen Durchbruch, den ich erzielt hatte, und einem relativ guten Ergebnis auf dem Platz schien es Mitte Januar so, als hätte ich die harten Zeiten ein für alle Mal hinter mir gelassen. Es war – in den Worten der unsterblichen Nina Simone – ein neuer Morgen, ein neuer Tag, und ich fühlte mich großartig.

Selbstverständlich lief nicht alles glatt. Das ganze Gerede darüber, dass Golf zu 90 Prozent eine Sache des Kopfes ist, ist einfach nur Blödsinn. Meist behaupten das Leute, die jahrelang auf der Range an ihrem Schwung gearbeitet haben und dann auf dem Platz versagen. Die Kontrolle der eigenen Gedanken ist zweifelsohne wichtig, aber am Ende muss man die Grundlagen beherrschen. Man braucht einen guten Schwung mit einer guten Haltung, sonst erreicht man gar nichts. Wenn man das ganze Spiel in Betracht zieht, würde ich sagen, dass 50 Prozent Kopfsache sind und 50 Prozent physische Fähigkeiten.

Ich freute mich, dass ich auf mentalem Gebiet einen entscheidenden Schritt gemacht hatte, aber ich musste weiterhin an meinem Schwung arbeiten. Debbie und ich beschlossen, dass mir eine Trainingseinheit von 30 Minuten, in denen ich an den

Grundlagen arbeitete, guttun würde. Im Allgemeinen war ich der Auffassung, dass ich einen recht guten Schlag hatte, aber an meinem kurzen Spiel arbeiten sollte. Debbie allerdings wollte sicherstellen, dass sich nicht Fehler eingeschlichen hatten, die mir in den letzten Monaten Probleme bereiten würden.

Großspurig hämmerte ich ein paar Bälle aufs Fairway und bildete mir ein, sie würde begeistert sein. Ich erwartete mindestens ein »Oh, das läuft aber gut!« und ein paar lobende Bemerkungen darüber, wie perfekt ich den Ball spielte, wie wundervoll ich war und dass ich mein Ziel sicher in ein paar Wochen erreicht hätte.

Da hatte ich mich schwer getäuscht. Zum ersten Mal, seit wir zu trainieren angefangen hatten, wurde Debbie richtig sauer auf mich. Sie lobt jemanden nicht grundlos. Die Kinder in ihren Sommerkursen vielleicht, aber mich sicher nicht. Als ich die ersten Bälle geschlagen hatte und auf mein Lob wartete, sah sie mich mit einer Miene an, die ich nur als bitterböse beschreiben kann.

»John, ich hätte wirklich nicht gedacht, dass ich dir jetzt noch beibringen muss, wie du den Schläger halten sollst«, fing sie vollkommen entnervt an.

»Ähm? Aber schau doch mal, ich habe doch richtig gut geschlagen.«

»Das kann schon sein, trotzdem musst du endlich verinnerlichen, was ich dir jetzt sage. Wir müssen die Basics in den Griff bekommen, wenn du eine Chance haben willst. Du schlägst gut, aber du kompensierst mit deinem Schwung.«

»Okay«, gab ich zurück und sah drein wie ein gescholtenes Schaf.

»Du musst das endlich kapieren und dann natürlich auch umsetzen. Ich kann einfach nicht glauben, dass du nach neun Monaten immer noch keinen guten Griff hast.«

Ich fühlte Seve und Hogan neben ihr stehen. Beide kratzten sich am Kinn und nickten zu ihren Worten. Meine Ausgabe von Hogans *Der Golfschwung* lag seit Monaten unberührt neben meinem Bett und das Foto von seinem Griff, das mir so lange als Bildschirmschoner gedient hatte, ruhte mittlerweile irgendwo im Speicher meines Computers. Während ich mich mit den kompliziertesten Theorien über die mentale Seite des Golfs auseinandergesetzt und immer noch nach Wundermitteln gesucht hatte, hatte mein Griff sich wieder verschlechtert, sodass ich jetzt keinen Deut besser war als zu Anfang. Grundlagen, Johnnie-Boy, Grundlagen. Grundlagen, Grundlagen und noch einmal – Grundlagen.

Wie wichtig Grundlagen sind, hatte ich im Geschäftsleben lernen müssen – auf die ganz harte Tour. Mein Sandwich-Geschäft war mit unglaublicher Geschwindigkeit expandiert. Wir wuchsen viel zu schnell. Obwohl der Laden praktisch schon Gewinn abwarf, hatten wir bald keinen Pfennig Bares mehr. Einer meiner Geschäftspartner führte die Bücher und hatte, ohne mein Wissen und das des dritten Teilhabers, eine Unmenge privater Schulden angehäuft.

Eines Tages kamen wir ins Büro und stellten fest, dass er pleite war. Und dass unsere Konten gähnend leer waren. Da wir Partner waren, stellte die Bank an jenem Tag die Finanzierung ein und unser wunderbarer Laden wurde über Nacht zum Albtraum. Nachdem der bankrotte Partner ausgeschieden war, rannten wir herum wie kopflose Hühner und versuchten, alle möglichen Geldquellen anzuzapfen, um das Geschäft am Laufen zu halten und unsere Lieferanten bezahlen zu können. Wir wollten weitermachen, während wir eine neue Finanzierung auf die Beine stellten.

Einer unserer Großkunden vermittelte uns den Kontakt zu einem Mann, der schon anderen Unternehmern in ähnlicher

Situation geholfen hatte. Dieser Typ war mehr als 40 Millionen Pfund schwer und durchaus in der Lage, uns zu retten. Er fuhr in einem dicken Mercedes S500 vor, obwohl er selbst nicht viel hermachte. Er war klein, trug einen billigen braunen Anzug und war Kettenraucher.

»Okay, Jungs. Wie viel Geld habt ihr letzte Woche eingenommen? Lasst uns mal sehen, wo ihr steht«, sagte er.

»Ähm«, stotterte ich. »Das wissen wir nicht genau. Wir haben noch nicht einmal die Zahlen fürs letzte Jahr bekommen. Woher sollen wir wissen, wie das Geschäft vor einer Woche lief? Wir haben vier Läden und dann noch die Herstellungsabteilung.«

»Soll das heißen, ihr wisst nicht, wie viel Profit ihr letzte Woche gemacht habt?«, fragte er und warf mir einen merkwürdigen Blick zu. »Ich habe ein großes Café in Bangor und ich mache das so ...«

Er zog einen gebrauchten braunen Umschlag aus der Tasche, einen billigen Einmalkugelschreiber und dann fing er, die Zigarette im Mundwinkel, an zu schreiben.

»Anfang der Woche zähle ich alles, was im Laden ist. Alles, jedes einzelne Ding. Jeden Teebeutel, jeden Zuckerwürfel, jedes einzelne Nahrungsmittel. Und wisst ihr, was ich dann tue?«

Besorgt sah ich meinen Partner an. »Ähm ... nein.«

»Ich schreibe auf, was ich jeden Tag kaufe und verkaufe. Am Ende der Woche addiere ich noch die Löhne, die ich gezahlt habe, und zähle noch einmal den Bestand. Und was glaubt ihr, habe ich dann?«

Ich kam mir mit meinem protzigen Uni-Diplom in Marketing und Management vor wie ein Idiot. »Hmmm ... ähm ... tja.«

»Ich habe meinen Profit. Ich ziehe die Miete ab, noch ein paar andere Dinge, und dann weiß ich, was ich verdient habe. In jeder Woche, jeder einzelnen Woche. Ich zähle den Bestand am Anfang und am Ende der Woche, dazwischen führe ich Buch über Ein- und Ausgänge. Ist das so schwer?«

»Nein, vermutlich nicht. Und was ist mit linearer und degressiver Abschreibung?«, fragte ich, um wenigstens so zu tun, als wäre ich genauso klug wie er.

Er maß mich mit Stahl im Blick. »Das könnt ihr vergessen. Das hat damit gar nichts zu tun. Die Abschreibung kannst du immer hinterher mit einkalkulieren. Das, worum es mir geht, sind die Grundlagen, die Fundamentaldaten. Natürlich ist das Geschäft letztlich einfach, aber du musst wissen, womit du rechnen kannst. Nur so geht's. Du zahlst soundso viel für Nahrungsmittel, soundso viel für Löhne und am Ende bleibt soundso viel Gewinn übrig. Wenn ihr das tut, wisst ihr genau, wo ihr steht. Also: Werdet ihr das für mich tun?«

»Na gut«, murmelte ich leise.

Aber ich wusste, dass wir das nicht hinbekommen würden. Und er wusste es wohl auch. Für unsere vier Läden und die Herstellungsabteilung würde uns das zu viel werden. Es würde zu viel Zeit kosten. Außerdem konnte man mit dieser Methode nicht wirklich herausbekommen, wie viel Profit ein Unternehmen unserer Größe tatsächlich machte. Dachte ich damals jedenfalls.

Er stand auf, händigte mir den braunen Umschlag mit seinem Gekrakel aus und stieg wieder in seinen Mercedes. Eine Woche später kam er zurück und fragte uns nach den Zahlen. Wir stotterten vor uns hin und meinten, wir seien viel zu sehr damit beschäftigt gewesen, das Unternehmen zu retten. Er sah uns mit kaltem Blick an, wünschte uns alles Gute und verschwand. Ich sah ihn nie wieder.

Zwei Wochen später mussten wir schließen. Wir waren nicht mehr in der Lage, die Forderungen unserer Gläubiger zu befriedigen, und mussten die 30 Leute, die in der Herstellungsabteilung gearbeitet hatten, entlassen. Die Läden verkauften wir für einen Bruchteil ihres Werts und bekamen so gerade genug Geld zusammen, um nicht bankrott zu machen. Eine bittere Lektion. Vor allem, da wir bald darauf entdeckten, dass wir in den Wochen vor der Schließung 8000 Pfund Gewinn pro Woche gemacht hatten. Wir hätten das Geschäft mit einer vergleichsweise kleinen Bargeldspritze retten können und unser Freund mit seinen Fundamentalzahlen hätte diese Summe aus der Portokasse bezahlt. Wie Sie sich vorstellen können, habe ich die buchhalterischen Grundlagen des Geschäftslebens nie wieder vernachlässigt, ganz egal, in welchem Geschäftszweig ich arbeitete. Heute überprüfen wir die wöchentlichen Verluste und Gewinne regelmäßig.

Mit dem Golf ist es ähnlich wie mit Geschäftsmodellen: Wenn Sie die Grundlagen nicht beherrschen, in diesem Fall den Schwung, dann können Sie es vergessen. Das ist gesunder Menschenverstand. Ein Golfer mit einem großartigen Schwung wird, auch wenn er mental schwach ist, immer noch ordentlich seine Bälle schlagen und die Runde mit einem guten Score abschließen. Ein Golfer, der mental stark ist, aber einen miesen Schwung hat, wird eine endlose Zahl Schläge brauchen, um sich über den Platz zu spielen.

In Lektion Nummer 1 acht Monate zuvor war es hauptsächlich darum gegangen, meinen Griff, das Stehen zum Ball und den Winkel meiner Füße sauber hinzubekommen. Jetzt, etwa 25 000 Bälle später, war alles wieder aus dem Lot. Wie beim ersten Mal hatte ich kein Problem damit, die Haltung richtig hinzubekommen, der Griff aber erforderte eine Menge Arbeit. Zwar hielt ich den Schläger nicht so falsch wie ganz zu Anfang, doch ich musste mich wirklich anstrengen, um den Griff korrekt auszuführen.

Auch diese Stunde war für mich eine höchst wertvolle Lektion: Achte auf die Grundlagen Und so fuhr ich an jenem Abend nach Hause, um Hogans *Golfschwung* zum dritten Mal zu lesen. Bald war ich wieder in der Spur.

Der »Harrington-Moment«

Träume können Wirklichkeit werden. Gäbe es diese Möglichkeit nicht, würde die Natur uns gar nicht erst träumen lassen.

John Updike

Ende Januar meldete ich mich wieder bei den Golfzeitschriften, um von meinen Fortschritten zu berichten. Ich hatte an alle großen, monatlich erscheinenden Zeitschriften in Großbritannien und an den *Golf Digest Ireland* geschrieben. Ich war unsicher gewesen: Würden sie die Story toll finden und darüber berichten wollen? Oder würden sie mich komplett ignorieren? Ich brauchte weder Druck noch Ablenkung, hatte aber das Gefühl, ein wenig mehr öffentliche Aufmerksamkeit täte meiner Motivation gut. Zumindest wollte ich, dass sie schon einmal von der ganzen Sache gehört hatten, wenn (ein »falls« kam gar nicht infrage) ich es schaffte. Dann wüssten sie wenigstens ansatzweise Bescheid.

Von den britischen Zeitschriften hörte ich nichts, aber John Shortt vom *Golf Digest Ireland* rief mich an. John ist ein klasse Typ. Er versteht es, seinen Interviewpartnern die Nervosität zu nehmen. Ich wollte mich nicht aufspielen, daher erzählte ich ihm auch von den Frustrationen, die ich bei dem ganzen Vorhaben erlebt hatte. Er wollte mich und meine Wette seinen Lesern vorstellen. Wenn der Artikel ankam, würde das Magazin einen monatlichen Bericht über meine Fortschritte bringen. Das würde meiner Motivation auf die

Sprünge helfen, ohne dass ich zu viel Zeit aufwenden müsste.

Ich arbeitete weiter an meiner Pre-Shot-Routine, um sie zu einer möglichst natürlichen Angelegenheit werden zu lassen. Es gibt ein altes Sprichwort in Irland, das besagt, dass Erfolg Spuren hinterlässt. Meist legt man es weniger erfolgreichen Verkäufern ans Herz, die die Typen mit den Traum-Abschlüssen beobachten sollen. Aber dieses Sprichwort lässt sich auch aufs Golfspielen anwenden, vor allem, wenn es um eine sinnvolle Pre-Shot-Routine geht.

Wenn Sie zehn Golfer mit hohem und zehn mit niedrigem Handicap am Tee beobachten, werden Sie schnell erstaunliche Unterschiede feststellen. Die Golfer mit dem hohen Handicap verhalten sich vor dem Schlag ganz anders als die mit niedrigem. Ihre Pre-Shot-Routine wirkt nicht besonders ausgefeilt, ja, sie verändert sich im Laufe der Runde sogar. Gewöhnlich können sie sich zu Beginn der Runde deutlich besser konzentrieren als am Ende. Meist schlagen sie den Ball ohnehin, ohne groß darüber nachzudenken. Golfer mit niedrigem Handicap haben hingegen meist eine Routine entwickelt, die vor dem Schlag unweigerlich abläuft. Sie bleibt während der ganzen Runde gleich und ist daher leicht nachzuahmen.

Daher können Sie schon aus der Distanz sagen, ob ein Golfer gut oder schlecht ist, sogar dann, wenn Sie nicht sehen, wie er den Ball schlägt. Sie erkennen es allein daran, wie er sich vor dem Schlag verhält. Wenn es an der Pre-Shot-Routine hapert, tritt häufig das Problem auf, dass man über dem Ball quasi »hängen« bleibt.

Eines schönen Tages sah ich eine große Gruppe Golfer, die in Blackwood zu einem Wohltätigkeitsmatch angetreten war. Die meisten Teilnehmer waren keine guten Golfer. Fast alle gingen auf die gleiche Weise an ihren Schlag heran. Sie machten ein paar nervöse Aufwärmschwünge und spielten dann den Ball. Manche überprüften ihren Griff, andere ihre Haltung, dann standen sie abwartend da. Schließlich kam der Willenskampf mit dem Ball. Der Ball sollte kapieren, wer hier der Boss war, bevor er geschlagen wurde. Und das geschah nicht, wenn der Golfer bereit war, sondern erst, wenn er glaubte, dem Ball seinen Willen aufgezwungen zu haben. Die Golfer droschen auf das runde Ding ein, das aber sogleich die realen Machtverhältnisse wiederherstellte, indem es fröhlich in die Bäume flog und so den Spielern zeigte, wer hier wirklich der Boss war.

Schließlich kamen ein paar Spieler mit niedrigem Handicap an die Reihe. Sie spielten völlig anders, viel zielorientierter. Auch wenn sie das sicher nicht bewusst taten, sah man, dass sie den Schlag visuell vorwegzunehmen versuchten. Sie vollführten ein paar flüssige Trainingsschwünge, hielten kurz inne, richteten ihren Blick auf das Ziel und ließen dann durchschwingen. Ihre Pre-Shot-Routine nahm darüber hinaus sehr viel weniger Zeit in Anspruch.

Ich für meinen Teil hatte noch nicht das Gefühl, meine Routine sei schon ausgefeilt genug. Ich hatte ein paar grundsätzliche Fortschritte erzielt, sodass mein Vorbereitungsritual im Wesentlichen stand. Dann hatte ich angefangen, im Internet Beispiele für verschiedene Schwünge zu suchen. Immer wenn Debbie mir sagte, ich solle an einem bestimmten Aspekt meines Schwungs arbeiten, nahm ich mich auf Video auf. Ich lud mir den Film auf mein Handy und verglich ihn mit Aufnahmen von Golfern, deren Schwung perfekt war. Meine Lieblingsbilder stammten von Ernie Els, Retief Goosen, Nick Faldo, Ben Hogan (natürlich, aber ich musste eine Zeit lang suchen, bis ich eine gute Aufnahme von seinem

Schwung fand) und Jim McLellan. Jeder von ihnen lieferte ein gutes Beispiel für einen klassischen Schwung.

Wenn ich mir ihre Technik dann ein paar Tage lang zu Gemüte geführt hatte, testete ich meinen Schwung auf der Range. Ich schlug 20 Bälle ohne Pre-Shot-Routine und dann 20 mit. Der Unterschied war enorm. Trotzdem fiel es mir schwer, dies auf dem Platz umzusetzen. Eines späten Abends stand ich im Fitnessstudio faul auf einem der Geräte herum und sah fern. Ich versuchte, die Zeit bis zu meiner nächsten Trainingseinheit zu verzögern. Da wurde mir plötzlich bewusst, dass das ja Golf war, was da über den Bildschirm flimmerte, und zwar irgendein Turnier in einem fernen Land. Pádraig Harrington schlug mit dem 7er-Eisen direkt aufs Grün. Der Ball landete nur wenige Zentimeter vom Loch entfernt. Das war mit Sicherheit der vollkommenste Schlag mit dem Eisen, den ich je gesehen hatte. Absolut mühelos. So ein wundervoll kontrollierter und kompakter Schwung, dass sich das Bild für immer und ewig in mein Gedächtnis brannte.

Ein paar Tage später spielte ich mein übliches Match mit Stuart. Ich hatte am Vorabend gefeiert und nur vier Stunden geschlafen. In meinem Kopf ging rhythmisch ein Vorschlaghammer nieder und die ersten sechs Löcher fielen katastrophal aus – ich lag sieben über Par und vier hinterher. Es war schrecklich. Da stand ich nun am Tee, dem Ort meiner Demütigung. Wenn das so weiterginge, würde ich das schlechteste Match liefern, das ich je mit Stuart gespielt hatte. Da schoss es mir durch den Kopf, dass ich mit solchen Situationen fertigwerden musste, wenn ich die Chance auf meine Even-Par-Runde wahren wollte. Ich musste tief in die Trickkiste meiner mentalen Heilmittelchen greifen, wenn das noch gut gehen sollte.

Dann fiel mir ein Rat ein, den mir jemand ganz zu Anfang meiner Wette gegeben hatte: Ich solle die Runde im Geist immer in drei Abschnitte à sechs Löcher einteilen statt in zwei à neun. Mein Golf veränderte sich meist nach neun Löchern. Es war, als finge ich wieder von vorne an. Wenn ich drei Abschnitte à sechs Löcher spielte, hätte ich einmal mehr Gelegenheit zum Neustart und müsste nicht mehr so lange auf den Wendepunkt warten.

Als ich an jenem Tag mit Stuart spielte, hatte ich ein ernstes Gespräch mit mir selbst. Ich beschloss, das siebte Loch als Wendepunkt in meinem Spiel zu betrachten. Wir spielten im Bangor Golf Club, also auf Stuarts »Heimatkurs«. Das siebte Loch dort ist ein Par-3 von variabler Länge. An diesem Tag hieß das für mich: das 7er-Eisen. Ich stand am Tee, atmete tief ein und aus, um die Geister des vorherigen Spiels zu verscheuchen, und stellte mir den Harrington-Schlag, den ich ein paar Tage zuvor in allen Einzelheiten gesehen hatte, noch einmal vor. Ich visualisierte Harrington, wie er über dem Ball stand. Ich stand direkt hinter ihm. Dann ging ich hinüber, trat in seinen Körper ein und bereitete mich darauf vor, genau denselben Schlag auszuführen. Ich behielt dieses Bild im Hinterkopf und ließ meine Pre-Shot-Routine ablaufen. Ich machte einen der besten Schläge meines Lebens. Er landete etwa eine Fußbreite vom Loch entfernt. So nah war ich noch nie gekommen.

Dieses Erlebnis führte zu einer vollkommenen Wandlung in meinem Spiel. Meine Stimmung verbesserte sich schlagartig, die nächsten Löcher spielte ich mit Leichtigkeit. Das zeigte einmal mehr, wie effektiv Visualisierung und Pre-Shot-Routinen sein können. Was für mich zur Katastrophe hätte werden können, wurde im Gegenteil zum Drama für Stuart. Während ich in Bestform durchstartete, verlor sein Spiel jeglichen Fokus. Nun wusste ich, dass ich einen roten Faden in der Hand hatte.

Etwa um dieselbe Zeit erstand ich auf eBay ein altes Ballesteros-Video. Seves kurzes Spiel war ohnehin das Juwel in seiner Krone und hatte entscheidend dazu beigetragen, dass er viel Geld gewonnen hatte. Sein Video *Short Game* erwies sich als inspirierend, allerdings weniger vom technischen Standpunkt her als von dem Gefühl, das er darin zeigte. Es stammte aus einer Zeit, bevor es Gap- und Lob-Wedges gegeben hatte. Es war erstaunlich zu sehen, wie kreativ Seve chippte und pitchte, mit wie viel Gefühl er den Ball spielte. Mein imaginärer Seve war natürlich begeistert. Mein einziger Videorekorder stand im Schlafzimmer, also sah ich die Aufnahme auf dem kleinen tragbaren Fernseher dort. Wenn Lesley unten fernsah, saßen Seve und ich auf dem Bett wie das Komikerduo Morecambe und Wise und spielten den Film immer wieder ab.

Ich wandte das Harrington-Prinzip an und stellte mir vor, ich sei Seve, während ich chippte oder pitchte. Ich stellte mich etwas breiter auf, ging ein klein wenig mehr in die Knie und wiederholte wie ein Idiot »Severiano Ballesteros« mit spanischem Akzent, wenn ich pitchte. Natürlich erreichte meine Heldenverehrung damit schon ein fast tragisches Niveau, aber Teufel noch mal, es funktionierte. Denn wenn es etwas gab, was Seve leibhaftig verkörperte, dann waren dies Selbstsicherheit und Vertrauen in die eigenen Fähigkeiten. Wenn ich nur ein bisschen davon auf mich selbst übertragen könnte, wäre mir das sicher sehr nützlich.

Ich fand demnach neue Anwendungsformen für die Technik des Visualisierens, und mein Vertrauen in mein kurzes Spiel stieg. Ich stellte mir nicht mehr nur vor, Seve stünde an meiner Seite, sondern versetzte mich in ihn hinein, wenn ich auf dem Grün spielte.

Selbstvertrauen ist eines der Markenzeichen sportlicher Größen in Vergangenheit und Gegenwart. Ayrton Senna hatte es, Seve hatte es und Jack Nicklaus hatte es auch. Er war berühmt dafür, dass er die letzten neun Löcher bei den vier Majors unglaublich aggressiv durchzog. Er schien immun zu sein gegen die mentalen Einbrüche, die so viele Golfer unter dem Druck der Turniere den Sieg kosteten. Wenn Nicklaus die letzten neun auf einem Major-Turnier spielte, war dies eine Freude fürs Auge. Und dies sei, so betonte er immer, mit einer der Gründe, weshalb er überhaupt Golf spiele.

Es gibt eine tolle Geschichte über Nicklaus. Eines Tages hielt er einen Vortrag an der Universität seines Sohnes. Er sprach über sein Spiel und meinte, er habe bei den großen Turnieren auf den letzten neun Löchern, die zu spielen waren, noch nie drei Putts gebraucht, um einzulochen. Ein Student widersprach ihm und meinte, er hätte ihn aber einmal dabei gesehen. Nicklaus aber wiederholte nur ganz ruhig, er habe bei solch einer Gelegenheit noch nie mit drei Putts eingelocht. Der Student meinte, er habe eine Videoaufnahme. Nicklaus aber wiederholte nur seinen Satz und meinte, der Junge müsse das Video nicht mitbringen, denn dies sei einfach noch nie geschehen.

Dieser Glaube an sich selbst ist wohl einer der größten Unterschiede zwischen »ihnen« und »uns«, zwischen den Menschen, die Sport auf höchstem Niveau spielen, und den anderen, die einfach nur gut darin sind. Die Golf-Giganten mögen ihre Schläge so oft geübt haben, dass sie ihnen in Fleisch und Blut übergegangen sind, doch sie verfügen auch über einen unerschütterlichen Glauben an ihre Fähigkeiten. Ob es nun um ein großes Turnier geht oder nur um einen besonders schwierigen Putt, diese geistige Haltung unterscheidet sich massiv von der eines guten Durchschnittsspielers. Und sie ist Meilen entfernt von der eines Golfers, der ein Buch von irgendeinem Kerl mit einem Handicap unter 10 liest und dann glaubt, zu wissen, »wie es geht«.

Wenn Sie einem guten Putter zusehen, drückt sein Gesicht Selbstvertrauen und Sicherheit aus, bevor er sich an den Schlag macht. Sehen Sie einmal Tiger zu, wie er diese langen Putts angeht, oder Seve in seinen besten Zeiten. Natürlich gilt das für jeden Sport. Sehen Sie sich Ronaldinho an, bevor er einen Freistoß schießt, und Sie werden denselben Blick sehen. Oder Michael Jordan, bevor er einen Freiwurf ausführt. Woher auch immer sie diese Kraft nehmen, diese Mischung aus Selbstvertrauen und vollkommener Konzentration auf das Ziel ist mit Sicherheit genauso wichtig wie der Wurf, der Schlag oder der Tritt.

Dieses Selbstvertrauen wollte ich mir erobern. Es musste ja nur so lange halten, bis ich meine vollkommene Runde gespielt hatte. Lange Jahre hatte es im Dornröschenschlaf gelegen und war nur gelegentlich erwacht, um mir einen kleinen Schub zu versetzen. Doch die Fähigkeit, dieses Selbstvertrauen wachzuküssen und es stark zu halten, wurde für mich mindestens ebenso bedeutsam wie jeder andere Aspekt des Spiels. Tatsächlich war die Entwicklung eines starken Glaubens an mich selbst für die ganze Wette entscheidend. Ich musste denken wie Donald Trump, der Multimillionär, oder Jack Nicklaus, der Ausnahmegolfer. Und nicht wie ein Knabe, der zu Weihnachten von ein paar Jungs mit niedrigem Handicap in Grund und Boden geredet worden war.

Ein virtueller Tritt in den Hintern

Es war nie mein Ziel, meine Träume irgendwo festzuhalten. Ich wollte sie verwirklicht sehen.

Man Ray

Natürlich halfen diese mentalen Erweckungserlebnisse mir auch im Spiel weiter. Wie bereits erwähnt geht es aber beim Golf keineswegs nur um die mentalen Aspekte. Ich musste noch eine Menge üben, vor allem, was meine Annäherungsschläge aufs Green anging. Was mir dabei sehr half, war Dave Pelz' Buch *Short Game Bible*. Ich hatte versucht, dieses Buch zu Beginn meiner Wette zu lesen, doch damals war es mir zu technisch erschienen. Jetzt, wo ich mehr vom Spiel verstand, sah ich es mir nochmals an.

Pelz hatte ein recht technisches System des Wedge-Spiels entwickelt. Bei seinem »3 x 4«-System schlägt man mit vier Wedges je drei Schläge in drei Positionen: 7:30 Uhr, 9:00 Uhr und 10:30 Uhr. Die Uhrzeit ist hier als Indikator für den Winkel gedacht, mit dem der linke Arm den Rückschwung vollzieht. (Oder der rechte, wenn Sie zufällig sein linkshändiger Starschüler Phil Mickelson sein sollten.) Dieses System ist nicht neu. Es wird von vielen Trainern gelehrt, auch wenn es jedes Mal einen anderen Namen erhält. Doch Pelz' Methode ist meiner Ansicht nach die verständlichste.

Mit dieser Methode können Sie sich ein System von Schlägen verschiedener Distanz erarbeiten, die Sie auch in der Hitze des Gefechts noch mit entsprechendem Selbstvertrauen spielen können. Das ist simple Rechenarbeit. Dabei müssen Sie nicht besonders kreativ sein oder viel »Feeling« beweisen. Das ist manchmal ausgesprochen nützlich. Natürlich müssen Sie diese Taktik erst einmal etablieren. Das heißt, Sie müssen in einer windfreien Umgebung jeden Schlag in jeder Position ein paar Dutzend Mal üben, aber das ist der Mühe wirklich wert.

Für mich wurde dieses System jedenfalls zu einem höchst wertvollen Part meines Spiels. Es schenkte mir viel Selbstbewusstsein. Der 7:30-Uhr-Schlag ist ein wenig schwierig nachzumachen, die anderen beiden aber sind einfach. Meiner Ansicht nach ist das Spiel über 45 Meter und weniger ohnehin eine Herausforderung, weil es so viele Variablen zu berücksichtigen gilt, doch das »3 x 4«-System eignet sich sehr gut für die Lücke zwischen 45 und 91 Metern.

Ich hatte also zwei sehr unterschiedliche Formen des kurzen Spiels entwickelt. Auf und um das Grün trug ich im Geiste dunkle Slazenger-Klamotten und weiße Schuhe und verwandelte mich in Seve. Außerhalb des Greens, bis zur Distanz eines vollen Wedge-Schlages, verließ ich mich auf Pelz' ultrarationale Herangehensweise.

Ich arbeitete hart an diesen Routineschlägen und fand, dass sich das am Ende wirklich lohnte. Anfangs muss man natürlich immer wieder die Längen abschreiten, doch sobald das Resultat einigermaßen stimmig ist, gewinnt man sehr viel Sicherheit im Spiel. Ich brachte viel Zeit auf dem Par-3-Kurs in Blackwood zu und testete das System. Ich schritt immer wieder die Strecke von der 91-Meter-Marke bis zu meinem Ball ab, um ein gutes Gefühl dafür zu bekommen, wie weit ich wirklich vom Grün entfernt war. Dann errechnete ich, wie weit ich von der Fahne weg war. Sobald ich die Distanz ausgerechnet hatte, schaute ich in meine Tabelle. Dann nahm ich den Schläger, der für solche Entfernungen empfohlen wurde. Danach musste ich nur noch ansetzen und durchziehen. Das dritte Loch in Blackwood zum Beispiel ist ein sehr kurzes 62- oder 73-Meter-Loch, je nachdem, wo man das Tee setzt. Dieses Loch wurde mir zur Routine. Ich zog das Sand- oder Gap-Wedge heraus und spielte es aus der 9:00-Uhr-Position. Da war kein »Feeling« nötig, weder für den Ball noch für den Schlag. Ich setzte den Schläger an und zog durch.

Kombiniert mit meiner Ballesteros-Methode für Distanzen unter 45 Metern, führte das System dazu, dass sich mein kurzes Spiel – vom Putten einmal abgesehen – drastisch verbesserte. Ich hatte so viel mehr Sicherheit, was die Schläge über 45 Meter anging, dass ich viel weniger Chips und Pitches vergeblich übers Grün hoppeln ließ. Seves Selbstvertrauen übertrug sich allmählich auf mich.

Mein Putten hingegen rief immer noch dieselbe mild lächelnde Verachtung hervor. Ich übte ein wenig auf meiner Puttingmatte und mein Schlag verbesserte sich entsprechend. Daher redete ich mir ein, dass ich hart am Putten arbeitete. Was natürlich nicht stimmte.

Je besser sich die anderen Elemente meines Spiels entwickelten, desto mehr glaubte ich, das Putten vernachlässigen zu können. Ich wollte meinen Score durch mein ausgezeichnetes Driving und mein kurzes Spiel optimieren. Blackwood ist ein Platz, der sich gut für einen starken Drive und das Spiel mit dem Wedge eignet. Wenn ich den Ball nah ans Loch bekam, konnte ich aus kurzer Distanz putten und musste mich daher nicht an großartigen Puttern wie Ben Crenshaw oder Brad Faxon messen. Selbstverständlich war dazu ein gewisses Quantum Selbsttäuschung nötig. So sagte ich mir immer öfter, dass auch Ben Hogan ein großer Golfer gewesen sei, aber sein Putting nicht gerade berühmt. Tatsächlich hasste er das

Putten – genau wie ich. Ich veröffentlichte meine Fortschritte immer wieder im Internet und allmählich kristallisierte sich in den Antworten anderer Forumsteilnehmer eine Frage heraus: Wieso zum Teufel konzentrierte ich mich auf alles, nur nicht aufs Putten? Doch ich war zu jener Zeit erfolgstrunken und viel zu eingebildet, als dass ich solche Anregungen ernst genommen hätte. Tief in mir drin glaubte ich, dass ich ein mieser Putter bleiben und doch Par würde spielen können. Eines Tages holte mich jedoch die Wirklichkeit ein. Ich spielte in Blackwood eine schreckliche Runde.

Es war Ende Februar. Ich spielte mit Stuart und traf den Ball optimal. Ich schlug zwei 300-Meter-Drives (hier können Sie ruhig die Stirn runzeln, ich weiß, dass es stimmt), die Stuarts Bewunderung erregten.

»Deine Drives sind die eines Profis«, meinte er, »nicht nur die eines 0-Handicappers.«

Auch mein Spiel mit dem Eisen war exzellent, und doch spielte ich eine 90. Meine Theorie vom kurzen Spiel hatte sich nicht in positive Resultate auf dem Platz verwandeln lassen. Und meine Leistung beim Putten war schlechter als üblich. Ich hatte keine Fort-, sondern Rückschritte gemacht. Ich machte volle acht schreckliche Drei-Putts! Es gibt Leute mit einem Handicap von 24, die besser putten – und zwar immer und überall.

Ich hatte mich einmal mehr auf bestimmte Aspekte konzentriert und die Grundlagen aus den Augen verloren. Doch diesmal gab es keine Ausreden mehr – ich musste lernen, besser zu putten.

An jenem Abend berichtete ich in meinem Internetforum von meinen Ergebnissen und bekam sofort eine Antwort. Der Mann war zwar recht direkt in seinen Äußerungen, aber in guter Absicht.

»Viel zu viele Ausreden, warum Sie Ihr kurzes Spiel nicht mehr üben ... Dann sind Sie nicht besser als die Abertausenden von Golfern, die ein passables langes Spiel haben, aber keine Ahnung, was sie tun sollen, wenn sie auf dem Grün landen ...«

Anfangs war ich regelrecht beleidigt, doch mit der Zeit kamen seine Worte bei mir an. Er hatte ja recht. Ich *war* wie all die anderen Golfer, die sich von den Freuden des langen Drives mitreißen lassen.

Das war genau der Tritt in den Arsch, den ich brauchte. In den nächsten Wochen arbeitete ich wie ein Verrückter. Wieder einmal war ich von einer Idee besessen, doch dieses Mal – endlich – sollte es ums Putten gehen. Ich holte meine alten Videos heraus, die Crenshaw und Faxon beim Putten zeigten. Jetzt wollte ich das Ganze von der Pike auf lernen. Und auch auf Seves *Short-Game*-Video sah ich mir den Teil über das Putten immer und immer wieder an. Bewaffnet mit all diesen Informationen reformierte ich mein Putten. Ich wollte den Schlag so einfach wie möglich gestalten, damit er möglichst leicht wiederholbar war. Es mag schon sein, dass beim Putten 90 Prozent Gefühl dabei ist, doch wenn die grundlegende Dynamik des Schlags nicht stimmt, dann trifft man das Loch trotz allem nicht. Ich verlagerte das Gewicht ein klein wenig nach vorne, damit ich beim Rückschwung nicht so wackelte, und dann übte ich stundenlang.

Ich stand jeden Tag im Morgengrauen auf und verbrachte eine Stunde auf meiner Übungsmatte, bevor ich frühstückte. Zur Mittagszeit fuhr ich zum Platz, suchte nach freien Grüns und übte dort verschiedene Techniken, die ich entweder aus den Videos abgeschaut oder selbst ersonnen hatte. Ich übte lange Putts, kurze Putts, 8-Fuß-Putts mit Druck. Ich puttete auf Tees zu, die ich ins Green gesteckt hatte, puttete an den

Rand, spielte Billard mit anderen Bällen. Ich puttete rund um ein vorgestelltes Zifferblatt, puttete aus sechs Fuß Entfernung und jedes Mal, wenn ich nicht einlochte, fing ich von vorne an. Am Abend tat ich nichts – außer meinen neuen Schlag zu Hause auf der Puttingmatte zu üben. Sogar wenn ich vor dem Fernseher saß, hielt ich den Putter in der Hand, um ein besseres Gefühl dafür zu entwickeln. Und bevor ich abends einschlief, stellte ich mir vor, wie ich auf jedem Grün in Blackwood perfekt einlochte.

Schließlich kam mir auch Seve zu Hilfe. Mir fiel eine sehr nützliche Fotografie in die Finger, auf der zu sehen war, wie seine Hände den alten Ping-Putter umfassten. Als ich diesen Griff nachahmte, war ich erstaunt, wie leicht der Putter in meinen Händen lag. Also kaufte ich einen alten Ping-Putter, nur um dieses Gefühl noch mehr zu verinnerlichen. Leider kam ich mit dem Ding nicht zurecht, aber es war ja ohnehin nur der Griff, der mich interessierte. Seve stand ruhig neben mir, als ich das Putten übte.

»Jetzt kommen Sie langsam dahinter, Miiister Richardson. Jetzt begreifen Siiie's allmählich. Putting ist nichts Schlechtes, es ist wiiirklich schön. Man braucht viiiel Gefühl dafür, es ist ein Spiel im Spiel. Vergessen Sie den ganzen Macho-Kram und fangen Sie an, diesen Teil des Spiiiels zu mögen. Dann klappt es auch.«

Am Ende dieser Woche hatte ich mich etwa 35 Stunden lang nur aufs Putten konzentriert, also gut 30 Stunden mehr, als ich in den letzten neun Monaten aufgewendet hatte. Hat sich das gelohnt? Ja, absolut. Und wie! Am Ende dieser Woche puttete ich völlig anders als zuvor. Mein Schlag war viel vorhersehbarer und ich hatte an Sicherheit gewonnen. Ich hatte mir erlaubt, ein schlechter Putter zu sein. Ich hatte mir (und allen anderen Menschen) so lange eingeredet, ich sei ein schlechter Putter, dass dies zu einer sich selbst erfüllenden Prophezeiung geworden war. Ich hatte mir sogar eingeredet, dass das Putten ja nicht weiter wichtig sei. Jetzt aber, wo ich mir einmal die Mühe gemacht hatte, war eines klar: Ich *konnte* durchaus ein guter Putter sein.

Im Grunde war dies eine Lektion aus »Psychologie für Dummies«. Seite 1, Lektion 1: »Wenn Sie sich einreden, dass Sie auf einem Gebiet nicht gut sind, sollten Sie sich nicht wundern, wenn dies tatsächlich so ist.« Sogar Stuart, der normalerweise das ganze Gerede über »mentales Golf« nicht schätzte, überraschte mich mitunter mit einfachen psychologischen Tricks, die ihm auf dem Grün geholfen hatten. Wenn er über 15 Fuß einlochen musste, sagte er Sachen wie: »Die kriege ich normalerweise rein.« Und siehe da, der Ball rollte ins Loch. Ich glaube zwar nicht, dass er je bewusst darüber nachgedacht hat, doch das Prinzip funktionierte natürlich auch bei ihm.

Die Fähigkeit, ans eigene Putt-Spiel zu glauben, entsteht nicht durch ein bisschen positives Denken, während man eine Seifenoper guckt und Kartoffelchips futtert. Mein Selbstvertrauen, was das Putten anging, entstand innerhalb von nur einer Woche – als Ergebnis 35 Stunden harter Arbeit. Und doch ist das nicht viel, wenn man wirklich etwas erreichen will. (So verbringen die meisten Menschen pro Woche mehr als 28 Stunden vor dem Fernseher.)

Doch das war noch nicht alles, was ich bei meinem Einsatz lernte. Ich begriff, dass ich es *verdiente*, ein guter Putter zu sein, dass mir dieses Privileg wirklich zustand. Und meine nächste volle Runde, die ich eine Woche später, am 6. März, spielte, war ein echter Hit. Mein langes Spiel war ein bisschen schlechter als gewöhnlich, doch ich reduzierte meine Putts von 40 auf 28, sodass mir eine 79 gelang. Endlich hatte ich – zum ersten Mal seit mehr als sechs Monaten – wieder einmal unter 80 gespielt.

Das Ganze erinnerte mich an ein Erlebnis in der zehnten Klasse, als ich mich auf den Abschluss in der Sekundarschule vorbereitet hatte. Wir arbeiteten alte Prüfungsaufgaben durch. Ich hatte ein paar Tage frei, bevor meine nächste Prüfung fällig war – der praktische Teil der Mathe-Prüfung. Ich dachte ja, dass ich in Mathe einigermaßen gut sei, aber nicht herausragend. Leicht über Durchschnitt vielleicht. In Wahrheit interessierte mich Mathe nicht und ich hatte keinerlei Motivation, mich zu verbessern.

Damals allerdings beschloss ich, ein wenig mehr zu lernen. Zum Teil, weil ich ein paar Tage frei hatte, zum Teil, weil angewandte Mathematik in meiner Fächerkombination nicht besonders viel Arbeit machte. Da nicht viel zu lernen war, wiederholte ich den Stoff ein paarmal. Mit einem Mal wurde mir klar, dass ich den Stoff komplett intus hatte. Und so erreichte ich einen Punkt, an dem es keinen Sinn mehr hatte, mehr zu lernen, weil ich alles wusste.

Ich ging mit mehr Selbstvertrauen in die Prüfung als je zuvor, und die Fragen zu beantworten fiel mir kinderleicht. Ich erzielte 84 Prozent – ein besseres Resultat, als ich je in einer Mathe-Prüfung erreicht hatte. Ich war mit Abstand der Beste. Mein Mathelehrer begriff natürlich nicht, was da passiert war. Statt mich aber zur Seite zu nehmen und mich zu fragen, wie das denn zugegangen war, beschuldigte er mich vor der ganzen Klasse des Betrugs. Ich war so empört, dass mir das Gefühl noch heute lebhaft gegenwärtig ist. Ich laste ihm nicht mein späteres Versagen in anderen Prüfungen an (obwohl das bequem wäre und meiner Mutter sehr zupasskäme), aber es gibt wohl keinen Zweifel daran, dass Tiefschläge wie dieser die Art, wie Kinder auf Erfolg und Misserfolg reagieren, massiv beeinflussen. Ich jedenfalls habe mich noch lange nach diesem Erlebnis gefragt, was es denn für einen Sinn hatte, so hart zu arbeiten, wenn man dafür nicht einmal gelobt wurde.

Was aber hat dies nun mit Golf zu tun? Nun, die meisten Kinder sind nicht mit dem Talent eines Seve, Tiger oder Nicklaus gesegnet. Die meisten sind einfach nur unschuldige, zerbrechliche Geschöpfe, die alles, was ihre Lehrer und Eltern sagen, als unumstößliche Wahrheit nehmen. Häufig bringt man ihnen bei, dass der Respekt vor dem Lehrer über alles geht, was ich ohnehin für ein irriges Konzept halte. Nur wenige meiner Lehrer verdienten den Respekt, den man mir abnötigte, und ich besuchte – in der Theorie wenigstens – ausgezeichnete Schulen. Ich kann mich noch heute an jene Lehrer erinnern, die uns Mut machten und uns Selbstvertrauen einflößten. Es ist sicher kein Zufall, dass wir in deren Unterricht besonders gut mitarbeiteten.

Glücklicherweise sind die meisten Schulen heute anders, doch der Anpassungsdruck an meiner Schule schuf ein für die kindliche Entwicklung extrem ungesundes Klima. Jedes kreative, individuelle Denken wurde erstickt. Nicht jeder entwickelte dort genug Vertrauen in seine eigenen Fähigkeiten. Eine ähnlich negative Haltung wird häufig Golfern entgegengebracht, die versuchen, ihr Spiel zu verbessern. Und zwar von anderen Golfern, die entsprechend mittelmäßig, aber damit zufrieden sind. Schon der bloße Gedanke an eine schnelle Verbesserung scheint sie zu stören. »Sie dürfen eben keine Wunder erwarten. Lassen Sie sich von all diesen neumodischen Ideen nicht blenden. Es braucht Jahre, bis man wirklich Fortschritte macht.«

Diese Haltung ist das Gegenteil dessen, was mir letztendlich half, mein Putten zu optimieren. Ich hatte einfach beschlossen, meine Vorstellung, wie schwer Putten sei und wie lange es dauern würde, mich zu verbessern, zu verändern. Letztlich aber spiegelte dies im Kleinen das ganze Jahr wider. Ich arbeitete für einen begrenzten Zeitraum wirklich hart, und es gelang mir, mein Putten vollkommen zu verändern.

Dies war ein Wendepunkt in meinem Spiel. Ich war nach dem langen Winter in den 70er-Bereich zurückgekehrt, sowohl auf dem Par-3-Platz wie auf dem Hamilton Course. Mir gelangen regelmäßig sieben oder acht Löcher Even-Par oder sogar eins unter Par. Im Mai wollte ich eine Woche freinehmen, um mindestens einmal pro Tag den ganzen Platz zu spielen. Insgeheim stellte ich mir immer vor, ich würde meine Even-Par-Runde in dieser Woche spielen, dann hätte ich noch ein bisschen Zeit für Urlaub.

Ich hatte einen guten Schwung entwickelt und mein kurzes Spiel deutlich verbessert. Ich war fit, Hand- und Hüftgelenke waren relativ schmerzfrei. Ich kam immer mehr dahinter, wie ich die mentale Seite anzugehen hatte, und hatte noch volle drei Monate vor mir, um die Wette zu gewinnen. Alles lief bestens, ich war so sicher, dass mein Triumph nur eine Frage der Zeit sei …

Martin Sheen und die Schuldgefühle

Um große Dinge zu vollbringen, müssen wir träumen und handeln zugleich.

Anatole France

Es sagt sich leicht, dass wir mehr Zeit für die Dinge aufbringen sollten, die wir lieben, doch ich würde lügen, wenn ich behauptete, meine Wette habe auf meine Kollegen oder – was noch wichtiger ist – auf Lesley und Aimee keinen negativen Einfluss gehabt. In einer Woche 35 Stunden nur fürs Putten aufzubringen, war freilich nur schwer mit den Anforderungen meines Berufs- und Privatlebens in Einklang zu bringen, doch es war noch machbar. Weit schwieriger war es dagegen, die zehn bis 20 Stunden Zeit zu finden, die ich Woche für Woche fürs Spiel brauchte, und zwar das ganze Jahr hindurch. Nicht mehr fernzusehen war für mich kein Problem, da ich ohnehin nie viel Zeit vor dem Kasten verbracht hatte. Doch fehlte mir die Zeit, die ich auf dem Platz verbrachte, für Arbeit und Familie.

Was die Arbeit angeht: Ich ging wie berichtet meist in der Mittagspause auf die Range oder den Par-3-Kurs. Anfangs nahm dies auch nur etwa eine Stunde in Anspruch. Später aber versank ich häufig in diesen zenartigen Zustand, in dem ich mit Seve, Hogan und den Jungs auf der Range herumhing, und dann wurden aus einer Stunde leicht eineinhalb oder sogar zwei, womit ich mein Glück wirklich herausforderte.

Ein weiterer meiner Tricks war es, auf dem Weg vom Gartencenter in Bushmills »schnell mal« auf der Range vorbeizuschauen, für »20 Minuten oder so«. Diese »20 Minuten« waren für mich, was dem Alkoholiker sein »Achterl« ist. Es blieb eben nie dabei. Ich brauchte schon gut 20 Minuten zum Aufwärmen, und dann verlor ich ohnehin jedes Zeitgefühl. Bevor ich mich versah, spielte ich eine Stunde oder länger. Und trotzdem verdrängte ich das ganze Jahr über, wie viel Zeit ich tatsächlich auf dem Golfplatz verbrachte.

So geschah es mehr als einmal, dass ich über die Grüns in Blackwood irrte und meine Schuldgefühle verdrängte, bis eine SMS kam: »Wo bist du?« Dann sprang ich schnell ins Auto und rief zurück.

»Ich bin auf dem Weg nach Hause. Entschuldige bitte, ich bin aufgehalten worden.«

»Aha. In Bushmills hat man mir nur gesagt, du seist schon vor Stunden gefahren. Wir haben uns schon gefragt, ob es dir gut geht.«

»Ja, ja, alles bestens. In ungefähr zehn Minuten bin ich da.«

Ich log nicht direkt, aber für mich fühlte es sich an wie eine Lüge. Ich nutzte das Vertrauen meiner Partner aus und hatte deshalb Schuldgefühle.

Doch die Schuldgefühle, die ich wegen meiner Familie empfand, wogen weit schwerer. Lesley unterstützte mich, wo sie nur konnte, aber ich wusste, dass es hart für sie war, vor allem an den Abenden. Ich kam zwischen sechs und sieben Uhr abends nach Hause und widmete mich ganz meiner Tochter. Wir aßen zusammen, dann las ich ihr eine Geschichte vor und brachte sie zu Bett. Doch auch mit Aimee lief keineswegs immer alles glatt. Es war nicht einfach, ihr klarzumachen, weshalb das Haus ständig voller Golfschläger und -bücher war. Eines Abends im Oktober lag ich neben ihr im Bett und las ihr aus *Harry Potter und die Kammer des Schreckens* vor. (Das war erst der Anfang der Harry-Potter-Phase, wir lasen in diesem Jahr die ersten fünf Bände.)

»Dad, wieso machst du denn das mit dem Golf?«, fragte sie unvermittelt.

»Nun, du weißt ja, was ich dir immer sage: Dass du alles sein kannst, was du nur willst, wenn du nur hart genug arbeitest. Erinnerst du dich?«, antwortete ich und legte das Buch weg.

»Ja, dass ich eine tolle Schauspielerin oder ein Popstar wie Avril Lavigne werden kann, wenn ich will? Oder sogar eine Autorin wie J. K. Rowling?«

»Ja, genau. Nun, als ich klein war, beschloss ich, ein Profigolfer zu werden. Ich wollte sein wie Seve Ballesteros. Du willst wie Avril sein, ich wollte sein wie Seve.«

»Ah ja. Das verstehe ich.«

»Das Problem war nur, dass ich nicht dabei geblieben bin. Jetzt aber habe ich das Ganze noch mal angepackt. Ich will innerhalb eines Jahres eine richtig gute Runde Golf spielen. Viele Leute haben mir gesagt, dass das nicht möglich sei. Aber ich trainiere sehr viel, um ihnen das Gegenteil zu beweisen.«

»Aha. Deshalb machst du also all die doofen Schwünge vor dem Spiegel.«

»Ähm, ja.«

»Und deshalb lässt du dein Zeugs im ganzen Haus herumliegen und machst immer Lärm mit deinen Übungen, wenn ich schlafen will?«

»Nun ja.«

So toll war meine Rede offensichtlich nicht angekommen.

»Und deshalb ist Mama immer so sauer und schimpft, wenn sie wieder über deine Matte stolpert?«

Ich zuckte zusammen. »Das kann schon sein.« So hatte ich mir das eigentlich nicht vorgestellt.

»Und deshalb hast du diese ganzen komischen Schwünge gemacht, als wir im Supermarkt waren, sodass die Dame in der Schlange dich angesehen hat, als seist du nicht ganz dicht?«

Sie grinste, weil sie wusste, dass sie mich jetzt am Wickel hatte. Dabei klimperte sie mit den Wimpern wie ein Teenager.

Da lag ich also und wollte meiner siebenjährigen Tochter eine Rede über die Macht des Willens halten, und sie hielt mich vollkommen zum Narren. Ich lachte laut.

»Ja, auch das. Das stimmt alles, und ich weiß auch, dass es für dich und Mama manchmal schwierig ist, aber ich muss das einfach tun.«

»Ja, ja, ich weiß. Aber wann ist es denn vorbei?«

»Im Mai.«

Pause.

»Und wann kommt der Mai noch mal gleich?«

»Gleich nach April.«

»Richtig. Und wann der April?«

»Nächstes Jahr. Gleich nach dem März.«

»Nächstes Jahr!« Sie war entsetzt. »Du meinst, ich muss mir deine blöden Schwünge bis *nächstes Jahr* ansehen?«

»Ich fürchte, so ist es, Liebes.«

Sie seufzte und rollte mit den Augen.

»Na gut. Lesen wir jetzt weiter?«

Ich war nicht so recht überzeugt, dass ich ihr meine Gründe ausreichend klargemacht hatte.

Im März legte ich dann so richtig los. An manchen Tagen schlug ich auf der Range mehr als 500 Bälle. Der Par-3-Kurs war mein Aufenthaltsort in der Mittagspause. Solange es noch einigermaßen ruhig war, konnte ich die 18 Löcher in etwa einer Stunde spielen.

Zu jener Zeit las ich Nick Faldos Autobiografie, was meine Entschlossenheit, die Wette zu einem guten Abschluss zu bringen, weiter stärkte. Ich erinnerte mich noch, dass zu meiner Zeit als Teenie-Golfer Faldo als Goldjunge des Golf gehandelt worden war. Dann änderte er seinen Schwung und verschwand komplett in der Versenkung. Oberflächlich betrachtet war dies einfach verrückt. Die Presse jedenfalls ließ keinen Zweifel daran, was sie von diesem Plan hielt (ähnlich wie bei Tiger, als dieser intensiv an seinem Schwung arbeitete, um ihn zu verändern).

Aber Faldos ruhige Entschlossenheit und sein unerschütterlicher Glaube an sich selbst sorgten dafür, dass er am Ball blieb. Er arbeitete wie ein Besessener. Die 1500 Bälle, die er am Tag schlug, wurden zum Stoff für Legenden. Meine 500 wirkten dagegen wie ein Kinderspiel. Faldos Geschichte war mir nützlich, was meine innere Haltung anging. Für den durchschnittlichen Golfer sind schon 500 Bälle am Tag kaum vorstellbar. Die meisten schlugen nicht einmal in einem ganzen Jahr so viele. Aber für Leute wie Faldo, Tiger oder Hogan war das gar nichts. Menschen wie sie haben einen völlig anderen Blick auf Leistung, ob nun die Umstände dafür verantwortlich waren, die Gene, die Erfahrung oder irgendein anderer Faktor. Wieder einmal wurde mir klar, dass ich besser nicht auf das Gerede der Amateurgolfer hörte. Ich musste sozusagen meinen »inneren Faldo« finden.

Faldos Arbeitsethos trug ihm ausgezeichnete Resultate ein. Sobald sein neuer Schwung richtig saß, stieg er an die Spitze auf. 98 Wochen lang war er Weltranglistenerster. Er gewann drei British Open, drei Master und war vermutlich der erfolgreichste europäische Golfer aller Zeiten. Sein Verhältnis zur Presse blieb zeit seines Lebens schlecht, aber seine einzelgängerische, hoch konzentrierte Haltung auf dem Platz war von einer unbezwingbaren Kraft beseelt. An jenem Punkt meines eigenen Weges war Faldos Haltung für mich ebenso wichtig wie seine Bereitschaft, hart zu arbeiten.

Jedenfalls übte ich mich weiter im kurzen Spiel und im Putten und versuchte, es so einfach wie möglich zu gestalten. Ich wollte keine komplizierten neuen Schläge oder Techniken lernen. Obwohl mein Schwung gut war, war er doch leicht aus der Balance zu bringen. Viele Golfer mit niedrigem Handicap und schlechterem Schwung trafen den Ball mit mehr Stetigkeit, weil sie sich einfach auf ihren Schwung verlassen konnten. Ihr Schwung war vielleicht nicht perfekt, aber sie hatten Mittel und Wege gefunden, dies auszugleichen. Und wenn alles schiefging, wussten sie wenigstens, woran sie arbeiten mussten.

Wenn ich nicht höllisch aufpasste, konnte mein Schwung völlig aus dem Gleichgewicht geraten, und zwar aus verschiedenen Gründen. Meist dauerte es eine gute Woche, bis ich kapierte, was los war. Dummerweise bildete ich mir damals ein, Debbie nicht mehr um Rat bitten zu müssen. Ich dachte, dass ich – wo ich doch so viel gelesen und gelernt hatte – meine Probleme selbst lösen könnte. Das war ein Fehler. Debbie kannte meinen Schwung mittlerweile so gut, dass fünf Minuten mit ihr mir Stunden, ja Tage hilflosen Eindreschens auf den Ball ersparen konnten, die Zeit eben, die ich brauchte, bis ich selbst dahinterkam.

Jeden Abend nachdem ich Aimee zu Bett gebracht hatte, konnte ich es kaum erwarten, wieder auf die Range zu kommen. Ich stürzte die Treppe hinunter und stellte Lesley ein paar Fragen über ihren Tag, obwohl sie wusste, dass mich das alles nicht im Geringsten interessierte. Dann las ich meine E-Mails und fragte sie, ob es ihr recht wäre, wenn ich noch üben ginge. Es bin ihr unendlich dankbar, dass ihre Antwort regelmäßig positiv ausfiel. Sogar wenn ich in schweres Fahrwasser geriet und nach einer Ausrede suchte, um nicht nach Blackwood zu fahren, tat sie mir diesen Gefallen nie. Sie sagte nie: »Bitte, fahr nicht. Ich brauche dich heute im Haus. Du musst dies oder jenes tun.« Sie sagte nie: »Bitte bleib hier. Du hast ja schon so hart gearbeitet und verdienst eine Pause.« Sie sagte nie: »Bitte geh nicht, mir langt's jetzt allmählich.« Und doch sagte sie mir später, dass sie manchmal nah dran war. Ihre Unterstützung war ungeheuer wichtig für mich. Sie hat mir meinen Weg enorm erleichtert.

Ich nahm ihre Großzügigkeit dankbar an, trotzdem befielen mich manchmal Schuldgefühle, wenn ich wieder aus dem Haus ging. Ich achtete stets darauf, Zeit für Aimee zu haben, doch für Lesley blieb fast nichts mehr übrig. Hätte es nicht Martin Sheen und *Im Zentrum der Macht* gegeben, wären meine Schuldgefühle wohl noch heftiger ausgefallen. Lesley war ein großer Fan der Fernsehserie, hatte aber nur die ersten drei Staffeln gesehen. Glücklicherweise entdeckten wir zu Beginn meiner Wette, dass die vierte Staffel bei Amazon erhältlich war. Doch Lesley war so verrückt nach dem fiktiven amerikanischen Präsidenten und seiner dynamischen Mannschaft, dass sie alles von Anfang an sehen wollte. Wir liehen uns also die ersten vier Staffeln, dann die fünfte und schließlich auch die sechste (eine siebte läuft gerade, während ich schreibe) aus. Sie saß abends zu Hause und sah *Im Zentrum der Macht*, und ich fuhr zur Range hinaus, um weiter zu üben. Wenn ich sie schon jeden Abend mit einem anderen Mann allein lassen musste, dann am besten noch mit Martin Sheen. (Die andere Möglichkeit war Des Lynam, aber das war eine andere Geschichte.) Ich fragte mich oft, ob er für sie dieselbe Rolle einnahm, wie Seve sie für mich spielte. Jedenfalls weiß sie jetzt sehr viel mehr über das politische

System Amerikas, als ich je wissen werde. Denn an den seltenen Tagen, an denen ich den Abend zu Hause verbrachte, saß ich keineswegs neben ihr und sah fern. Nein, ich zog mir in meinem Arbeitszimmer am Computer ein Golfvideo rein oder debattierte im Schlafzimmer mit Seve, während ich seinen *Short-Game*-Film ansah.

Doch damit hatte ich meine Golfleidenschaft ja noch keineswegs voll ausgelebt. Am Sonntagmorgen spielte ich mit Stuart, und gelegentlich gönnte ich mir auch noch am Samstag ein paar Übungsstunden auf dem Platz. Und irgendwann musste ich ja auch die zahlreichen Zeitschriften und Bücher lesen, die im Haus herumlagen. Von den diversen Hilfsmittelchen, die bestimmte Aspekte meines Schwungs verbessern sollten, einmal völlig abgesehen. Lesley jedenfalls war mit unserem Postboten, der das ganze Zeug Tag für Tag lieferte, schon eng befreundet. Nicht zu vergessen die zerbrochenen Lampenschirme und die Spuren im Holzboden, wo ich Chippen geübt hatte. Die Puttingmatte war ein Dauerhindernis. Man stieg in unserem Haus ständig auf Tees oder fiel über Bälle. Mit den zahllosen Spuren fertigzuwerden, die mein Tun in unserem Haushalt hinterließ, war Lesleys ganz persönliche Herausforderung, der sie sich mutig stellte.

Während der langen Sommernächte war ich nur selten vor halb elf Uhr abends mit meinem Programm fertig. Ich blieb so lange draußen, wie das Licht es zuließ, sodass meine Trainingsstunden sich oft bis in die Abenddämmerung hinzogen. Eines Abends schien der Vollmond klar und hell, während ich dastand und am sechsten Loch Chippen und Pitchen übte, vollkommen in meiner Welt versunken. Irgendwann fiel mein Blick auf die Uhr und ich erschrak. Es war nach Mitternacht. Überrascht, dass Lesley mich nicht angerufen hatte, suchte ich in der Jackentasche nach meinem Handy. Es war nicht da! Mist! Vielleicht hatte ich es im Auto vergessen. Ich eilte zum Parkplatz. Vermutlich war Lesley stocksauer auf mich. Doch das Handy war auch nicht im Auto. Doppelter Mist! Ich fuhr so schnell ich konnte nach Hause und erwartete, dass Lesley mir ordentlich den Kopf waschen würde.

Lesley stand im Wohnzimmer. Ich konnte sehen, wie fertig sie war. Sie hielt das Telefon in der Hand und wollte gerade die Polizei rufen.

»Das machst du nie wieder mit mir!«, brüllte sie mich an, während ihr die Tränen übers Gesicht liefen. »Ich dachte schon, dich hätte ein Querschläger getroffen. Oder du hättest auf dem Platz einen Herzinfarkt erlitten. Oder einen Autounfall gehabt.«

Während ich sie tröstete, sah ich mein Handy auf dem Tisch liegen. Es war ausgeschaltet. Als ich es wieder einschaltete, sah ich, dass 17 Anrufe eingegangen waren. Alle von Lesley. Mein Schuldgefühlsmesser schnellte durch die Decke. Ich führte eine Sperrstunde ein: Künftig war ich jeden Tag spätestens um elf Uhr abends zu Hause. Und ich vergaß mein Handy nie wieder.

Träume haben mitunter Nebenwirkungen

Der Wandel ist das Gesetz des Lebens. Wer nur auf Vergangenheit oder Gegenwart blickt, verpasst ganz sicher die Zukunft.

John F. Kennedy

Mein Ziel war es gewesen, meine Wette unter bestimmten Vorgaben zu gewinnen. Als Tony und ich zum ersten Mal über diese Idee gesprochen hatten, war uns klar gewesen, dass es bestimmte Bedingungen gab. Der Golfer musste jemand sein, mit dem die Leute sich identifizieren konnten. Ein ganz normaler Mensch mit sozialen Verpflichtungen – mit einem Job, einer Familie, täglichen Obliegenheiten. Ich erfüllte diese Bedingungen zu 100 Prozent und formulierte mein Ziel so: Ich wollte diese Wette gewinnen, ohne meinen Job oder meine Ehe aufs Spiel zu setzen.

Aber natürlich verändert solch eine Herausforderung auch den Blick, den man aufs Leben hat. Man kann sich nicht auf einen »unmöglichen« Traum einlassen, ohne seine Ansichten in Bezug auf das eigene Leben infrage zu stellen. Wenn all das vorbei war, musste sich etwas ändern. Und ich wusste, dass es nicht meine Ehe sein würde.

Mit der Zeit verlor ich sämtliche Illusionen, was mein Arbeitsleben anging. Ich konnte mir immer weniger vorstellen, weiter im Gartencenter-Geschäft zu bleiben. Was als aufregendes Abenteuer, ja als Traum begonnen hatte – nämlich unser Unternehmen so schnell wie möglich auf fünf Gartencenter auszuweiten –, hatte sich verändert. Wir, die Geschäftsführer, hatten ganz unterschiedliche Vorstellungen. Darüber hinaus hatte sich der Markt gewandelt. Wir waren ein wenig orientierungslos geworden. Unser Geschäft in den beiden Gartencentern hatte sich konsolidiert, doch von Expansionsbestrebungen war nicht mehr viel zu spüren. Meiner Ansicht nach würde dies nur zu weiterer Stagnation führen. Doch da ich nur einer von vier Geschäftsführern war, konnte ich daran auch nicht viel ändern.

Ich musste also zum ersten Mal in meinem Leben ein großes Unternehmen führen, statt mit klugen, spontanen Entscheidungen mehr Wachstum zu generieren, wie ich es gewöhnt war. Das gefiel mir nicht. Es war nicht mein Stil, und ich war nicht gut darin.

Wenn es etwas gibt, worin ich gut bin, dann ist das, aus Situationen, die mir nicht liegen, wieder auszusteigen. Ich trage in mir eine Uhr, die mir sagt, dass das Leben zu kurz ist, um vergeudet zu werden. Daher hasse ich es, meine Energie auf etwas zu verschwenden, mit dem ich nicht weiterkomme. Nachdem das Gefühl der Unbehaglichkeit über Wochen angewachsen war, traf ich endlich eine Entscheidung. Ich würde aus dem Gartencenter-Geschäft aussteigen.

Im April setzte ich mich mit meinen Co-Geschäftsführern zusammen und erklärte ihnen, wie es um mich stand. Das war ein ausgesprochen mieses Timing, und natürlich waren sie nicht gerade begeistert. Sie hatten mich während meiner Wette immer sehr unterstützt. Obwohl wir fast 100 Angestellte hatten, mussten wir stets anwesend sein. Jedenfalls sah es jetzt so aus, als würde ich kneifen, weil die Dinge nicht so liefen, wie ich mir das vorstellte. Doch dem war nicht so. Ich konnte mich mit der neuen Struktur nicht abfinden, die unser Unternehmen anzunehmen begann. Man kann einen

Teil seiner Persönlichkeit immer an die Umstände anpassen, doch wenn man sich zu sehr anpasst, wird man ineffektiv. Ich spürte, dass es bei mir schon so weit war. Ich arbeitete nicht so gut, wie ich es hätte tun sollen, und das war für niemanden von Vorteil.

Meine Entscheidung stieß auch zu Hause nicht gerade auf Zustimmung. Verständlicherweise. Ich hatte den größten Teil des letzten Jahres damit zugebracht, im Haus Chaos zu veranstalten und abends auf die Range zu verschwinden. Nun hatte ich auch noch beschlossen, unsere Haupteinnahmequelle aufzugeben. Alles sah danach aus, als sei ich endgültig verrückt geworden. Oder ein vollkommen selbstsüchtiger Idiot. Lesley sagte das natürlich nie, aber ich hatte da so ein Gefühl.

An einem Wochenende wollten wir mit Stuart und seiner Verlobten Maeve nach Portsalon in der Grafschaft Donegal fahren. Ich hoffte, dass der Ausflug Lesley und mir Gelegenheit geben würde, alles noch einmal zu durchdenken. Mit meinen Co-Geschäftsführern hatte ich noch keine Absprache getroffen, was meine Anteile sowie den Zeitpunkt meines Ausstiegs betraf. Ich brauchte also eine kleine Auszeit, um eine Bestandsaufnahme zu machen und darüber nachzudenken, was ich tat und warum.

Die Atmosphäre im Auto war angespannt, als wir uns auf den Weg machten. Ich wusste zwar, dass ich selbstsüchtig handelte, gleichzeitig aber war mir sehr viel leichter zumute. Sobald wir an dem schönen Cottage ankamen, das Stuarts Stiefvater gehörte, nahm Maeve Lesley und Aimee zum Reiten mit. Stuart und ich spielten eine Runde Golf. Auf dem Platz erzählte ich ihm von meinem Plan. Er fand ihn völlig verrückt. Er war so sauer, dass er kopfschüttelnd und leise schimpfend vor mir herging, als wir zum Fairway hinunterwanderten. Er hatte mir in den letzten Monaten beigestanden, wo er nur konnte, jetzt aber hatte er wohl den Eindruck, er müsse mir den Kopf zurechtrücken.

Während der restlichen Runde versuchte er, mich zu überzeugen, eine endgültige Entscheidung zumindest aufzuschieben, bis die Wette abgeschlossen war. Ich wusste, was er dachte. Vielleicht würde mein Spiel ja unter der neuen Situation leiden und mein Traum würde sich zum Albtraum entwickeln. Ich würde aufwachen – ohne Job und mit der Sahnetorte im Gesicht, zum Spott aller. Entweder verabschiedete sich mein Verstand gerade oder ich war Opfer einer geradezu absurden Midlife-Crisis. Obwohl ich mir sicher war, das Richtige zu tun, konnte ich kein hieb- und stichfestes Argument anführen, das ihn überzeugt hätte.

An diesem Abend saßen wir in dem traumhaften Cottage zusammen, das einsam auf einer Klippe lag, und genossen die Aussicht. Stuart bereitete uns ein ausgezeichnetes Rinderfilet zu und kredenzte dazu einen wunderbaren Burgunder. Aber die Atmosphäre war immer noch spannungsgeladen, und während wir beim Essen saßen, diskutierten Lesley, Stuart und Maeve über meinen Entschluss.

»Könntest du nicht einen Deal eingehen, damit du wenigstens den Coffeeshop im Gartencenter weiterbetreiben kannst?«, fragte Lesley.

»Wäre es nicht besser, du hörtest erst Ende des Jahres auf?«, meinte Stuart.

»Möglicherweise ließe sich im Gartencenter ja das eine oder andere verändern, damit es dir mehr zusagt?«, lautete Maeves Beitrag zu der Sache.

Lauter berechtigte, kluge Einwände, die mögliche Lösungen des Problems aufzeigten. Nur dass ich wusste, dass nichts davon funktionieren würde. Der Coffeeshop war eine tolle

Sache, das Personal super und ich persönlich eignete mich am besten für diese Art von Arbeit. Ich hätte den Shop gerne behalten. Aber das war keine Alternative. Zum einen würden die anderen ihn mir nicht verkaufen wollen, und vermutlich war eine glatte Trennung für alle das Beste.

Das Thema beherrschte den ganzen Abend, und irgendwann war ich es einfach müde. Also entschuldigte ich mich und ging zu Bett.

Die anderen redeten noch bis in die Nacht hinein. Lesley machte sich Sorgen. Ich hatte ihr während unserer Ehe schon viel zu viele Höhen und Tiefen zugemutet, und diese neue Entwicklung stellte ihre Geduld auf eine harte Probe. Stuart konnte es immer noch nicht glauben. Er vertraute Lesley an, dass er daran zweifelte, ob ich es unter diesen Umständen schaffen würde, meine Wette zu gewinnen. Und wie hätte ich ihm da widersprechen sollen? An diesem Tag kam ich nicht einmal unter 80. Ich hatte gespielt wie ein 9- oder 10-Handicapper – ein langer Weg bis zu dem Ziel, das ich mir gesteckt hatte. Johnnie-Boys Buch der Ausreden schrieb dies der Tatsache zu, dass ich einen schwierigen, ungewohnten Platz spielte und gleichzeitig Stuarts Fragen zu meiner beruflichen Zukunft beantworten musste.

Im Bett lag ich dann trotz meiner Erschöpfung lange wach. Es war eine klare, wolkenlose Nacht. Ich ließ den Vorhang einen Spalt offen, um den Mond zu beobachten, der sich im Meer spiegelte. Ich hörte, wie sie sich unten die Köpfe heißredeten. Glücklicherweise verstand ich nicht, was sie sagten. Trotzdem wusste ich natürlich, worum es ging.

Eine Welle des Selbstzweifels überrollte mich. Was machte ich da eigentlich? Vielleicht war der Wunsch letztlich doch unerfüllbar und Sam Torrance hatte recht? Vielleicht sollte ich endlich aufwachen und mich der Wirklichkeit stellen. Die

Angst, die Wette zu versieben und die Hypothek nicht mehr bezahlen zu können, packte mich. Würde ich einer dieser verbitterten, verarmten Träumer werden, die im Alter nichts, aber auch gar nichts in der Hand hatten? Endlich verfiel ich in einen unruhigen Schlaf. Dennoch erwachte ich am Morgen beseelt von wilder Entschlossenheit: Ich würde meinem Traum treu bleiben. Tief in meinem Herzen wusste ich, dass dies die richtige Entscheidung war. Und als ich mit Lesley nochmals darüber sprach, begann auch sie, mich zu verstehen. Ich musste das einfach tun.

In der Woche darauf nahm ich die Verhandlungen mit meinen Teilhabern wieder auf. Wir diskutierten die verschiedenen Möglichkeiten durch und einigten uns schließlich auf einen fairen Preis für meinen Anteil. Und darauf, dass ich drei Monate später aufhören würde.

Mitte Juli hätte ich also keinen Job mehr. Technisch gesehen hätte ich damit meine selbst gesetzten Kriterien immer noch erfüllt, wenn auch nur haarscharf. Und obwohl ich lange guten Mutes gewesen war und ein schier grenzenloses Selbstvertrauen aufgebracht hatte, musste ich mir eingestehen, dass es keine Garantie auf einen erfolgreichen Abschluss meiner Wette gab.

Die Macht der Möglichkeiten

Wir brauchen Männer, die von Dingen träumen können, die noch nie da waren.

John F. Kennedy

Nun blieben mir nur noch wenige Monate. Die Mitglieder des Golfforums, mit denen ich mich regelmäßig austauschte, unterstützten mich nun mit aller Macht. Viele der Ratschläge, die ich dort erhielt, waren sehr nützlich. Die Neinsager mit ihren düsteren Prophezeiungen hatten sich aus dem Staub gemacht. Was übrig blieb, waren ein paar ausgezeichnete, praxiserprobte Tipps.

Ich hatte somit neben meinen imaginären Golf-Koryphäen auch im wirklichen Leben ein paar Coaches gefunden, die mir zur Seite standen, selbst wenn dies nur auf virtuellem Wege, also per Internet, geschah. Zu diesem erlesenen Team gehörten ein Internetspezialist aus Deutschland, ein Musikproduzent aus Los Angeles und ein Unternehmer aus Dublin. Sie zollten mir Beifall, wenn ich Fortschritte machte, und ermutigten mich, wenn ich in Selbstmitleid verfiel oder aus anderen Gründen mein Eifer erlahmte. Andererseits bremsten sie mich, wenn ich meine Höhenflüge hatte, und bauten mich wieder auf, wenn ich zu viele negative Kommentare zu hören bekommen hatte.

In der Golfergemeinde im Internetforum entbrannte eine heftige Diskussion darüber, wie viel Prozent aller Golfer es überhaupt schaffen könnten, ein Handicap 0 zu entwickeln.

Dieses Mal ging es nicht um mich direkt, aber die Gedanken, die dabei zur Sprache kamen, faszinierten mich, weil sich darin einige der Probleme spiegelten, mit denen ich während der Wette zu kämpfen hatte.

Einige der Tastaturkrieger hatten immer noch Probleme mit meinen Fortschritten. Sie schienen es regelrecht zu genießen, wenn sie mir schreiben konnten, dass ich ja noch Meilen vom Erfolg entfernt sei. »Tut mir leid, Kumpel, aber du hast nicht die geringste Chance. Wenn du jetzt nur soundso viel spielst, solltest du es wirklich aufgeben.« Es gibt eine Reihe eherner Wahrheiten im Golf. Eine davon ist, dass es sehr viel leichter ist, zehn Schläge von einem Handicap 30 runterzukommen als von einem Handicap 10. In gewisser Weise stimmt das auch. Andererseits ist das wieder so ein Mythos, der jeden Golfer davon abhält, Fortschritte zu machen, und ihn auf dem Platz zurückhält.

Und nicht nur im Netz wimmelt es von diesen Binsenweisheiten, auch im Golfclub sind sie Legion. Club-Golfer bilden Cliquen wie die Kids in der Schule. Coole Kids haben ein niedriges Handicap und einen Bomben-Drive. Andere haben zwar keinen starken Drive, gleichen dies aber auf andere Weise aus. Und dann gibt es noch die, die Geld haben und in der Clique geduldet werden, weil sie für die Drinks bezahlen und als Sponsoren für Wettbewerbe fungieren können. Ähnlich wie in der Schule bestimmt das Wort dieser Kids letztlich die allgemeine Meinung. Die meisten wirklich guten Golfer, die ein Handicap von 0, 1 oder 2 haben, haben keine Zeit für diesen Unfug. Daher sind es die Golfer mit einem Handicap von unter 10, die innerhalb der Clique den Ton angeben. Sie sind zwar gute Golfer, neigen aber leider auch dazu, die entsprechenden Mythen zu tradieren. Nur wenige unterziehen sich der Mühsal ausgedehnter Übungseinheiten auf der

Range. Sie spielen ohnehin lieber auf dem Platz, verlassen sich auf ihren trainierten Schwung und ihr allgemeines Wettkampfgeschick, um über die Runden zu kommen.

Auch wenn neue Spieler zur Clique stoßen, übernehmen sie gerne die Meinung dieser Happy Few. So lernen sie von Anfang an, nicht nach den Sternen zu greifen, weil der Topf, in dem sie sitzen, ja schließlich einen Deckel hat. Sie nehmen diesen Deckel hin und strengen sich ein paar Jahre lang an, damit sie in die Clique aufgenommen werden. Letztlich ist es wie in der Schule: Es ist einfacher, sich den anderen anzuschließen, als sein eigenes Ding durchzuziehen.

Mein Freund Mark McMurray, der die Wette mit initiierte, galt in diesen Kreisen als leicht verrückt – wegen seines Verhaltens, aber auch wegen der Ziele, die er sich setzte. Wenn er eine Runde gespielt hatte, verzog er sich nicht ins Clubhaus, sondern legte lieber noch ein paar Übungsminuten auf der Range ein. Dass er sich den Club-Ritualen nicht unterwarf, wurde ihm angekreidet. Bis zu einem gewissen Grad machte ich die gleiche Erfahrung. »Auf der Range wirst du nicht golfen lernen«, war der Lieblingsspruch der Club-Golfer. Und ich bin sicher, dass sie noch einiges mehr zu sagen hatten, sobald ich außer Hörweite war.

Das Internet ist da ein bisschen anders. Dort gibt es keinen Grund, hinter vorgehaltener Hand zu flüstern. Die Diskussionen dort werden recht schnell aggressiv. Schließlich bleibt die Anonymität der Beiträge durch irgendeinen blöden Benutzernamen gewahrt. Da sie mitunter Tausende von Meilen entfernt sind, werden die Internetnutzer manchmal so grob wie Schulhof-Rowdys.

Da mir diese Internetquerelen allmählich auf die Nerven gingen, formulierte ich mein Statement vorsichtig: 80 oder 90 Prozent der Golfer würden es nicht auf Handicap 0 bringen. (Obwohl ich ja der festen Überzeugung bin, dass jeder das kann.) Eine andere arme Seele, die nicht mit den Gepflogenheit der Internetkommunikation vertraut war, äußerte offen und arglos ihre Meinung: Seiner Ansicht nach, schrieb der Mann, könne jeder Golfer sein Handicap auf 0 senken. Es war, als ließe man eine Meute Hunde auf einen Fuchs los. Nachdem es einige wüste Beleidigungen eingesteckt hatte, löschte dieses Mitglied all seine Meldungen aus dem Forum und ward dort nie wieder vernommen.

Diese Treibjagd auf jemanden, der an die Macht der Möglichkeit glaubt, ist hart mit anzusehen. Wie kann man so verbohrt sein, dass man eine andere Meinung einfach nicht akzeptiert? Zur Golfer-Gemeinde gehörte außerdem ein recht hoher Prozentsatz von Untergangspropheten. Es ist bitter zu sehen, wie neue Golfer zurechtgestutzt werden, bis sie das Mittelmaß ihrer Vorgänger zu ihrem eigenen Ziel erklären. Dabei wäre es doch weit besser, man ermutigte sie, ihr Potenzial zu entfalten. Überzeugt zu werden, dass etwas jenseits aller Möglichkeiten liege, noch bevor man überhaupt den Versuch unternommen hat, es zu erreichen, ist eine ungeheure Vergeudung von Talent. Ich jedenfalls würde Golf-Einsteiger ermutigen, nicht der Herde zu folgen. Nehmen Sie das, was die Mehrheit sagt, nicht allzu ernst. Folgen Sie lieber Ihren Träumen.

Manchmal muss man sich nur sagen, dass man etwas tun *kann*. Dazu gibt es eine gute Übung. Wollen Sie besser Golf spielen, dann setzen Sie sich ruhig hin und sagen Sie laut vor sich hin: »Ich kann eine Even-Par-Runde spielen.« Lassen Sie dieses Statement einfach mal so stehen. Denken Sie an nichts Besonderes und achten Sie darauf, was in Ihrem Kopf vorgeht. Dann wird Ihre innere Stimme Ihnen bald sagen, warum das unmöglich ist.

»Du bist viel zu alt, Freundchen.«

»Aber klar doch. Und wie willst du es schaffen, so viel zu üben?«

»Ach, aber diese Schläger sind doch reiner Müll. Niemand kann mit diesen Dingern Par spielen.«

»Aber du hast doch einen total verdrehten Schwung. Einen Schwung wie ein 0-Handicapper kriegst du nie hin.«

»Nein. Du kannst dir die Stunden nicht leisten.«

»So viel Urlaub bekommst du nicht.«

»Dein Mann/deine Frau wird niemals zulassen, dass du so oft auf dem Platz bist. Keine Chance.«

Diese Liste könnte man endlos weiterführen. Solange Ihr Kopf Ihnen scheinbar rationale Gründe aufzählt, weshalb Sie es nicht schaffen können, geht Ihnen wenigstens die Arbeit nicht aus.

Wenn Sie sich über die Qualität Ihrer Schläger Sorgen machen, denken Sie daran, womit Bobby Jones vor nahezu 75 Jahren spielte und was er daraus machte. Vergleichen Sie seine Schläger einmal mit Ihrer angeblich »minderen« Ausstattung.

Wenn Sie das Gefühl haben, nie im Leben so viel üben zu können, dann finden Sie Wege, es doch zu tun. Streichen Sie fünf Stunden wöchentlich vom Fernsehprogramm und verbringen Sie die eine oder andere Mittagspause auf der Driving Range.

Wenn Sie sich die Übungsbälle nicht leisten können, versuchen Sie herauszufinden, wo Sie anderweitig Ihre Kosten senken können. Ein paar Hundert Bälle auf der Range kosten vielleicht nicht viel mehr als ein paar Bier in der Kneipe.

Wie Ihre Negativargumente auch aussehen mögen (und davon haben Sie zu Anfang sicher einige auf Lager), arbeiten Sie sie rational durch. Stellen Sie sich vor, Sie sind ein kluger, älterer Mentor und geben einem Kind Ratschläge. Dazu müssen Sie noch nicht einmal einen imaginären Ballesteros oder Hogan an Ihrer Seite haben. Sie müssen nur auf die *positive* Stimme in Ihrem Innern hören, die eine vernünftige Antwort auf all die Einwände findet. Stellen Sie sie entsprechend infrage und horchen Sie auf die ehrliche Antwort in Ihrem Inneren.

Wenn Sie die ersten Antworten gefunden haben, können Sie noch ein bisschen tiefer graben. Dort liegt dann die Antwort verborgen, weshalb Sie letztlich nicht besser werden *wollen*. Zum Beispiel: Sie wissen, dass Sie eine Even-Par-Runde spielen könnten, wenn Sie aufhörten, mit Ihren Freunden am Mittwochabend einen trinken zu gehen, und dafür mehr übten. Wenn Sie hier nun weiterbohren, kommen vielleicht noch andere Dinge zum Vorschein. Vielleicht haben Sie Bedenken, dass Ihre Freunde Sie nicht mehr akzeptieren würden. Oder dass Sie sie auf dem Platz nicht gerne schlagen würden, weil Ihre Beliebtheit darunter leiden könnte.

Welche Gründe es für Ihr Nicht-Versuchen auch geben mag, die Antwort darauf liegt in Ihnen selbst. Sie brauchen keinen Psychiater, um herauszufinden, weshalb Sie sich selbst Hürden setzen. Sie müssen nur die richtigen Fragen stellen. Wenn Sie am Ende entscheiden, dass ein halbwegs annehmbarer Plan zur Verbesserung Ihrer Leistungen nicht das ist, was Sie wollen, dann ist das auch in Ordnung. Auf diesem Weg müssen Opfer gebracht werden, und das liegt nicht jedem. Sie sollten nur aufpassen, dass Ihr Verzicht nicht von der negativen Meinung der anderen beeinflusst ist. Stellen Sie sicher, dass es wirklich Ihre Entscheidung ist, die Sie am Ende einer langen Debatte mit sich selbst getroffen haben. Und oktroyieren Sie sie nicht anderen Golfern auf.

Leider nehmen die meisten Menschen sich nicht genug Zeit für diese kleine Übung. Sie wollen den Schleier des Geheimnisses gar nicht lüften und ein Gespräch von Mann zu Mann (oder von Frau zu Frau) mit sich selbst führen. Das ist schade, denn diese Methode eignet sich nicht nur für Golfer. Auf diese Weise können Sie herausfinden, weshalb Sie keine Beförderung anstreben, keinen neuen Job suchen, keine neue Sprache lernen, kein Geschäft gründen oder irgendetwas anderes tun wollen, was Ihnen am Herzen liegt. Auf diese Weise finden Sie heraus, was Sie eigentlich zurückhält. Ein sehr nützliches Instrument, glauben Sie mir.

Der Golferthermostat

Nicht der Kritiker zählt, sondern der, der tatsächlich in der Arena steht.

Theodore Roosevelt

Zu diesem Zeitpunkt meiner Wette gelangte ich zu der Überzeugung, dass jeder Golfer eine Art »Handicap-Thermostat« besitzt. Ein Thermostat, der nicht etwa auf seine aktuellen Fähigkeiten eingestellt ist, sondern auf zwei andere Werte: sein letztes Handicap und das Handicap der Golfer, mit denen er spielt.

Ein einfacher Test soll Ihnen verständlich machen, was ich damit meine: Zählen Sie Ihr Handicap für die letzten fünf Jahre zusammen und teilen Sie es durch fünf. Dann addieren Sie das aktuelle Handicap der fünf Golfer, mit denen Sie am häufigsten spielen, und teilen diese Zahl durch fünf. Die beiden erhaltenen Zahlen zählen Sie nun zusammen und teilen Sie durch zwei. Die Zahl, die dabei herauskommt, reicht in den meisten Fällen bis auf zwei Schläge an Ihr gegenwärtiges Handicap heran.

Das Handicap eines Golfers wird also hauptsächlich von seiner Leistung in der Vergangenheit und dem Leistungsstand seiner Mit-Golfer bestimmt. Schon aus diesem Grund ist es für den gewöhnlichen Club-Golfer schwierig, den großen Sprung zum Handicap unter 10 zu wagen, wenn er beispielsweise aktuell ein Handicap von 14 hat. Das würde doch das mühsam errungene Gleichgewicht stören, nicht wahr?

Fragen Sie sich also selbst: Will ich immer auf demselben Niveau bleiben? Die meisten Golfer antworten auf diese Frage, dass sie sich eigentlich verbessern möchten. Und doch unternehmen sie so gut wie nie etwas dafür. Der Wunsch bleibt Wunsch und wird nicht zur konkreten Absicht. Wenn Sie wirklich besser werden wollen, dann werden Sie aktiv nach Möglichkeiten suchen, dieses Ziel zu erreichen.

Lassen Sie sich das einmal durch den Kopf gehen. Wie fühlt es sich an? Was sagt Ihre innere Stimme? Stellen wir uns einmal vor, Sie hätten aktuell ein Durchschnitts-Handicap von 17. Nun ändern wir diese Vorstellung ab: Wie fühlt es sich an, ein Handicap von 5 zu haben? Anfangs haben Sie vielleicht ein wunderbares Gefühl dabei. Sie würden all Ihre Freunde schlagen und endlich nicht mehr so viele Bälle verlieren. Ihr Schwung würde gut aussehen, und zwar nicht nur einmal, sondern ganz verlässlich immer wieder. Jetzt lassen Sie all das auf sich wirken und graben ein wenig tiefer. Vermutlich wird man Sie bitten, auf einigen Club-Events zu spielen. Sie würden enorm unter Druck stehen. Schließlich müssten Sie sich mit exzellenten Golfern vergleichen, die Sie nicht kennen, vielleicht auch nicht besonders mögen würden. Sie müssten regelmäßig auf der Driving Range üben, statt auf dem Golfplatz herumzuhängen. Wäre das wirklich so schön? Sie müssten einige Ihrer Vierer streichen und stattdessen mit den großen Jungs spielen. Wenn Ihnen etwas an diesem Szenario zutiefst missfällt, dann sollten Sie sich damit auseinandersetzen.

Vielleicht hilft es ja, wenn Sie Ihre Erwartungen herunterschrauben. Erhöhen Sie Ihr Fantasie-Handicap auf 10. Wie ist das für Sie? Womöglich geht es Ihnen damit besser. Sie wären immer noch der Beste in Ihrer Gruppe, aber Sie wären nicht so weit weg von Ihren Kumpels. Wenn Ihnen die 10 auch noch zu viel beziehungsweise zu wenig ist, versuchen Sie es mit der 12. Wie geht es Ihnen mit einem Handicap von 12? Wenn die 12 sich für Sie gut anfühlt, dann sollten Sie Ihren Wunsch zur Absicht reifen lassen. Machen Sie ein klar definiertes Ziel mit einem zeitlichen Limit daraus. Und natürlich brauchen Sie einen Plan. Es wird nicht ganz einfach, aber mit einigen Trainerstunden und Konzentration aufs kurze Spiel ist ein Handicap 12 innerhalb eines begrenzten Zeitrahmens für die meisten Golfer machbar. Außerdem kann jeder Golfer diese Technik nutzen, um seinen gegenwärtigen Leistungsstand zu verbessern. Es geht letztlich nur darum, mit wem wir uns vergleichen und was wir tatsächlich *tun* wollen, statt es uns nur zu *wünschen*.

Sogar Golfprofis schrauben ihre Ziele manchmal herunter, wenn ein scheinbar unüberwindlicher Gegner auftaucht. Sehen Sie sich nur einmal an, was passierte, als Tiger Woods die Golfszene betrat. Viele der besten Golfer gaben unumwunden zu, dass es, wenn Tiger bei einem Turnier mitspielte, am besten sei, gleich den zweiten Platz anzuvisieren. Sie hatten den Turniersieg also aufgegeben, noch bevor das Turnier überhaupt angefangen hatte.

Im Jahr meiner Wette saß Tigers Krone nicht mehr ganz so fest. Er arbeitete gerade intensiv an seinem Schwung und hatte geraume Zeit kein großes Turnier mehr gewonnen. Im Internet verkündeten die üblichen gesichtslosen Weltuntergangspropheten, dass Tiger Woods fertig sei. Das alles erinnerte mich an etwas, das Theodore Roosevelt einmal sagte:

> Nicht der Kritiker zählt, nicht der, der mit dem Finger drauf zeigt, wenn ein Mann ins Straucheln gerät oder wo er, der etwas getan hat, es hätte besser machen können. Wer zählt, das ist der Mann in der Arena, dessen

> Gesicht von Staub, Schweiß und Blut gezeichnet ist, der Mann, der den Kampf wagt. Der irrt und fehlgeht, immer und immer wieder. Denn kein Ziel wird ohne Irrtum erreicht, ohne einen einzigen Fehler. Wer zählt, das ist der Mann, der sich bemüht, der Begeisterung kennt und Hingabe, der sich für eine Sache aufreibt, die es wert ist. Der Mann, der am Ende den Lohn für seine Leistung erhält, wenn er siegt, wenn er aber fehlgeht, dann weil er etwas gewagt hat. Er wird nie in den Reihen jener lauen, ängstlichen Seelen zu finden sein, die weder Sieg noch Niederlage kennen.

Ich konnte mir Tiger Woods vorstellen, wie er all seinen Kritikern zulächelte, um sich dann ruhig wieder seinem Golftraining zuzuwenden. Ich druckte mir das Roosevelt-Zitat aus und hängte es an die Magnettafel über meinem Schreibtisch. Dort hängt es heute noch, denn es ist eines der inspirierendsten Zitate, das ich je gefunden habe.

Langsam faszinierte mich die Psychologie des inneren Fortschritts immer mehr. Ich befand mich in einer komfortablen Lage: Ich konnte die Golfwelt beobachten, ohne mit ihren Standardprozeduren zur Optimierung des Spiels konfrontiert zu sein. Als ich mich eines Tages mit einem Freund über die Wette unterhielt, überlegten wir, wo ich heute wohl stehen würde, wenn ich das Golfspielen zwischendrin nicht aufgegeben hätte. Wir kamen zu dem Schluss, dass mein Handicap heute vermutlich bei 13 liegen würde. Ich würde vermutlich auf derselben Stufe stehen wie einige meiner Freunde, die regelmäßig Golf spielten. Und vermutlich würde ich dieselbe Haltung zur Verbesserung meines Spiels an den Tag legen wie 90 Prozent der Golfer auf diesem Niveau. Ich würde in der Bar sitzen und über mein Putten lästern, allen erzählen, dass es sinnlos sei, Trainerstunden zu nehmen, und dass Golf ein wirklich schweres Spiel sei. Ich würde aufmerksam meinem Freund lauschen, einem 12-Handicapper, der mir ein paar gute Ratschläge zu meinem Schwung geben würde, weil er an jenem Morgen beim Frühstück gerade einen Artikel darüber gelesen hätte. Dann würde ich noch eine Runde ausgeben und wieder eine Stunde verschwenden. Nie im Leben würde ich auf die Idee kommen, stattdessen Geld und Zeit in eine halbstündige Trainerlektion zu investieren.

Da ich das Spiel nur unter dem Blickwinkel meiner Wette betrachtete, dachte ich völlig anders. Meine Haltung, was das Erreichen meiner Ziele anging, wurzelte in meiner Erfahrung als Unternehmer. Und in den enormen Fortschritten, die andere Golfer – wie Mark McMurray – in der Vergangenheit erzielt hatten. Das hieß nun nicht, dass ich keine der üblichen Golfer-Attitüden hatte, doch das Ziel, das ich mir im Rahmen meiner Wette gesteckt hatte, gab mir eine andere Perspektive, die sich als ausgesprochen nützlich erwies.

Allerdings wollte ich mehr über meinen inneren Antrieb erfahren. Ich wollte wissen, welche Knöpfe ich drücken musste, damit ich meine Wette erfolgreich abschließen konnte. Ich hatte immer noch Phasen, in denen ich wie ein Verrückter auf der Driving Range übte und mein Auto vor Debbies wachsamem Blick verbergen musste. Aber dann gab es wieder Zeiten, wo mich das alles nicht mehr aus der Ruhe brachte.

Das Timing meiner Wette erwies sich einmal mehr als problematisch. Da uns die hektischen Frühlings- und Frühsommerwochen erwarteten, wurde im Gartencenter jede Hand gebraucht. Auf diesen Ansturm bereiteten wir uns für gewöhnlich im März vor. In diesem Monat gab es also besonders viel zu tun. Was mit dem zeitlichen Rahmen, den ich mir für die Wette gesteckt hatte, kollidierte. Gerade zu der Zeit, als ich am meisten für die Wette hätte üben müssen, musste ich im Gartencenter mehr hinlangen als je zuvor.

Im April, Mai und Juni gab es eine Urlaubssperre, die auch für die Geschäftsführer galt. Ich wollte diese Regelung ohnehin schon umgehen, um mir im Mai eine Woche freizunehmen, ich konnte nicht noch mehr Zeit auf dem Golfplatz verbringen.

Meine Geschäftspartner waren sehr tolerant, was meine Wette anging, aber da war ja schließlich noch die Arbeit, die auf mich wartete. Meine ständige Abwesenheit sorgte für Probleme, was die Besetzung in den Gartencentern anging, und für einen Außenseiter war Golf ja etwas völlig Überflüssiges. Ich kann es ihnen nicht verdenken, wenn ihnen die Wette langsam über war. Ich weiß, dass ich mein Glück regelrecht herausforderte, aber mein Traum, meine Obsession ließen nichts anderes zu.

Dummerweise war auch das Wetter wieder schlechter geworden, sodass sich meine Arthritis erneut meldete. Ich kaufte mir eine Infrarotlampe und behandelte mich selbst mit Glucosamin und Lebertran. Außerdem trug ich ein Kupferarmband von Sabona wie Seve. Wenn ich das Armband ansah, war ich dem großen Mann in meinen Tagträumen ein wenig näher. Ich lag jeden Abend auf dem Sofa, bestrahlte mein Hüft- und Handgelenk und stellte mir vor, wie ich den Platz spielte.

So ganz hatte ich den dunklen Teich der Selbstzweifel noch nicht hinter mir gelassen. Die Arbeit und unsere sozialen Verpflichtungen verhinderten, dass ich auf dem Platz sein konnte. Dabei war dies das Stadium, in dem ich der Wette den Großteil meiner Zeit hätte widmen sollen.

Ich brauchte Motivation, um noch ein bisschen zuzulegen. Ich musste einfach wissen, was mich in die Gänge brachte.

Letztlich gibt es nur zwei Arten von Motivation: der Stock, dem man ausweicht, und die Karotte, der man hinterherrennt. In der Psychologie heißen diese beiden »Schmerz« und »Lust«, also Zuckerbrot und Peitsche.

Lust hieß für mich in dieser Situation: Ich stand am 18. Loch und versenkte gerade den Ball zur 71, zur Even-Par-Runde. Ich würde tiefe Befriedigung empfinden und die Glückwünsche meiner Familie und meiner Freunde entgegennehmen. Lust wäre es, dazustehen wie Rocky, der gerade seinen Kampf gegen Apollo Creed gewonnen hatte – blutüberströmt, aber siegreich. Von Seve und seinen Brüdern umarmt zu werden, so wie es ihm geschehen war, als er 1971 seine erste Open Championship gewonnen hatte. Ich träumte von einem respektvollen Händeschütteln und einem »Gut gespielt, Mann« von Sam Torrance. Von ein paar Guinness mit Darren Clarke und einem anerkennenden Schulterklopfen seinerseits.

Die andere Seite war der Schmerz, der Schmerz, von dem man sich möglichst fernzuhalten versucht. Ich hatte immer das Gefühl gehabt, dass ein erfolgreicher Abschluss dieser Wette mein Leben verändern würde. Ich würde mich neu erfinden können. Den ersten Schritt hatte ich bereits getan – ich würde den geordneten Rückzug aus dem Gartencenter-Geschäft antreten. Mein neues Leben würde im Juli beginnen. Allein der Gedanke daran, dass all dies schiefgehen könnte, dass ich versagen und zum Gespött der Nein-Sager werden könnte, reichte aus, um mich in Regennächten auf die Range zu treiben, wo ich stundenlang übte. Und dies war ein stärkerer Motivationsschub, als mir das Händeschütteln und Schulterklopfen je sein konnten.

Ich beschloss also, den Stock ebenso häufig anzuwenden wie die Karotte. Wenn Sie sich im Golf nur darauf konzentrieren, die Schamgefühle zu vermeiden, die Ihr schrecklicher Slice Ihnen beschert hat, werden Sie es auch nie weiter bringen als bis zu diesem Punkt. Haben Sie hingegen einen Plan gemacht, um sich zu steigern, und haben Sie aus Ihrem Wunsch ein klares Ziel werden lassen, dann können Sie diese beiden wesentlichen Antriebskräfte für Ihren Fortschritt nutzen. Natürlich brauchen Sie nicht jeden Tag die gleiche Medizin. Es kommt immer darauf an, wie Sie drauf sind. Aber immerhin stehen Ihnen damit verschiedene Möglichkeiten zur Verfügung, wie Sie sich aus dem Sofa und der Bar hinaus auf den Platz oder die Range katapultieren können. Gehen Sie einfach im Geist ein paar Möglichkeiten durch, die Ihnen schon in der Vergangenheit geholfen haben, eine gute Motivation aufzubauen.

Und es gibt immer etwas, das Sie tun können, auch wenn Sie angeblich keine Zeit für Übungsstunden haben. Da ich ständig Probleme mit dem Handgelenk hatte, wurde ich ein ausgezeichneter Ein-Hand-Golfer. Ich übte den Schwung und mein Gefühl dafür. Und da der Körper sich nur wenig bewegt, wenn man den Ball mit einer Hand spielt, kurierte mich diese Übung gleichzeitig von meinem »Elvis-Schwung«. Ich konnte auch pitchen, chippen und putten, ohne das entzündete Handgelenk allzu sehr zu belasten.

Der April schritt fort, und mittlerweile war es egal, ob ich mich mit Stock oder Karotte motivierte, mit Schulterklopfen und Guinness oder dem brennenden Wunsch, es allen Zweiflern zu zeigen. Ich musste nun endlich in die Gänge kommen. In diesem Moment hätte ich einfach alles getan, um Erfolg zu haben.

Ritter in schimmernder Rüstung

Wer am Tag träumt, weiß viele Dinge, die dem verborgen bleiben, der seinen Träumen nur nachts die Tür öffnet.

Edgar Allan Poe

Gegen Ende zu lief alles bestens. Das Wetter besserte sich. Ich spielte wieder gut und konzentrierte mich auf alle Elemente meines Spiels gleichermaßen. Ich hatte mein Putting optimiert und würde bald eine ganze Woche frei haben. Ich wusste, dass ich mit besseren Golfern spielen sollte, damit ich herausfand, wo ich noch Schwächen hatte, doch ich kannte nur wenige Spieler mit einem Handicap unter 10.

Gegen Ende März wünschte ich mir ein bisschen Inspiration und ein paar Last-Minute-Tipps, daher griff ich zum Telefon und rief Mark McMurray an. Ich wusste, dass er in letzter Zeit nicht viel gespielt hatte, weil er ebenfalls unter Arthritis im Hüftgelenk litt. Trotzdem fragte ich ihn, ob er nicht ein paar Löcher mit mir spielen würde. Ich brauchte einfach jemanden auf seinem Niveau, der mir sagen konnte, was ich falsch machte und worauf ich achten sollte.

Mark stimmte trotz seiner Arthritis zu. Und so machten wir uns eines Abends im April auf, begleitet von Stuart. Diese Partie war sehr inspirierend und öffnete mir in mehrfacher Hinsicht die Augen.

Mein Spiel war ganz in Ordnung. Ich konnte mit Mark Schritt halten, manchmal überholte ich ihn sogar beim Driven, und trotzdem gingen wir das Spiel sehr unterschiedlich an. Sogar wenn mein Drive so gut war wie seiner, schien er am Ende, wenn wir unsere Einträge auf der Scorekarte machten, immer einen Schlag weniger gebraucht zu haben als ich.

Das schien vor allem an seinem Umgang mit dem Wedge zu liegen. Ich hatte geglaubt, mein Wedge-Spiel sei richtig gut geworden, aber von Mark trennten mich Welten. Es war eine dieser Runden, bei denen ich schon bald frustriert war, weil ich – wie Stuart es ausdrückte – nicht zeigen konnte, »wozu ich fähig war«. Ich schloss mit einer 80 ab, meine spielerischen Leistungen aber waren recht schwankend. Ich glaubte zwar nicht, dass meine Vorstellung an diesem Tag Mark davon überzeugte, ich könnte diese Wette gewinnen, doch er wusste genau, wie es mir ging. Er meinte, er erinnere sich genau an dieses Gefühl. Die Frustration zu wissen, dass man ein gutes Spiel machen konnte, diese Fähigkeit aber ausgerechnet vor jenen Leuten, denen man seine Fortschritte vorführen wollte, nicht abzurufen vermochte. Dieses Gefühl hatte ich in den letzten Monaten immer wieder verspürt und es sollte mir in unmittelbarer Zukunft noch mehr Probleme bereiten.

Mark riet mir, mich auf mein kurzes Spiel zu konzentrieren. Also arbeitete ich einmal mehr daran. Mark hatte viele dieser kleinen Pitches geschlagen, bei denen der Ball kurz fliegt und dann nicht mehr weiterrollt – wie die Profis im Fernsehen. Diese Ballkontrolle wollte ich mir unbedingt aneignen und damit eine Lücke in meinem Spiel schließen. Ich war fest entschlossen, alles in meiner Macht Stehende zu tun, damit mir dies gelang.

Mark hatte außerdem ein paar Dinge an meinem Schwung mit dem Driver bemerkt, die ihn auf die Idee gebracht hatten, ich hätte vielleicht den falschen Schläger. Ein paar Tage später rief er mich an und meinte, er habe den richtigen Schläger für mich gefunden. Es war ein R510 TP mit einem extrasteifen Fujikura-Six-Schaft. Das war eine Menge Jargon für einen Tourschläger, der etwa 400 Pfund kostete. Mir war der Schaft fast zu steif, aber Mark meinte, ich solle es einfach einmal versuchen, er garantiere mir, dass ich meine Drives dann noch gerader schlagen würde. Und er hatte recht. Ich verlor ein wenig an Distanz, traf dafür aber exakter. Mark nahm für den Schläger keinen Pfennig, und ich war tief berührt von seiner freundschaftlichen Geste.

Es überraschte mich immer wieder, wie viele Leute einem zu Hilfe kommen, wenn sie sehen, dass man sie braucht. Ich bekam während dieses Jahres enorm viel Unterstützung von allen Seiten. Anders hätte ich diese Fortschritte gar nicht machen können.

Eines Nachts, als ich im Internet herumsurfte und Artikel über Golf suchte, stolperte ich über die Webseite von Dr. Carey Mumford. Ein Mitglied meines Internetforums hatte mir ihn schon einmal empfohlen, aber damals waren mir Careys Ansichten über die mentale Seite des Golf zu kompliziert gewesen. Ehrlich gesagt war einiges, was er da so schrieb, für meinen kleinen, irischen Dickschädel einfach zu hoch.

Ich schickte ihm eine E-Mail, und tatsächlich fand er meine Wette aufregend und wollte gerne helfen. Carey mag Menschen, die nicht nur reden, sondern handeln. Er fand es beeindruckend, wie ich meine Herausforderung einfach angepackt hatte.

Natürlich werde ich seiner Methode nicht ganz gerecht, wenn ich sie hier entsprechend vereinfache, doch letztlich geht es darum, dass der Golfer sich eine Art »Löschtaste« schafft, einen Satz, den er während seines Schwungs wiederholt, um den Kopf freizubekommen. Im Grunde ähnelte dies Gallweys Ansatz in *Inner Game Golf: Die Idee vom Selbst-*

coaching, doch Carey beschrieb den Prozess viel detaillierter und sein System war leichter umzusetzen. Das kam mir vor wie das Ankern, das ich bereits zum Teil meiner Pre-Shot-Routine gemacht hatte.

Careys System funktioniert so: Sie gehen Ihre Pre-Shot-Routine durch und wenn Sie über dem Ball stehen, wiederholen Sie einen Satz, der mit Golf überhaupt nichts zu tun hat. Während Sie den Satz sagen, starten Sie den Schwung. Wenn Sie diesen Satz mit der nötigen Überzeugung äußern, ist Ihr Kopf beschäftigt und hat keine Zeit für Gedanken, die Ihren Schwung ruinieren könnten. Natürlich gibt es Menschen, die die Kraft solcher Affirmationen zur Verbesserung ihres Schwungs nutzen wollen, indem Sie zum Beispiel wiederholen: »Schöner Schwung.« Carey allerdings meint, dass dies nicht viel hilft. Der Satz, der in diesem Moment geäußert werde, dürfe nichts mit Golf zu tun haben.

Ich experimentierte mit einer Reihe von Sätzen herum, bevor ich einen fand, der funktionierte. Manche Sätze haben eine Art logische Pause in der Mitte, in der sich dann leicht wieder ein Gedanke über den Schwung einschleichen und den ganzen Prozess unterminieren kann. Meine erste Wahl zum Beispiel war: »Ayrton Senna war der Größte.« Doch dabei schlich sich eine Pause nach Senna ein. Das war genau der Punkt, an dem mein Schläger den Ball traf. Daher versuchte ich es mit: »358 Millionen«. Darin fand sich keine Pause. Und dass es eine Zahl war, also etwas Abstraktes, half mir darüber hinaus, meinen Geist von allen Gedanken an den Schwung zu befreien.

Danach sah meine Pre-Shot-Routine so aus:

- Steh hinter dem Ball und lass den Visualisierungsprozess anlaufen.

- Überschreite die »Linie der Verpflichtung«, richte den Schläger aufs Ziel aus und sag vor dich hin: »Unglaublich.« Spür die Euphorie des Schlags und lächle.
- Zwei einleitende Schwünge, bei denen ich auf einen guten Durchschwung achte. Dann still über dem Ball stehen und wieder mehrmals »Unglaublich« murmeln. Visualisierung des perfekten Schwungs oder Schlags.
- Dann die Löschtaste: »358 Millionen« – und ab mit dem Ball.

Dieser Ablauf half mir wirklich sehr. Auf jeden Fall konnte ich so auch an einem schwierigen Loch über dem Ball stehen, ohne mir endlos Sorgen darüber zu machen, wo er landen würde.

Carey hatte zudem eine Übungsmethode entwickelt, die er den 32-Bälle-Drill nannte. Für mich war das ein absoluter Durchbruch, der meine Übungsstunden veränderte. Bei dieser Methode legen Sie 32 Bälle in Vierergruppen aus. Sie schlagen die ersten vier mit der vollen Pre-Shot-Routine und denken an das, was Sie an Ihrem Schwung gerade verfeinern wollen. Während dieser Phase wird die Löschtaste nicht eingesetzt. Wenn Sie zum Beispiel daran arbeiten, dass Sie die Hände während des Rückschwungs schön hoch halten wollen, dann denken Sie daran, während Sie die ersten vier Bälle spielen. Danach schlagen Sie vier Bälle mit Löschtaste. Sie wiederholen den Satz, den Sie sich ausgesucht haben, während Sie den Ball schlagen, damit Sie nicht an die Dynamik Ihres Schwungs denken. Dies wiederholen Sie abwechselnd bei den restlichen Bällen. Sie schlagen vier, während Sie an Ihren Schwung denken, und weitere vier, während Sie die Löschtaste betätigen. Carey nennt das: Vier Bälle »mit Gangschaltung« spielen und vier Bälle »mit Automatik«. Die »Automatik« ist quasi die Löschtaste.

Diese Übungsmethode hilft Ihnen auf dem Platz enorm. Wenn Sie nach 32 Bällen keine Verbesserung bemerken, schlagen Sie noch einmal 32. Mit diesem Ablauf gelang es mir, meine Übungseinheiten besser zu strukturieren und die Zahl der von mir jede Woche geschlagenen Bälle auf die Hälfte zu reduzieren.

Dass Mark und Carey mich ermutigten, spornte mich weiter an. Ich hatte nur noch sieben Wochen, bis meine selbst gesetzte Frist ablief, und so spielte ich am Abend öfter eine volle Runde. Eines Abends gelang mir mit Stuart eine 75, und das blieb nicht der einzige Score in diesem Bereich. Scheinbar war ich wieder zurück in der Spur. Erneut packte mich die Zuversicht. Es schien nur eine Frage der Zeit zu sein, bis ich meine vollkommene Runde spielen würde. Leider war mir etwas entgangen. Genauer gesagt hatte ich einfach nicht drauf geachtet. Denn in mein Spiel schlichen sich allmählich ein paar recht seltsame Eigenheiten ein.

So spielte ich beispielsweise die ersten sechs Löcher immer Par oder sogar bis zu zwei Schläge darunter. Am siebten Loch, einem Par-3 von 150 Metern, holte mich dann die mentale Blockade ein. Ich stand am Tee und fürchtete mich vor der Ausgrenze links, was mich regelrecht lähmte. Da ich ohnehin zum Slicen neigte, hätte ich mir darüber eigentlich keine Sorgen zu machen brauchen. Doch da war ich nun und schlug Bälle nach links ins Out-of-Bounds. Wenn ich das Loch einigermaßen unbeschadet hinter mir ließ, stand ich meist auf Par. Dann aber begann der Stress erst richtig. Die letzten neun Löcher versemmelte ich für gewöhnlich. Wenigstens von Zeit zu Zeit. Dann entwickelte sich das, was eigentlich eine hervorragende Runde hätte werden können, zur Katastrophe.

Das Wort, das ich nun benutzen werde, gehört eigentlich in die Kategorie »Psycho-Gebrabbel«. Außerdem mag ich die

Idee an sich nicht. Und doch schien dies ein klassischer Fall von Selbstsabotage zu sein. Ich war meinem Ziel so nahe, dass der Druck mit jedem Spiel auf dem Platz wuchs. Schließlich hätte dies mein großer Tag sein können. Das Gefühl ließ nach, wenn ich einen richtig schlechten Schlag ausführte, der mich in eine Zone jenseits von Gut und Böse katapultierte. Dies war in meinen Augen der Fall, wenn ich zwei oder drei über Par spielte. Ich glaubte, ich würde meine Even-Par-Runde mit einer Abfolge von Pars spielen und ohne Double-Bogey. Wenn ich dann ein paar Schläge über Par lag, hatte ich nicht mehr das Gefühl, meine Runde durch ein paar Birdies retten zu können, obwohl ich in dieser Phase eigentlich jedes Loch mit einem Birdie beendete. Das bedeutete, dass ich aufgab, sobald ich bei einer Runde zwei oder mehr über Par lag. Ich wusste, dass ich noch fast zwei Monate vor mir hatte. Doch statt die Herausforderung schon früher zu meistern, wurde die Sache erneut schwierig. Vielleicht versuchte ich ja, bewusst oder unbewusst, das Ganze spannend zu halten.

Allerdings wurden diese kleinen Flops immer zahlreicher, sodass mein Score wieder auf über 80 kletterte. Ich übte mehr und genauso hart oder noch härter als je zuvor, und mein kurzes Spiel profitierte davon enorm. Doch mein Scorewert wurde zunehmend schlechter. Bei Debbie war sozusagen Hochsaison, und ich wollte sie nicht stören. Außerdem war ich davon überzeugt, dass meine Probleme nur mentaler Natur waren. Die Uhr schien lauter und lauter zu ticken. Natürlich hatte ich noch die freie Woche vor mir, doch das Pendel schwang zur falschen Zeit in die falsche Richtung.

Dabei gelangen mir ein paar geradezu erstaunliche Schwünge, wenn ich übte. Das beste Golf spielte ich, wenn ich abends allein auf dem Platz war. Üblicherweise arbeitete ich dann an meinem Schwung und zählte meinen Scorewert nicht mit.

Doch sogar diese Idylle machte sich allmählich durchs Hintertürchen davon. So spielte ich beispielsweise mit Stuart eine 75 und verlor am nächsten Abend an neun Löchern fünf Bälle, als ich allein spielte.

Und wie das bei Iren so der Fall ist, machte mir auch der Alkohol Sorgen. Damals musste ich auf viele Partys und hatte zu meinem Pech am nächsten Tag jeweils eine Runde Golf zu spielen. Logisch wäre es gewesen, zu Lesley zu sagen: »Mach dir keine Sorgen, Liebling, ich werde fahren.« Und nichts anderes zu trinken als Coca-Cola. Logik ist allerdings nicht gerade meine Stärke. Und so ließ ich mich, wie man hier so sagt, bei jeder sich bietenden Gelegenheit erwischen. Fast all meine Freunde wussten von der Wette, daher wurde ich auf jeder Party mit Fragen nach meinem Fortschritt bombardiert. Da dieser im Moment nicht erwähnenswert war, fiel es mir leichter, ein freches Grinsen aufzusetzen, wenn ich ein paar Drinks intus hatte.

Die Runden, die ich danach spielte, waren katastrophal. Vermutlich auch ein Teil des ominösen Selbstsabotage-Prozesses. Natürlich hatte ich auch dafür eine gute Ausrede: Ich hatte ja schließlich einen Kater. Unser Verstand ist ein geheimnisvolles Tier und trickst uns bei jeder Gelegenheit aus.

Wieder einmal half mir meine Mastermind-Gruppe aus dem Dilemma. Chris, ein Alkoholiker, der seit elf Jahren trocken war, hatte die Erfahrung gemacht, dass seine Erkrankung ihm mindestens zehn Jahre seines Lebens geraubt hatte. Seit er angefangen hatte, sich davon zu lösen, arbeitete er bei der örtlichen Gruppe der Anonymen Alkoholiker mit. Er half Alkoholikern, die das Trinken aufgeben wollten, daher kannte er wohl jede Ausrede, die Sie hier im Buch schon gelesen haben. Dass er hart mit mir war, wäre eine völlige Untertreibung gewesen. Bei einem Telefongespräch sagte er zu mir, wenn Alkohol für mich ein Problem sei, dann sollte ich die Anonymen Alkoholiker konsultieren.

In mir machte es: »Iiiiiiiiii!« Nach außen hin aber antwortete ich mit aller mir möglichen Gelassenheit. »Verdammt noch mal, Chris. Ich kapier schon, was du mir sagen willst, aber so schlimm steht es nun wirklich nicht. Ich hatte nur ein paar Drinks zu viel, das freilich öfter. Das hilft bei der Stressbewältigung.«

»Und hat dir deine Form der Stressbewältigung Probleme bereitet, was das Golfen angeht?«

»Je nu, ja«, sprudelte ich hervor, ein wenig indigniert. »Aber ich bin ganz sicher kein Alkoholiker.«

»Wenn der Alkohol dir Probleme beim Golf oder in anderen Lebensbereichen macht, dann hast du ein Alkoholproblem.«

»Okay«, stieß ich hervor, unangenehm berührt von dem, was er sagte. »Ich verstehe, was du mir vermitteln willst, aber du hast ja keine Ahnung, wie das hier zugeht. Man trinkt einfach gerne einen, und das vielleicht öfter als in anderen Teilen der Welt.«

»John, ich bin in Boston aufgewachsen und lebe in Los Angeles. Ich weiß alles über Kulturen, die Alkohol als sozialen Leim benutzen.«

»Na gut, vermutlich kennst du das alles.« Ihm war schwer beizukommen.

»Sieh mal, ich möchte einfach, dass du verstehst, was der Alkohol dir antut. Er macht depressiv, daher verringert er deine Fähigkeit, mit Druck und Stress zurechtzukommen. Das hast du ja schon eindeutig bewiesen. Hör auf zu trinken, bis die Wette vorüber ist. Wenn diese Sache dir wirklich wichtig ist, dann musst du das so handhaben.«

Dieses Gespräch schockierte mich. Denn jenseits aller Klischees ist das Trinken in Irland Teil der allgemeinen sozialen

Kultur. Wir akzeptieren einfach, wenn jemand viel trinkt. Doch Chris legte den Finger genau auf die wunde Stelle, als er mir vor Augen führte, welchen Effekt das Trinken auf meine Performance auf dem Platz hatte. Er hatte recht, und deshalb hörte ich auch auf ihn.

Ich hatte (und habe) kein Alkoholproblem, mit dem ich zu den Anonymen Alkoholikern gehen müsste. Trotzdem wurde mir zum ersten Mal bewusst, dass Alkohol in Irland einfach zum Sozialleben gehört und dass sich dies in Zeiten, in denen wir starkem Stress ausgesetzt sind, als wenig hilfreich erweist. Wäre es nicht ein geradezu klassisches, wenn auch deprimierendes Klischee gewesen, hätte ich die Wette verloren, weil ich meine Sorgen in Alkohol ertränkte? Es tat mir weh, wenn ich mir vorstellte, was die Leute über mich sagen mochten: »Nun ja, er ist halt Ire!« Doch nachdem mir dies klar geworden war, nahm ich Chris' Rat an und nahm mir vor, nicht mehr zu trinken, bis die Wette vorüber sein würde.

Ich buchte eine Trainerstunde mit Debbie und erzählte ihr alles, was ich in der Zwischenzeit an Erfreulichem und Frustrierendem erlebt hatte. Außerdem sagte ich ihr, ich fände meinen Schwung ziemlich gut, wahrscheinlich seien meine Probleme nur mentaler Natur. Doch Debbie widersprach mir. Ich hatte viel alleine gearbeitet. Seit der letzten Stunde war enorm viel Zeit vergangen, und so hatten sich erneut Probleme in meinen Schwung eingeschlichen. Ich war in den klassischen Slice-Schwungpfad zurückgefallen, mit einer wunderbaren Schleife beim Aufschwung. Auch meine Haltung hatte nachgelassen, ich stand zu weit über dem Ball. Und ich drehte mich in Schulter und Hüfte viel zu wenig. Eigentlich ganz grundlegende Dinge, aber es würde enorm viel Arbeit kosten, dies wieder auszubügeln. Ich wandte ein, dass es vielleicht nicht gut war, jetzt noch an den Grundlagen zu arbeiten, solange ich einen einigermaßen guten Score erreichte, doch sie bestand darauf: Die Fehler waren zu fundamental, um sie außen vor zu lassen.

Wieder einmal kehrte ich zu Hogans *Der Golfschwung* zurück und holte die über 100 Videos über den Golfschwung hervor, die ich im Laufe des Jahres angesammelt hatte. Ich wollte erst einmal klären, wo mein Problem genau lag. Die Haltung war leicht zu ändern. Ich musste mich einfach nur aufrechter hinstellen. Ich übte immer wieder zu Hause vor dem Spiegel und nutzte auch den Spiegel in den einzelnen Boxen der Driving Range, um dieses Problem zu korrigieren.

Den Schwungpfad hinzukriegen, war schon kniffliger. Der Fehler kommt recht häufig vor. Viele Golfer machen ihn. Wenn man an einem geschäftigen Abend über die Driving Range schlendert, stellt man fest, dass fast 80 Prozent der Golfer mit Schleifen schlagen und ihre Schwünge von innen nach außen ziehen.

Ich hatte im Internet einen Trick gefunden, der diesen Fehler beheben sollte. Er hieß »Flashlight Drill« und ich wollte ihn ausprobieren. Ich fuhr bei meinem örtlichen Baumarkt vorbei, um ein paar kleine Taschenlampen zu kaufen. Doch man hatte dort etwas viel Besseres im Angebot: Laserpointer. Ich nahm zwei und befestigte sie mit Isolierband an einem alten 5er-Eisen. Einer der Pointer saß oberhalb des Schlagkopfes und sandte seinen Lichtstrahl nach oben, zu meiner Brust (beim Ansprechen des Balls), der andere am Schaft, unterhalb des Griffes. Sein Lichtstrahl wies nach unten.

Die Lichter sollen den Schwungpfad nachzeichnen. Wenn Sie einen guten Schwung hinbekommen, dann zeichnen sie eine Acht nach. So sehen Sie sofort, wenn und wo etwas falsch läuft. Wie bei vielen Golfproblemen ist es auch hier so, dass Sie die korrigierende Bewegung zuerst einmal weit über den Punkt, der sich für Sie normal anfühlt, hinaus ausführen müssen, bevor Sie hoffen können, Ihr Problem zu beheben. Die hier vorgestellte Übung zeigt Ihnen, wie weit Sie die korrigierende Bewegung übertreiben müssen. Daher ist sie sehr effektiv.

Mehrere Nächte lang übte ich im Dunkeln draußen im Garten, bis der neue Schwungpfad auf mich normal wirkte und die Lichter keine verwackelte Bahn mehr beschrieben. Jeder, der zu dieser Zeit einen Blick in meinen Garten warf, wunderte sich wohl ziemlich. Kleine Laserlichter sausten herum, als habe ein UFO gerade zur Landung angesetzt.

Natürlich musste ich meinen neuen Schwung erst einmal auf der Range einüben, bis er saß. Dazu nutzte ich Careys 32-Bälle-Trick. Anfangs waren ein paar dieser Range-Stunden eine absolute Katastrophe. Ich shankte den Ball munter in die Bäume. Glücklicherweise hatte ich mich ans Ende der Driving Range zurückgezogen, wo sich nur wenige Menschen hinwagen. Allerdings entdeckte mich einer der Männer, mit denen ich früher einmal gespielt hatte. Sein Gesichtsausdruck, als er mir zusah, wie ich Ball um Ball in die Bäume spielte, sprach Bände – eine Mischung zwischen Mitleid und absolutem Entsetzen. Die einzige Runde auf dem Platz, die ich zu jener Zeit spielte, war ebenfalls grauenerregend: Ich lag nach neun Löchern schon sechs über Par.

Das warf mich um mindestens eine Woche zurück. Trotzdem war ich nicht sonderlich besorgt. Die Arbeit auf der Range und das Üben meines Schwungs gaben mir ebenso Sicherheit wie Careys Methode. Ich wusste, dass alles gut werden konnte. Mir blieben noch sechs Wochen. Das bedeutete: noch mehr Blasen, mehr Schmerzen, mehr Zipperlein. Aber das war ich ja mittlerweile gewöhnt. Außerdem befeuerte es meine Fantasie, etwa in dem Stil: Rocky bereitet sich auf den großen Kampf vor. Ich saß im Fitnessstudio und sah mich vor meinem inneren Auge irgendwelche Fleischklopse verprügeln und dann die »Rocky-Steps«, die Stufen zum Philadelphia Museum of Art, hinauflaufen, während die Hintergrundmusik langsam anschwoll.

Während ich an meinem Schwung arbeitete, war das Wetter ständig schlecht, sodass ich ohnehin nicht regelmäßig auf dem Platz hätte üben können. Der Regen war so schlimm, dass der Platz sogar einige Wochen lang geschlossen wurde. Dazu hieß es in der Wettervorhersage, dass zehn volle Tage Regen vor uns lägen. Das allerdings war eine Nachricht, die in mir Panik aufsteigen ließ. Ich fragte mich, ob es wirklich so klug gewesen war, die Wette im Mai letzten Jahres zu starten. Eine Woche Übung auf der Range war schon in Ordnung, aber wenn ich eine weitere Woche lang nicht auf den Platz konnte, hätte ich wohl wirklich ein Problem.

Ich überlegte schon, ob ich nicht eine Woche lang in Spanien spielen sollte, aber ich konnte mir keine Extrawoche mehr freinehmen. Außerdem hätte sicher auch meine Familie protestiert. Zwar hätte ich auf diese Weise Gelegenheit gehabt, einmal ohne Unterbrechung eine Woche durchzuspielen und die Dämonen zu vertreiben, die über meinem Haupte schwebten, aber ich konnte nicht weg. Deshalb wuchs meine Angst Tag für Tag. Spanien war für mich eine große Versuchung. Ich redete mit Seve im Auto darüber. Er war auch der Ansicht, dass dies meinem Spiel bekommen würde, aber ich war die Wette nun einmal unter bestimmten Bedingungen eingegangen. Und ich konnte Lesley und meine Partner nicht noch mehr unter meiner Selbstbezogenheit leiden lassen. Vielleicht würde mir diese Woche gar nicht so viel bringen, denn wer übt schon gut, wenn er voller Schuldgefühle ist?

Also spielte ich in Blackwood auf einem völlig durchnässten Kurs und schaffte immerhin noch eine 81. Ich machte ein paar dumme Fehler und verlor einen Ball, den ich ins Fairway betonierte. Zehn Schläge über meinem Ziel, noch ein Monat Zeit. Nicht gut. Gar nicht gut.

Anfang Mai war ich drauf und dran, den Mut zu verlieren. Ich kämpfte wirklich – mit dem Wetter und mit meinem Spiel. Ganz Nordirland lag unter einer riesigen Sprühregenwolke. Der Kurs war zwar noch bespielbar, aber besonders angenehm war die Golferei nicht. Der »schwarze Hund« der Depression hatte mich am Wickel und ich sabotierte mich an verschiedenen Löchern. Sogar mein Driving ließ sich nicht regelmäßig abrufen. Ich jagte den Ball vom Tee aus in alle möglichen Richtungen.

Wieder einmal war ich davon überzeugt, meine Probleme seien rein mentaler Natur. Bis mir Debbie vor ihrem Büro über den Weg lief. Ich schwang meinen Schläger ein paarmal vor ihren Augen hin und her, während ich ihr von meinem Leid erzählte. Mit scharfem Blick erkannte sie, dass ich bei meinem Aufschwung die Schlagfläche ein wenig zu weit öffnete. Ich flitzte sofort wieder zur Range hinunter, und tatsächlich – mein Problem war behoben, sobald ich ihren Rat berücksichtigte. Ich hätte mir des Öfteren Zehn-Minuten-Sitzungen mit Debbie gönnen sollen. Dann hätten sich all diese kleinen Fehler nicht gleich zu einem Riesenproblem auswachsen können.

Meine Besessenheit, was Hogan und sein Streben nach Perfektion anging, half mir bei meinem Spiel auch nicht gerade. Hogans Lebensgeschichte rührt Golfer meist zutiefst. Es gibt Dutzende von Büchern über diesen großen Mann. Für jemanden mit einer gewissen Neigung zur Obsession wie mich war also genug Material vorhanden. Ich brachte viel zu viel

Zeit damit zu, über ihn zu lesen. Ich verbrachte auch zu viel Zeit damit, seinen Schwung zu studieren und seinen Stil zu kopieren. Zu Debbies Missvergnügen lud ich mir einen Film nach dem anderen über Hogans Schwung aufs Handy und führte sie ihr stolz vor. Aber Hogans und bis zu einem gewissen Grad auch Seves Schwung waren Produkt einer anderen Zeit und einer anderen Technologie.

Ich hatte mir die romantische Idee in den Kopf gesetzt, mir zwei der größten Golfer aller Zeiten zum Vorbild zu nehmen, denen ich mich gleichsam anverwandeln wollte. Irgendwie hatte ich immer noch das Gefühl, dass alles in Ordnung käme, wenn ich sämtliche anderen Ratschläge ignorieren und zu einem Seve/Hogan-Klon werden würde. In meiner Vorstellung sah ich mich, wie ich zur elften Stunde am 365. Tag meiner Wette von Seve und Hogan auf die Schultern genommen wurde. Ich stellte mir vor, mit ihrer Hilfe würde ich noch ein Jahr dranhängen und dann auf Tour gehen. Was natürlich Unsinn war.

Seve und Hogan waren mir in diesem Jahr häufig sehr, sehr nützlich, aber es konnte ja schließlich kein Zweifel bestehen, dass es sich bei meinen Coaches nicht wirklich um Seve und Hogan handelte. Der enorme Druck des Finales verwässerte meinen klaren Blick auf die Wirklichkeit und – was noch schwerer wog – verstellte mir den Weg zur Einsicht, dass Debbies einfache Ratschläge in Bezug auf meinen Schwung mir tatsächlich geholfen hätten.

Eine Woche frei

Bleib den Träumen deiner Jugend treu.
Friedrich von Schiller

Es war so weit. Die Trompeten erschallten, der rote Teppich wurde ausgerollt. Die von mir herbeigesehnte zweite Maiwoche war da. Die Woche, in der ich »es tun« wollte. Eine Woche frei, um Golf zu spielen und das Ding unter Dach und Fach zu bringen. Diese Woche war für mich schon seit Langem »Die Woche«. Im ganzen letzten Jahr hatte ich nicht einen einzigen Tag extra freigenommen, um Golf zu spielen. Ich war immer morgens oder nachmittags ins Gartencenter gefahren. Eine Woche frei zu haben, war ein unglaublicher Luxus.

Mir kam es vor wie ein Traum, und in gewisser Weise fing die Woche auch tatsächlich so an. Das Wetter hatte sich endlich gebessert, und so trollte ich mich schon am ersten Tag ans äußerste Ende der Driving Range zu einer kurzen Übung im Chippen und Pitchen. Ich hatte ein paar Flaschen Wasser und einen Eiweißriegel dabei. Ein Großteil der Motivation, die ich im letzten Jahr an den Tag gelegt hatte, ging auf Vijay Singh zurück, den Golfer von den Fidschi-Inseln. Das lag zum einen an seiner eisernen Disziplin, zum anderen daran, dass er zu jener Zeit Weltranglistenerster war – und volle vier Jahre älter als ich. Immer wenn mir durch den Kopf schoss, dass ich für meine Wette vielleicht zu alt und klapprig war, dachte ich an Singh, wie er in der Abendsonne auf der Range trainierte. Der letzte Mann, die Nummer eins in der Welt.

Ich brachte eine Stunde damit zu, auf mein Shag Bag hin zu chippen und zu pitchen, dann setzte ich mich eine Stunde lang in die Sonne. Was für ein Leben! Es sah so aus, als hätte die Wette – wenigstens im Kleinen – mein Leben bereits verändert. Ich verdiente unseren Lebensunterhalt vielleicht noch nicht mit Golf, aber immerhin hatte ich schon eine leise Ahnung, wie toll das wäre. Eine Woche nur Golf üben und spielen, das schien mir – selbst bei enorm hohem Druck – doch weit reizvoller, als in einem Büro zu hocken oder Cafés, Restaurants beziehungsweise Gartencenter zu leiten.

Ich lehnte mich zurück und genoss die warme Frühlingsluft. Wieder einmal gewann der Tagträumer in mir die Oberhand. Mir ging so einiges durch den Kopf. Singh war 42, ich 38. Was sollte mich davon abhalten, das Ganze noch weiter zu treiben? Ich hatte in elf Monaten unglaubliche Fortschritte gemacht. Und wenn ich nun zwei oder drei ganze Jahre einplante, um mein Golf noch weiter Richtung Profiliga zu bringen? Dann würde ich sicher innerhalb eines Jahres zum soliden 0-Handicapper werden (dachte ich jedenfalls in meiner grenzenlosen Einfalt). Und danach vielleicht noch ein oder zwei Jahre, in denen ich mich weiter verbesserte. Dann wäre ich bald so weit, dass ich die Plus-3- oder Plus-4-Handicap-Zone erreichte (also verlässlich 3 oder 4 unter Par spielte), was mir erlauben würde, an Profiturnieren teilzunehmen.

Ich könnte erst einmal als Amateur spielen, mein Leben als Unternehmer neu ordnen und dann als bester Brite zu den Majors eingeladen werden. Wenn Singh mit 42 der beste Golfer der Welt werden konnte – besser sogar als der theoretisch unschlagbare Tiger –, warum sollte ich im selben Alter nicht als Amateur oder Journeyman-Pro zur Spitze aufsteigen? Es schien alles so ungeheuer einleuchtend, als ich da in der Sonne lag. Die Tatsache, dass ich immer noch vier Schläge über einer Even-Par-Runde lag, war angesichts solcher Perspektiven doch vernachlässigbar.

Seve kam herüber und stupste mich mit dem Sand-Wedge an.

»Hey, Miiister Richardson, das ist aber ein toller Traum. Aber heute müssen wir an Ihrem unmittelbaren Ziel arbeiten. Also versuchen wir doch einmal, eine Even-Par-Runde hinzubekommen, dann sehen wir weiter. Okay, Miiister Big Shot?«

»Ja, Seve.«

Ich griff wieder nach meinem Schläger und ging zurück an die Arbeit.

An diesem Nachmittag war ich allein. Die Bedingungen hätten besser nicht sein können – ich hatte keinen Partner, der mich ablenkte, keinen Druck, weil mir jemand zusah. Und es war erst der Anfang dieser Woche. Ich legte an einigen Löchern ein exzellentes Golf hin, am Ende aber schaffte ich doch nur eine 80. Kein Drama, aber immer noch neun Schläge über meinem Ziel. Und das in der Woche, in der alles sozusagen nur noch abgeschmeckt werden sollte. Ich hatte noch nicht einmal Pech gehabt, sodass ich mich mit einer neuen Ausrede hätte retten können. Ich hatte mir sogar schon Sorgen gemacht, was passieren würde, wenn ich mein Ziel erreichen sollte, denn dann hätte ich ja keinen Zeugen. Nun, für einen Score von 80 brauchte ich auch keinen.

An diesem Abend setzte ich mich mit einem Bogen Papier im DIN-A3-Format hin, auf dem ich all meine Schwächen aufzeichnete. Mein Driving war dank Debbies kluger Ratschläge wieder auf Zack, und auch mit den langen und mittleren Eisen lief alles gut. Außerdem brauchte ich diese in Blackwood so selten, dass es wenig Sinn hatte, sich darauf zu konzentrieren. So gerieten erneut das kurze Spiel und das Putten in den Fokus. Ich hatte an jenem Tag ein paar Schläge buchstäblich in den Sand gesetzt, das wollte ich auf jeden Fall noch in den Griff bekommen. Am nächsten Tag sollte ich mit meinem Vater auf seinem Platz am anderen Ende von Belfast spielen, der in gewisser Weise dem Platz in Blackwood ähnelte. Ich war zuversichtlich, dort einen guten Score erzielen zu können.

Und so stand ich am Morgen auf und verbrachte erst einmal zwei Stunden im Übungsbunker. Dann setzte ich noch zwei Stunden Pitching und Chipping drauf. Schließlich strotzte ich nur so vor Zuversicht. Ergebnis? Eine weitere 80. Mein Spiel war gut, meine Übungsstunden im Sandbunker hatten sich ausgezahlt. Es gelang mir sogar, einen wirklich schwierigen Schlag direkt aus dem Bunker einzulochen. Das Grundmuster war jedoch immer das gleiche: gutes Golf, aber ein wenig konstantes Spiel, sodass einige Schläge ganz danebengingen. Ich konnte mich nicht richtig konzentrieren und ließ mich ablenken, zum Beispiel von Golfern auf dem angrenzenden Fairway.

Zwei Tage noch, und ich war noch nicht einmal unter 80 gekommen. In dieser Phase hätte ich längst eine 72 oder 73 erreichen müssen und höchstens den einen oder anderen versiebten Putt beklagen dürfen. Jedenfalls hätte ich schon längst über den Punkt hinaus sein müssen, mir Ausreden für Ergebnisse auszudenken, die acht oder neun Schläge über meinem Ziel lagen.

Was noch schlimmer war: Ich hatte für den folgenden Tag einen Ausflug mit meiner Familie geplant, sodass ich gar keine volle Runde würde spielen können. Wieder spürte ich Panik in mir aufsteigen. Diese Woche war mir so lang vorgekommen wie einem Kind die Sommerferien – am Anfang.

Nun war sie schon fast zur Hälfte vorbei und ich noch nicht besonders weit gekommen. Das sah alles schon lange nicht mehr so gut aus. So hatte ich mir das nicht vorgestellt.

An jenem Abend ging ich noch hinaus und spielte die ersten sechs Löcher, bevor das Tageslicht sich verabschiedete. Even-Par wie immer. Ich beschloss, im schwindenden Licht am sechsten Loch die Distanz zu verbessern, die ich mit dem Sand-Wedge oder Lob-Wedge schlug. Diese Stunde ruhiger Übung im Halbdunkel gab mir das Vertrauen in meine Fähigkeiten wenigstens ein bisschen zurück. Ich hatte ein Stadium erreicht, in dem ich Ball um Ball sehr genau auf einen Fleck von wenigen Fuß rund um die Fahne schlug. Das fühlte sich gut an, vor allem, wenn ich in Betracht zog, wie viel Mühe mich dieses schwierige Grün gekostet hatte, das vorne einen Bunker hatte und hinten steil abfiel.

Meine harte Arbeit mit dem Wedge hatte mir auf diese Distanzen hohe Sicherheit beschert. Was allerdings meine Frustration nur steigerte, war ich doch trotz allem nicht fähig, einen guten Scorewert zu erzielen. Dieses Spiel war mir so sehr in Fleisch und Blut übergegangen, dass ich im Geiste schon einen Übungsfilm drehte, in dem ich angehenden Golfern zeigte, wie sie die Schwierigkeiten dieses Lochs mit dem 3 x 4-System meistern konnten. Ich würde drei verschiedene Drives vom Tee weg auf unterschiedliche Distanz schlagen. Während ich dann auf die Bälle zuschlenderte, würde ich der mitlaufenden Kamera erklären, wie ich die nächsten Schläge spielen würde. Die Wedge Shots, die danach kämen, müssten auf eine Distanz von 55 bis 82 Meter kalkuliert werden. In diesem Augenblick würde ich meinen Plan mit den Distanzen hervorholen, das richtige Eisen aussuchen und den ersten Ball schlagen. Dann würde ich zum nächsten weitergehen, immer noch für die Kamera kommentierend, den Schläger nach der

Distanz bestimmen und den Ball spielen. Nach dem letzten Ball würde ich mich zur Kamera umdrehen und sagen: »So geht das. Probieren Sie es aus. Sie werden feststellen, dass es Ihnen Spaß macht.«

Der letzte Satz stammte aus einem Video von Jack Nicklaus, aber er zeigte sehr schön, wie sehr ich mir diese Methode mittlerweile zu eigen gemacht hatte. Mehr als einmal schlug ich die drei Bälle bei meinen »Filmauftritten« so nah ans Loch, dass ich drei Birdies gespielt hätte. Dass mir meine Übungssequenzen mittlerweile mühelos von der Hand gingen, hieß noch lange nicht, dass ich deswegen einen besseren Score erzielt hätte. Mehr als je zuvor musste ich mich sammeln und alles neu ordnen. Das Eigenartige war, dass alle Elemente meines Spiels mittlerweile besser waren als im Oktober, als ich die 78 gespielt hatte. Und doch schien ich keinen besseren Score erreichen zu können.

An jenem Abend wurden meine müßigen Überlegungen von Gewehrschüssen durchlöchert. Eigentlich machten wir so etwas in Nordirland nicht mehr. In den letzten Jahren hatte sich ein unbehaglicher Friede über das Land gesenkt. Doch sogar in den schlimmen Tagen wurde man in Nordirland nicht erschossen, nur weil man Golf spielte. Es fielen noch mehr Schüsse, und ich war alarmiert. Vielleicht waren es Wilddiebe, die Hasen schossen. Mit meinen dunklen Klamotten und dem schwarzen Bag würden sie mich wohl kaum sehen. Halb ängstlich, halb amüsiert ob der Absurdität dieser Situation machte ich mich auf den Rückweg zum Clubhaus und klirrte dabei laut mit den Schlägern, damit sie mich ja nicht überhörten.

Als ich am Clubhaus ankam, sah ich, dass Debbies Auto noch dort stand. Auch sie hatte die Schüsse gehört und lachte, als sie mein Gesicht sah.

»Hast du ein Glück, dass sie dich nicht erwischt haben«, meinte sie.

Ein Golfer muss sich ja mit allen möglichen Gefahren auseinandersetzen, das Risiko, erschossen zu werden, zählt normalerweise nicht dazu.

Einige Tage später war ich mit einem anderen Freund, Nick Cann, wieder auf dem Platz. Vielleicht würde ich ja mit einem anderen Partner besser spielen? Als Grafikdesigner, der sich selbst erst kürzlich neu erfunden hatte und zum Autor geworden war, war Nick meiner Wette gegenüber sehr aufgeschlossen. Sein Leben hatte sich mit der Veröffentlichung seines ersten Buches vollkommen gewandelt. Wir hatten oft darüber gesprochen, was geschah, wenn Menschen ihren Träumen den Rücken kehrten. Und was andere dazu bewog, sie umzusetzen und Wirklichkeit werden zu lassen.

Nicks Ururgroßvater, J. H. Taylor, bildete zusammen mit Harry Vardon und James Braid das klassische Triumvirat der englischen Meistergolfer. Taylor gewann fünf British Open und trug dazu bei, dass *The PGA*, die Professional Golfers Association von Großbritannien und Irland, gegründet werden konnte. Nick zufolge war es sein hochgeschätzter Großvater, der Vardon den Griff beibrachte, der später Legende wurde. Der Vardon-Griff sollte also eigentlich »Taylor-Griff« heißen.

Ich genoss Nicks Gesellschaft und seine Golferanekdoten, während wir spielten. Mein Spiel ließ sich gut an. Er war beeindruckt von meinen Fortschritten, ich war locker und entspannt. Zu entspannt. Ich hatte also Ausrede Nr. 342 gefunden, weshalb ich mich nicht konzentrieren konnte. Und spielte wieder eine frustrierend schlampige 80.

Um ehrlich zu sein, verspürte ich den ersten Anflug von Verzweiflung. Ich hatte Lesley und John Shortt vom *Golf Di-*

gest anvertraut, dass ich mittlerweile nicht mehr glaubte, es schaffen zu können. Anderen gegenüber gab ich mich von geradezu aggressiver Zuversicht, doch tief drin hatte ich den Glauben an mich verloren. In meinem Artikel für den *Golf Digest* schrieb ich in diesem Monat, ich bräuchte wohl eine Ladung Viagra für Golfer.

Was mich noch mehr frustrierte als alles andere, war die Tatsache, dass ich den Par-3-Platz even abschloss, ohne mir das vorgenommen zu haben. Es passierte, als ich draußen war, um abzumessen, welche Distanz ich mit welchem Eisen spielen konnte. Ich hatte das Gefühl, dass ich vielleicht meine Längen falsch einschätzte – was ja fast jedem Amateur passiert. Ich befürchtete, dass ich an einigen Löchern die falschen Schläger benutzte, da ich ja nach Maß spielte und nicht nach »Gefühl«. Nach den ersten neuen Löchern merkte ich, dass ich einen Schlag unter Par lag. Ich konzentrierte mich nur auf jeden einzelnen Schlag. Und am Ende hatte ich Par gespielt.

War dies also die Even-Par-Runde, die ich so lange angestrebt hatte? Nein. Erstens war kein Zeuge da. Und der Par-3-Kurs war kein Kurs, der zählte. Meine ursprüngliche Wette hatte sich sowieso auf den Hamilton Course bezogen. Eins allerdings lernte ich bei dieser Runde, dass ich einen guten Schlag hatte. Ich war auf einem Niveau, bei dem meine Traumrunde zum Greifen nah war. Der Unterschied zwischen dem Hamilton Course und dem Par-3-Platz in Blackwood war, dass es auf dem Hamilton mehr Schläge mit dem Driver vom Tee geben würde. Da dies der stärkste Part meines Spiels war, schien eine Even-Par-Runde auf dem Hamilton Course sogar noch leichter zu sein als auf dem Par-3.

Anders gesagt: Ich musste mich wieder einmal mit den Dämonen in meinem Kopf auseinandersetzen. Auf dem Hauptkurs von Blackwood schien es nichts mehr zu geben, was mich herausforderte. Ob ich nun mit guten oder schlechten Golfern spielte oder allein blieb, am Ende obsiegten doch Stress und Selbstsabotage. Deshalb hatte ich auch das Gefühl, Viagra zu brauchen. Zumindest die Golfer-Version. Ich stand kurz vor der absoluten Demütigung. Es wäre ja nicht so schlimm gewesen, hätte ich schon vor ein paar Monaten aufgegeben und den ungeheuren Arbeitsdruck oder Ähnliches als Ausrede vorgeschoben. Aber hier war ich nun, am Ende meiner Wett-Tage, und übte immer noch wie ein Verrückter. Ich spielte in mancher Hinsicht bildschönes Golf. Sogar das Putten hatte ich gelernt. Und trotzdem schien ich nicht über die Zielgerade gehen zu können.

Trotzdem blieb ich am Ball. Egal, welche Werte ich spielte, ich wusste einfach, dass ich mich enorm gesteigert hatte. Die Runde auf dem Par-3-Kurs hatte mir das gezeigt. Mir gelangen vielleicht nur 80er-Runden, aber meine Fähigkeiten waren inzwischen meilenweit von jenen entfernt, als ich um die 70 gespielt hatte. Jeder Aspekt meines Spiels hatte sich verbessert. Leider konnte ich das noch nicht so recht auf den Platz übertragen.

Ich sprach mit Carey und anderen erfahrenen Golfern. Alle sagten mir letztlich dasselbe. Entspann dich, dann wird's schon passieren. Versuch nicht, es zu erzwingen. Ich las eines von Rotellas Büchern ein zweites Mal. Er meinte, auf Zeiten großer Fortschritte folge fast immer eine lange Zeit, in der einfach gar nichts passiere. Das leuchtete mir ein. Leider half es mir nicht. Mir blieben nur noch zwei Wochen. Ich hatte nicht genügend Zeit, um so eine lange Phase einfach hinzunehmen. Der Zen-Ansatz, demzufolge ich es »geschehen lassen« sollte, half mir nicht weiter.

Da war guter Rat teuer und ich brauchte ihn möglichst von einem versierten Sportpsychologen. Ich benötigte dringend

Unterstützung. Irgendeinen Zaubertrick, der mich über die Ziellinie trug. Ich fragte mich: »Was würde Tiger jetzt tun?« Tiger ist das Musterbeispiel für einen Mann, der am Ball bleibt. Jeder Aspekt seines Spiels – sein Platzmanagement, seine Fitness, seine Ernährung, sein Trainingsplan, sogar seine Ruhephasen – ist unglaublich. Und sollte tatsächlich einmal etwas nicht stimmen, ist er bereit, alles Menschenmögliche zu tun, um dies zu ändern. Er tut alles, um sich seinen Traum zu erfüllen: Nicklaus' Rekord bei den Majors-Gewinnen einzustellen.

Doch zu denken wie Tiger war ziemlich harter Tobak, und so begann ich, mich nach etwas anderem umzusehen. Ich versuchte, meine Wette umzuformulieren, zum Beispiel: »Von null auf null in 18 Monaten.« Oder: »Von null auf null in zwei Sommern.« Doch all diese Versuche rochen doch arg nach Selbstbetrug.

Der Traum war verblasst. Ich war dabei aufzugeben. Ich begann zu glauben, dass ich meine Wette auf 18 Monate statt auf zwölf hätte anlegen sollen. Es war also nicht meine Schuld. »Entspann dich, Johnnie-Boy. Du hast hart gearbeitet. Irgendwann wirst du es schaffen.« Diese spezielle Version der inneren Stimme hasse ich am meisten. Der zugehörige Typ sitzt selbstgefällig in meinem Kopf und tut mit breitem Grinsen so, als wolle er mir helfen. Meistens schaffe ich es, ihn aus meinem Leben draußen zu halten, doch gerade wenn ich mich verletzlich fühle, beginnt sein Naturell einen gewissen Charme zu entfalten. Da steht er also und deutet augenzwinkernd auf den warmen Ohrenbackensessel, ein Glas schimmernden Burgunders in der einen, die Fernbedienung des Fernsehers in der anderen Hand. Wenn man müde und voller Selbstzweifel ist, fällt es ihm leicht, seinen Gegenspieler auszuschalten. Die andere innere Stimme, die angriffslustig raunzt: »Jetzt sieh zu, dass du deinen Arsch hochkriegst. Mach einfach weiter!« Sie kommt kaum an gegen die verlockenden Sirenengesänge, die Ihnen suggerieren wollen, dass es einen leichten Weg gibt. Und gegen die Instant-Sofortbefriedigung, obwohl diese gleichwohl bald wieder verfliegt. Geben wir dieser Stimme nicht alle hin und wieder nach? Einige Menschen erliegen ihren Einflüsterungen ständig.

Zu allem Übel trudelten, noch bevor das Jahr ganz um war, die klassischen »Ich hab's dir ja gleich gesagt, und ich hatte recht«-Botschaften aus meinem Internetforum ein. Ich kann diese »Ich hab's dir ja gleich gesagt«-Typen einfach nicht ausstehen. Leider vermehren sie sich im Internet wie die Pilze nach einem warmen Regen. Vollends die Nase voll hatte ich, als ich darauf antwortete und der Forum-Moderator meine Beiträge zensierte. Ich beschloss, mich aus dem Forum auszuklinken, bis die Wette vorüber war.

Statt die negativen Kommentare zu lesen, beschloss ich, es wie Michael Schumacher zu machen. Der siebenmalige Formel-1-Weltmeister hatte eine Eigenart: Er gab ein Rennen niemals verloren, bis es wirklich zu Ende war. Selbst wenn keinerlei Chance mehr auf einen Gewinn zu bestehen schien, steckte er keinen Millimeter zurück. Und immer wieder sammelte er auf diese Art Punkte, die ihm bei der Weltmeisterschaft nützlich waren. Manchmal gewann er sogar noch, weil die Leute, die vor ihm waren, aus irgendwelchen Gründen ausschieden. Ich hege tiefe Achtung vor dieser Einstellung, kann mich selbst aber nicht immer dazu durchringen. Wenn mich ein offensichtlicher Misserfolg erwartet, lasse ich mich nur zu gern von der selbstgefälligen Stimme in meinem Inneren einlullen, die mir zuflüstert, ich solle es doch locker angehen. Wahrer Sportsgeist zeigt sich gerade darin: fähig zu sein, diese Stimmen zu ignorieren und weiterzumachen, auch wenn die Hoffnung längst verloren ist.

Also zwang ich mich, mir Rat zu holen bei Seve, Hogan, Senna, Tiger und anderen Leuten wie zum Beispiel Donald Trump. Ich wollte die Lethargie, die Selbstzweifel bekämpfen. Immer wenn ich das Gefühl hatte, bei meinem Spiel den Faden zu verlieren, und mir wünschte, dass endlich alles vorbei sein möge, ließ ich mir gefallen, dass sie mich ordentlich runterputzten. Und das hielt mich während der letzten Tage der Wette auf Kurs.

Außerdem gab mir ein Artikel Auftrieb, den ich in einer meiner Golfzeitschriften fand. Es ging um einen Mann namens Bob McDermott, der bei einem schrecklichen Unfall mit dem Mähdrescher ein Bein und einen Arm verloren hatte. Wunderbarerweise erholte er sich von dieser Tragödie. Mittlerweile trug er zwei speziell für ihn entworfene Prothesen und hielt in seinem Golfclub den Kursrekord von 66. Sein Foto zierte die Titelseite der Zeitschrift. Er erinnerte mich stark an John Wayne. Das war ein Mann, der wirklich Mumm hatte. Ich möchte wetten, dass er weder ein Team imaginärer Helden brauchte, die ihm einen Tritt in den Allerwertesten gaben, wenn er nachzulassen drohte, noch saß er vermutlich je zu Hause und ertränkte seine Sorgen in Alkohol oder machte sich Gedanken über Viagra für Golfer.

Der Artikel berührte mich tief. Das Beispiel dieses Mannes inspirierte mich, sodass ich selbst wieder ein wenig von meinem alten Mumm wiederfand. Neben seiner Geschichte wirkte meine geradezu armselig. Er hatte nur einen Arm und ein Bein und war besser als alle anderen Spieler seines Clubs. Und ich? Ich machte mir Sorgen, ob ich es schaffen würde, Par zu spielen, und hatte nur mit ein bisschen Arthritis in Hand- und Hüftgelenk zu kämpfen! Was zum Teufel war eigentlich mein Problem?

Dies war der Augenblick, in dem meine Motivation wieder zum Leben erwachte. Und doch! Da ich leider nur ein paar der legendären John-Wayne-Gene geerbt hatte, fing sie bald wieder an zu verebben. Die Wut, die ich aus dem ewigen »Ich hab's dir ja gleich gesagt« gezogen hatte, ließ sich nun nicht mehr in ein »Ich werd's euch schon noch zeigen!« ummünzen.

Dieses Mal war mein Golfproblem definitiv ein mentales. Schließlich zeigte mein Training auf der Driving Range ja eindeutig, wozu ich in der Lage war. Als letzte Zuflucht begann ich, im Internet nach jemandem zu suchen, der Golferprobleme mit Hypnose behandelte. Ich glaube fest an die Macht der Hypnose, da sie mir schon einmal bei einem Schlafproblem geholfen hat. Warum hatte ich bloß nicht schon früher daran gedacht? Ein wenig hektisch kaufte ich drei Hypnose-CDs. Und ich bezahlte viel zu viel Geld für eine CD von Paul McKenna, Frucht eines Bieterwettstreits auf eBay.

Ich hörte mir diese Aufnahmen immer wieder an. Die Botschaft war letztlich immer dieselbe. Bleib ruhig. Vertrau deinem Schwung. Lass es geschehen. Das war letztlich genau derselbe Rat, den auch Carey mir gegeben hatte. Es funktionierte nicht. Ich merkte überhaupt keinen Unterschied. Vielleicht hätte ich mir mehr Zeit lassen sollen. Andererseits war Zeit ja genau das, was ich nicht hatte. Ich wollte mich nicht entspannen und irgendwelche CDs hören, um in Trance zu verfallen. Zumindest nicht, wenn mir das auf dem Platz nichts brachte. Da konnte ich genauso gut Céline Dion hören. Und die Abneigung, die bei mir das Gerede übers Geschehenlassen auslöste, konnte bei der lieblichen Mrs Dion nicht geringer sein. Also strich ich das mit der Hypnose wieder. Leider sank dadurch auch meine Hoffnung.

Ich hatte noch eine Woche und alles, was ich bieten konnte, waren ein paar 80er-Runden. Ich übte und spielte weiter, aber irgendwie schien sich das alles nicht zu einem großen Ganzen verbinden zu wollen. Und mit jeder Runde, die ich abschloss, sank mein Vertrauen, dass ich es schaffen würde. Stattdessen wuchs mein Frust.

Außerdem hatte ich die Wette schon langsam satt. So richtig satt. Ich war es müde, dauernd Golf zu üben und zu spielen, dauernd darüber zu lesen und es im Fernsehen anzusehen. Ich hatte es satt, meine Geschäftspartner und meine Familie ständig wegen der Golferei hintanzusetzen. Ich hatte alles einfach gründlich satt.

Das Finale

Und ich sage euch heute, meine Freunde, im Angesicht jetziger und künftiger Schwierigkeiten: Ich habe immer noch einen Traum.

Martin Luther King jr.

An diesem Tiefpunkt erhielt ich eine E-Mail von meiner belgischen Freundin Annick, die mir einen Coach empfahl. David Walters hatte in Nordengland bereits sehr erfolgreich mit einigen Golfern gearbeitet. Er hatte eine Technik entwickelt, die sich »Tapping« nannte. Er schien genau der Mann zu sein, den ich brauchte, doch ich muss gestehen, dass ich seine Methode ein wenig merkwürdig fand. Aber Annick hatte mich das ganze Jahr über unterstützt. Es wäre extrem unhöflich von mir gewesen, nicht auf ihren Rat zu hören.

Also schickte ich David eine E-Mail, in der ich meine spezifischen Probleme beschrieb. Mir blieben noch sechs Tage, und David erklärte sich großzügigerweise bereit, in diesen sechs Tagen täglich eineinhalb Stunden mit mir zu telefonieren, bis ich die Wette abgeschlossen hätte. Einerseits fand ich das schrecklich: Täglich eineinhalb Stunden am Telefon, dazu noch Üben und Spielen, war das nicht ein wahr gewordener Albtraum? Andererseits wirkte der Ton seiner Mail als ausgesprochen beruhigend und ich hatte den Eindruck, dass er glaubte, meine Probleme lösen zu können. Entweder, so dachte ich, war er unglaublich naiv oder er hatte wirklich etwas anzubieten.

Und wenn es nicht funktionieren sollte, so sagte ich mir, könnte ich mich danach immer noch im Spiegel ansehen und mir versichern, dass ich zumindest bis zuletzt gekämpft hatte. Ich könnte mir sagen, dass ich wie Tiger gefightet hatte. Es mochte schiefgehen, aber dann könnte ich – Hand aufs Herz – von mir sagen, dass ich nie aufgegeben hatte.

David informierte mich vorab über die Details seiner Technik, dann musste ich einen kleinen Fragebogen ausfüllen, was ich brav tat. Ich verstand zwar nicht, worauf sein Ansatz hinauslief, aber offensichtlich hatte dieser sich in Situationen, die meiner nicht unähnlich waren, schon bewährt. Und einige Golfer lobten David über den grünen Klee. Das erfüllte mich zwar nicht gerade mit Zuversicht, doch das Flämmchen der Hoffnung flackerte wieder ein wenig.

Am nächsten Samstag, den 19. Mai, ließ ich Lesley im Wohnzimmer zurück, wo sie sich gerade eine neue DVD ansah, und trottete resigniert in Aimees Spielzimmer hinunter, um David anzurufen. Ich war sehr angespannt, und so brach ich mein Kein-Alkohol-Gelübde und nahm ein Glas Wein mit. Zur Unterstützung sozusagen.

David erklärte mir, er wolle mir eine Technik vorstellen, die sich EFT nannte, »Emotional Freedom Technique«. Dies sei ein ähnlicher Ansatz wie die Akupunktur, nur dass keine Nadeln erforderlich seien. Die Akupunkturpunkte oder Meridiane wurden vielmehr angeregt, indem man leicht auf sie klopfte. So würden negative Emotionen freigesetzt. Akupunktur hatte mich immer schon überzeugt, ich hatte also keine Schwierigkeiten damit. David schlug vor, Lesley solle auch mitmachen, denn ihre Energie würde mir vermutlich helfen. Das war ein bisschen zu viel Esoterik für meinen Geschmack. Ich konnte mir gut vorstellen, was für ein Gesicht Lesley machen würde, wenn ich sie bäte, mit mir auf unseren

Meridianpunkten herumzuklopfen. Vermutlich würde sie etwas Härteres zum Klopfen benutzen, meinen Vorschlaghammer zum Beispiel, und sie würde mit ziemlicher Sicherheit mich klopfen statt sich selbst.

Möglichst höflich informierte ich David, dass das wohl keine so gute Idee sei und ich es lieber alleine machen wolle. Für ihn war das in Ordnung und so erklärte er mir, welche Punkte ich drücken solle und wie das Ganze funktionierte. Seine Methode bestand darin, auf eine Reihe von Punkten im Gesicht und am Oberkörper zu klopfen, während man einen Satz wiederholt, der das eigene Problem treffend umreißt. Diese Methode hatte sich als höchst erfolgreich bei der Behandlung von Phobien erwiesen, also der Angst vor Spinnen, vor dem Fliegen etc. Auch bei traumatisierten ehemaligen Vietnam-Soldaten und anderen Patienten, die mit posttraumatischem Stress zu kämpfen hatten, war sie mit großem Erfolg eingesetzt worden. Man konzentriert sich auf die Angst oder das Ereignis, das die Angst ausgelöst hat, und klopft dann leicht auf die Punkte, die helfen, den Fluss der negativen Emotionen zu durchbrechen.

Ich war skeptisch. Allerdings hörte David sich nicht wie ein hoffnungsloser Irrer an und schien meine Probleme durchaus zu verstehen. Also gab ich ihm und seiner Methode eine Chance. David stellte mir viele Fragen über meine Motivation im Hinblick auf die Wette und über meine Schwierigkeiten auf dem Golfplatz. Mein größtes Problem war immer noch das siebte Tee – das Par-3-Loch, mit dem ich schon seit Monaten Probleme hatte.

Erst kürzlich hatte ich mit Stuart gespielt und war einen Schlag unter Par am siebten Tee angekommen. Dort schlug ich dann nacheinander drei Bälle in die Bäume. Meine Angst vor diesem Loch hatte geradezu epische Ausmaße angenommen. Es war einfach grotesk. Kurz darauf brachte ich abends eine gute Stunde an diesem Tee zu. Ich versuchte, mit dem 3er-Eisen einen Chip hinzukriegen, der mich die 150 Meter aufs Grün bringen würde. Das ist nicht die schlechteste Technik, wenn man an einem Tee ein bestimmtes Muster durchbrechen will. Es war natürlich nur eine Behelfslösung, aber es schien zu wirken. Wenn man am »Horrorloch« wenigstens ein paar gute Schläge hinbekommt, ist der Bann meist gebrochen, der einen zwingt, gerade dort den Ball immer wieder im Wald oder im Wasser zu verlieren.

Ich allerdings hatte den Horror jetzt schon gut ein Jahr eingeübt, und deshalb war er sofort wieder da, sobald ich zum 6er- oder 7er-Eisen griff. Eine Behelfslösung also, mehr nicht. Ich musste das zugrunde liegende Problem lösen, wie auch immer es aussehen mochte.

David bat mich, mir vorzustellen, ich stünde am Tee. Dann sollte ich die Intensität meiner Furcht auf einer Skala von eins bis zehn einschätzen. Eins hieße »überhaupt keine Angst« und zehn »vollkommene Panik«. Wenn ich mir nur vorstellte, ich stünde an diesem Tee, begann mein Herz schon schneller zu schlagen. Stand ich dann in der Vorstellung über dem Ball, um mit dem 7er-Eisen zum Schlag auszuholen, konnte ich eine glatte Zehn auf dem Stressometer vergeben. Und so hieß David mich, bei dieser Vorstellung zu bleiben, während ich gleichzeitig wiederholen musste: »Angst am siebten Tee.« Dazu klopfte ich mit den Fingerkuppen auf die entsprechenden Punkte am Hals und im Gesicht.

Als wir damit fertig waren, sollte ich mir erneut das Tee vorstellen und meine Angst mit einer Zahl bewerten. Interessanterweise war das Stresslevel weit niedriger als zuvor. Ich verspürte ein eigenartiges Gefühl. Meine Schultern fühlten sich mit einem Mal viel freier an. Die Angst war nicht weg, ich gab ihr also die Note Sechs. Dann machten wir die Übung ein zweites Mal. Danach musste ich meine Anspannung wieder bewerten. Dieses Mal rutschte der Wert auf drei. Das war ein Wunder. Meine Skepsis fiel in sich zusammen. Nach einer weiteren Runde Klopfen war ich bei einer Null angekommen. Ich konnte mir vorstellen, wie ich am siebten Tee stand, mich über den Ball beugte, und ich hegte keinerlei negative Gedanken. Ein unglaubliches Gefühl. Das Ganze war fast schon surreal. Wenn ich je einen Beweis gebraucht hatte, dass EFT funktioniert, dann erhielt ich ihn in diesem Moment. Mein Glas Wein stand auf dem Tisch. Ich hatte keinerlei Verwendung mehr dafür. Das war einfach faszinierend.

Wir machten mit ähnlichen Hindernissen weiter, bevor wir meine allgemeinen Ängste in Bezug auf die Wette angingen. Ein klassisches Problem im Spiel ist die Angst des Golfers vor dem ersten Tee. Vor allem, wenn jemand zusieht. Glücklicherweise hatte ich dieses Problem nicht. Allerdings hatte ich Schwierigkeiten, wenn ich von einem Fairway auf ein anderes spielen musste und mir dabei jemand zusah. Kam mein Ball auf ein Fairway auf und ich musste ihn auf ein anderes spielen und die Zuschauer warten lassen, packte mich die Panik. Ich hatte schon viele Bälle verloren, weil ich immer versuchte, den Ball so schnell wie möglich wegzuschlagen, damit ich niemandem im Weg war. Das passierte mir auch in ansonsten gut gespielten Runden.

Zuerst forderte David mich auf, die Situation mit gesundem Menschenverstand zu betrachten. Er fragte mich, ob es mich denn störe, wenn jemand auf meinem Fairway spielte. Solange das im Bereich des Normalen bleibt, habe ich damit kein Problem, auch wenn der Spieler seine volle Pre-Shot-Routine ablaufen lässt. Dann wollte David wissen, wie viel Zeit denn meine Pre-Shot-Routine in Anspruch nehme. Da bemerkte ich erst, dass meine Pre-Shot-Routine höchstens zehn Sekunden länger dauerte. Wenn man davon ausging, dass eine durchschnittliche Runde vier Stunden erforderte, war das wirklich nicht so tragisch. Tatsächlich würde sich wohl niemand darüber aufregen.

Dann schufen wir ein Vorstellungsbild. Ich befand mich in der angesprochenen Situation und man wartete am Tee auf mich. Sofort stieg Panik in mir auf, die sich nach ein paar Klopfsitzungen auflöste. Ich konnte mir ohne jede weitere Regung vorstellen, wie ich zum Ball ging, den Leuten am Tee zuwinkte und meine Pre-Shot-Routine machte, ohne nervös zu werden.

Dann gingen wir ein wenig tiefer. Diesmal behandelten wir allgemeine Ängste in Bezug auf meine Motivation und das Gefühl, es nicht zu schaffen. Wir sprachen lange über Sam Torrances »Träum nur weiter«, das mir lange Zeit als starke Motivation gedient hatte, jetzt aber zur Entschuldigung geworden war. Durch die gemeinsame Arbeit mit David wurde mir klar, dass Sam Torrance zwar als Golfer unglaubliche Erfolge aufweisen konnte, über mich und meine Fähigkeiten aber schier gar nichts wusste. Und er hatte das, was ich mir vorgenommen hatte, selbst nie versucht.

Als ich mit der Wette begonnen hatte, war es mir leichtgefallen, die Zweifler mit einem Schulterzucken abzutun. Mittlerweile wusste ich, wie schwierig mein Vorhaben tatsächlich war. Und es fiel mir fast leichter, den Kritikern zuzustimmen. Das Denken des durchschnittlichen Clubgolfers, das ich als Hauptgrund für den mangelnden Mut der meisten Spieler ausgemacht hatte, schien sich in meinen Kopf geschlichen zu haben. Je besser ich wurde, desto mehr dachte ich wie ein Golfer. Und desto schwerer fiel es mir, nicht auch auf die ehernen »Wahrheiten« des Golfsports hereinzufallen und das

Ganze rational zu durchdenken. Doch mit Davids Hilfe erkannte ich, wie und warum sich mein Denken geändert hatte.

Dann sagte er mir etwas, das ich im Grunde schon wusste: dass ich nämlich alle Elemente meines Spiels besser beherrschte als damals, als ich die 75 gespielt hatte. Gerade mit meinem kurzen Spiel war ich in eine ganz andere Liga vorgedrungen. Dann machten wir ein paar Klopfrunden zu diesen Themen. Schließlich packten wir meine Gefühle im Hinblick auf die entscheidende Runde an. Als ich mich auf die Wette eingelassen hatte, hatte ich gedacht: Wenn ich an etwa der Hälfte der Löcher einen Birdie spiele, dann müsste es ein Leichtes sein, eine Even-Par-Runde hinzukriegen. Für einen erfahrenen Golfer, zu dem ich mittlerweile geworden war, war dies eine lachhafte Aussage, auch wenn sie sich für einen Außenstehenden ganz logisch anhörte. Nichtsdestotrotz stellten David und ich fest, dass ich an allen Löchern in Blackwood bis auf drei schon einen Birdie gespielt hatte. Auf der rein mechanischen Ebene war die Wette also schon gewonnen. Ich musste nur die Zuversicht zurückgewinnen. Während des ganzen Jahres war ich der Überzeugung gewesen, dass meine Even-Par-Runde aus ein paar Birdies, ein paar Bogeys und einigen Pars bestehen würde. Und dass es vorbei wäre, wenn ich erst einmal drei über Par läge. Ich glaubte einfach nicht, dass ich mehrere Birdies schlagen konnte, um mich selbst zurück ins Spiel zu bringen. Sobald ich also mehr als drei drüber war, gab ich mental auf.

Wir formulierten diese Probleme in klare Aussagen um und machten mehrere Klopfrunden dazu. Einmal mehr fühlte ich mich erleichtert. Ich glaubte zwar immer noch nicht, dass ich auf den Platz gehen und an allen Löchern einen Birdie spielen konnte. Aber immerhin sah ich ein, dass mein Spiel gut genug war, um eine Serie von Birdies zu landen, die mir verlorene Schläge wieder aufzuholen erlaubten, wenn ich ein paar schlechte Löcher gespielt hatte.

Logischerweise war das nächste Thema, um das wir uns bemühten, meine Neigung zur Selbstsabotage. Während ich mit David sprach, kristallisierte sich klar heraus, dass ich Schwierigkeiten hatte, auf den letzten neun Löchern mit dem steigenden Druck umzugehen. Er machte mir klar, dass ich es offensichtlich weniger stressig fand, auf den letzten neun ein paar schlechte Löcher zu spielen und dann aufzugeben, als dem Druck bis zum Ende standzuhalten. Diese Einsicht zeigte mir, dass ich mir unterbewusst Fehler erlaubte, um die Runde zu ruinieren. Wieder formulierten wir meine Probleme auf den letzten neun Löchern zu klaren Aussagen um und machten unsere Klopfrunden. Ich spürte, wie sich meine Nervosität verringerte.

Wir arbeiteten weiter. Der Reihe nach gingen wir meine Ängste vor dem Sechs-Fuß-Putt und meine Blockade am 16. Par-3-Loch an. Plötzlich sah ich auf die Uhr und stellte fest, dass es schon nach Mitternacht war. Meine Müdigkeit war verflogen, mein Weinglas immer noch voll und meine Zuversicht von null auf hundert gestiegen. Mein »innerer Schumacher« war so stark wie nie zuvor, und der jammernde John, der ich noch ein paar Stunden zuvor gewesen war, hatte sich aus dem Staub gemacht. Am nächsten Tag sollte ich mit Stuart eine Runde spielen, und dieses Mal legte ich mich schlafen in der Gewissheit, es vielleicht doch noch schaffen zu können.

Es war ein recht angenehmer Tag und wir brachen guten Mutes auf. An den ersten sechs Löchern hatte ich, wie üblich, keine Schwierigkeiten. Der große Test allerdings war das siebte Tee. Da merkte ich, wie effektiv Davids Technik war. Ich stand da und schlug den Ball aufs Grün. Er flog pfeilgerade auf die Fahne zu, sprang einmal nach und rollte dann aufs Ende des Greens zu. Ich war baff – Stuart ebenfalls. Er hatte schon einige meiner Einbrüche am siebten Loch erlebt und stand meinen Erfahrungen mit David eher skeptisch gegenüber. Nun allerdings sah er, dass sich tatsächlich ein Wandel vollzogen hatte.

Als ich zum Ball kam, stellte sich heraus, dass er schlecht lag. Von meinem Standort aus konnte ich das Loch nicht einmal sehen. Aber das konnte meine Zuversicht nicht erschüttern. Ich wusste, dass mein kurzes Spiel sich sprunghaft verbessert hatte, und Davids Arbeit mit mir hatte mein Selbstvertrauen diesbezüglich noch gesteigert. Lässig sagte ich zu Stuart: »Ich glaube, den kriege ich rein.« Er sah, wo der Ball lag, und lachte nur. Dies war ein Ballesteros-Moment, und einen Augenblick lang verwandelte ich mich in Seve. Er war schwarz gekleidet, ließ den Ball kurz hochschnellen und lochte ihn ein. Ich machte ein paar Probeschwünge und ließ den Schläger dann laufen. Der Ball flog hoch und weich in die Luft und tippte sanft an die Fahnenstange. Er rollte um den Rand des Loches, fiel aber nicht hinein. Es war mir egal, denn dieser Schlag war ein weiteres erstaunliches Beispiel dafür, was Davids Hilfe mental bei mir bewirkt hatte.

Stuart hingegen hatte einen schlechten Tag. Ohnehin kannte sein Golf – wie mein eigenes – Höhen und Tiefen. Auch sein Spiel hatte sich enorm verbessert, doch dies war ein schrecklicher Tag und am 13. Loch hätte er am liebsten alles hingeworfen. Ich lag bei einem Schlag über Par, war aber zuversichtlich. Und so blieb Stuart, für den Fall der Fälle, dass dies für mich *der Tag* werden würde.

Unglücklicherweise kam ich von da an ins Schleudern. Das 13. Loch auf dem Hamilton Course ist recht schwierig mit Hindernissen zu beiden Seiten, und auch das Grün ist nicht leicht bespielbar. Es hatte mir in der Vergangenheit schon mehrere Runden ruiniert, daher war ich auf der Hut. Den Abschlag slicte ich elegant zwischen die Bäume. Der Ball war sicher weg. Den nächsten hookte ich aufs angrenzende Fairway. Beim nächsten Schlag legte ich zu viel Draufgängertum an den Tag, daher spielte ich das Loch mit insgesamt acht Schlägen. Für diesen Tag zumindest war damit das Spiel gelaufen.

Und doch ... verdammt, ich war so was von wieder da! Meine geistige Einstellung hatte sich vollkommen verändert. Ich glaubte wieder, dass ich die Wette gewinnen konnte. Ein paar Dinge waren nicht so gut gelaufen, doch das würde ich am selbigen Abend mit David besprechen. Ich hatte nur noch vier Tage, also definitiv nicht mehr viel Zeit. Aber ich dachte gar nicht mehr daran, meine Wette auf 18 Monate auszudehnen. Vier Tage waren vier Tage voll ungeahnter Möglichkeiten. Und ich würde alles daransetzen, diese nicht zu verpassen.

An jenem Abend sprach ich weitere zwei Stunden am Telefon mit David. Er war begeistert von meinen Fortschritten. Wir bearbeiteten das Dilemma am 13. Loch, dann zeigte er mir, wie ich eine mentale Blase schaffen konnte, wenn andere Menschen Probleme hatten und dies an meinem Selbstbewusstsein nagte. Sobald ich den Eindruck hatte, dass von außen – von anderen Spielern oder der Umgebung – negative Energie auf mich eindrang, sollte ich mir eine imaginäre Luftblase über den Kopf ziehen und mir vorstellen, wie meine Umgebung dahinter verschwand. Auf diese Weise konnte ich Ablenkungen aus dem Weg gehen und mich ganz auf mein Golf konzentrieren.

Wir ackerten weiter. Auch die Probleme auf den letzten neun Löchern bearbeiteten wir nochmals, um sicherzugehen, dass dort nicht der Hauch einer Schwierigkeit auf mich wartete. Um elf Uhr abends waren wir fertig, und David wünschte mir alles Gute für den nächsten Tag. Ich war schrecklich müde, als ich einhängte, hatte aber trotzdem das vage Gefühl, ich hätte gerne noch »weitergeklopft«. Der ganze Prozess ist so faszinierend, dass er schon fast süchtig macht. Es war ein seltsames Gefühl, alle mentalen Probleme plötzlich los zu sein. Schließlich betete ich seit Monaten regelmäßig die eine Entschuldigung herunter, wenn etwas nicht lief: »Das ist doch alles mental.« Ich fühlte mich ein wenig nackt, jetzt, wo es nichts mehr gab, worüber ich mir Sorgen machen musste.

Hummer und Champagner

Es ist wirklich witzig, das Unmögliche möglich zu machen.

Walt Disney

Stuart hatte viel zu tun, und da das Golfen ihm zu dieser Zeit ohnehin Schwierigkeiten bereitete, wollte ich ihn nicht auf den Platz zwingen. Deshalb rief ich Richard Gibson, den Manager des Blackwood Golf Centre, an und fragte ihn, ob er eine Runde mit mir spielen würde. Natürlich hatte ich nicht im Sinn, daraus meine perfekte Runde zu machen, um im Clubhaus dann allen Zweiflern ins Gesicht zu schleudern: »Ich hab's geschafft!« Richard kam mir gern zu Hilfe. Da er mehr mit der Verwaltung des Centers zu tun hatte als mit dem Spiel, entschied er sich letztlich aber doch, nur zuzusehen – falls ich einen Zeugen brauchte.

Das Tolle an ihm ist seine Haltung. Richard ist der zuversichtlichste Mensch, den ich kenne, wenn es darum geht, ob etwas bewältigt werden kann. Er hat zwei Mal die Welt umsegelt. Für Leute, die von vornherein alles für unmöglich halten, hat er einfach keine Zeit. Er gehört zu den wenigen Menschen, die einfach zupacken und nicht lange überlegen, ob das, was sie vorhaben, schwer zu verwirklichen ist oder nicht. Ich hatte im Laufe des Jahres mehrmals mit ihm über die Wette geredet und seine positive Einstellung hatte mir immer gutgetan. Als ich einmal mit mehreren Problemen gleichzeitig zu kämpfen hatte und mir Sorgen über meine

Fortschritte machte, sagte er nur ruhig: »Ich sehe nicht, wo das Problem liegt. Anscheinend hast du hart gearbeitet und gute Fortschritte erzielt. Ich bin sicher, dass du es schaffst. Ich weiß nicht, worüber du dir Sorgen machst.«

Es war gar nicht einmal das, was er sagte, sondern eher, wie er es tat. Seine Stimme war voller Bewunderung, und das ermutigte mich. Er hielt mir nicht eine dieser »Ach, das schaffst du schon!«-Motivationsreden, sondern zählte einfach nur die Fakten auf. Mein Erfolg stand für ihn außer Frage. Niemand hatte im Laufe dieses Jahres so mit mir gesprochen. Er war der perfekte Partner für diesen Tag.

Es regnete heftig an jenem Morgen, daher war der Golfplatz geschlossen, was mir Sorgen bereitete. Da war ich nun, bereit, vom Leder zu ziehen, und hatte keinen Platz, auf dem ich spielen konnte.

Doch glücklicherweise hörte der Regen mittags auf, die Sonne kam heraus, Richard und ich waren die Ersten auf dem Platz. Ein wunderschöner, leerer, parkähnlicher Platz mit glitzernden Regentropfen an den Bäumen ist einer der schönsten Orte der Welt. Ich war vollkommen ruhig, als wir loslegten. Niemand störte die Stille.

Die ersten sechs Löcher fielen mir leicht wie üblich. Ich spielte Par am ersten und einen Birdie am zweiten, einem Par-5. Am schwierigen Par-3 von 192 Metern gelang mir erneut ein Par, was mir guttat, sodass ich auch auf den nächsten beiden Löchern Par spielte. Am sechsten mit seinen 301 Metern schlug ich den wahrscheinlich besten Drive meines Lebens und war damit praktisch schon auf dem Grün. Ein Pitch, ein Putt und drin war er. Das bedeutete, dass ich am siebten Loch, das mir ja traditionell Bauchweh machte, mit zwei Schlägen unter Par ankam. Mein bestes Ergebnis bis dahin. Alles schien mir mühelos zu gelingen.

Richard und ich redeten über alles Mögliche, meist nicht über Golf. Wir hatten viele verschiedene Projekte zusammen realisiert und plauderten daher über Restaurants und das Gaststätten- und Nahrungsmittelgewerbe im Allgemeinen. Er wies mich auf ein paar seltene Bäume hin, die am Kurs standen, und erzählte von seinen neuen geschäftlichen Plänen. All das ließ mich den Kurs aus einem unterschiedlichen Blickwinkel betrachten.

Als ich am siebten Tee stand, war ich vollkommen locker. Ich schlug nicht ganz so gut ab wie sonst und büßte einen Punkt Vorsprung ein, aber ich lag immer noch einen Schlag unter Par und hatte jetzt das gefürchtete Loch hinter mir. Doch auch das nächste Loch hatte mir schon Probleme bereitet. Es war eine etwa 347 Meter lange Dogleg-Bahn, deren linke Seite fast ganz out of bounds war. Da ich in letzter Zeit hier keine Probleme gehabt hatte, hatte ich auch nie mit David über dieses Loch gesprochen. An jenem Tag aber spürte ich die Angst in mir aufsteigen, als ich dort am Tee stand. Gerade an der 275-Meter-Marke verläuft ein kleiner Bach, und ein Drive konnte leicht dort enden, wenn man nicht vorsichtig war. Sichergehen würde ich mit dem Dreier-Holz, doch damit ging ich das Risiko ein, dass der Ball dann in dem Feuchtgebiet rechts vom Fairway landete. All das ging mir durch den Kopf, als ich da so stand, und ich war wie gelähmt, als ich über dem Ball stand.

Logisch wäre es nun gewesen, vom Ball zurückzutreten und die ganze Pre-Shot-Routine noch einmal ablaufen zu lassen. Stattdessen versuchte ich einfach mein Glück. Ich zog den Ball nach links und genau ins Out-of-Bounds. Eigentlich war es ein wirklich guter, mutiger Schlag, doch das Tock an den Bäumen sagte mir, dass ich es mit dem Glück ein bisschen übertrieben hatte.

Das hätte nun der Punkt sein können, an dem mein Spiel in sein Gegenteil umschlug. Doch in meinem Kopf hallten Davids Worte wider, dass man auch Birdies aneinanderreihen konnte. Man konnte sich aus einer solchen Situation befreien, und so konzentrierte ich mich und schickte den Ball geradeaus durch die Mitte. Ein fast vollkommener Wedge und ein einzelner Putt verwandelten das drohende Desaster in ein Bogey. Ich lag also wieder Par.

Am neunten Loch, einem Par-5, spielte ich wieder Par und kam vergleichsweise ruhig am zehnten an. Die beiden Löcher, an denen ich Probleme hatte, lagen hinter mir. Jetzt musste ich dieses Niveau auf den hinteren neun, die etwas schwieriger waren als die ersten, halten. Ein ordentlicher Drive ins Rough am Rande des Fairway war der Auftakt, doch als wir an die Stelle kamen, wo der Ball hätte liegen sollen, war er nicht aufzufinden. In diesem Moment wallte Panik in mir auf. Ich hatte ihn ganz offensichtlich versenkt. Ich suchte fünf Minuten lang gründlich danach, dann akzeptierte ich, dass der Ball weg war.

Ich holte einen weiteren Ball aus dem Bag und ging langsam zurück zum Tee. Richard blieb am Fuß des Hügels stehen, falls dasselbe wieder passieren sollte. Ich war also allein, was mir in diesem Fall half. Panik hatte sich in mir breitgemacht und war drauf und dran, mein neu gefundenes Selbstvertrauen hinwegzufegen. Als ich den Aufstieg begann, war ich abgelenkt. Davids Klopfen erschien mir als reines Voodoo. Wie hatte ich mir nur einbilden können, dass es funktionierte? Wie sollte ich nur die nächsten neun Löcher durchhalten? Ich war am achten mit einem einfachen Bogey davongekommen, hatte aber noch ein paar schwierige Löcher vor mir. Auch das zehnte ist nicht leicht zu spielen, das würde mir auf der Scorekarte bestimmt eine Sechs bringen. Das hieß, dass ich danach nicht mehr nur Par spielen konnte. Ich musste mindestens zwei Birdies schlagen und es gab nur ein Loch, an dem ich mit einem Birdie rechnen durfte.

Doch als ich auf halbem Weg den Hügel hoch war, nahm ich mich zusammen. Ich klopfte auf die Akupressurpunkte, die David mir für solche Situationen genannt hatte. Dazu schaltete ich meinen Verstand ein und versuchte es mit logischem Denken. Ich wollte mein Bestes geben. Als ich am Tee stand, bekam ich einen halbwegs vernünftigen Drive durch die Mitte hin. Während ich den Hügel wieder hinunterstieg, klopfte ich weiter und sprach mir selbst Mut zu, um meine Panik zu beruhigen.

Doch dieses Mal erholte ich mich nicht, und so hatte ich tatsächlich eine Sechs auf meiner Scorekarte zu verzeichnen. Jetzt lag ich also zwei über Par. Interessanterweise kehrte damit auch ein unbestimmtes Gefühl innerer Ruhe zurück. Als wir uns dem 13. Loch näherten, verspürte ich eine leichte Nervosität. Schließlich hatte ich am Vortag dort alles vermasselt. Doch im Großen und Ganzen war ich immer noch in guter Form. Normalerweise hätte ich schon längst aufgegeben und höchstens noch eine passable 70er-Runde angestrebt, aber nicht heute. Ich hatte nur noch vier Möglichkeiten, meine Even-Par-Runde zu spielen, und konnte mir ein Aufgeben einfach nicht leisten.

Am nächsten Loch wendete sich das Glück. Ich spielte einen Birdie, und nun strahlte meine ganze Haltung positive Erwartung aus. Ich hatte einen Punkt zurückgewonnen und mir selbst bewiesen, dass ich Birdies spielen konnte. Außerdem lag das 14. Loch noch vor mir, an dem ebenfalls ein Birdie möglich war. Und dann musste ich auf den anderen Löchern gerade noch Par schaffen. Für mich war das ein ganz entscheidender Moment. Ich machte Fortschritte: Hatte ich vorher nur *gedacht*, es sei möglich, so glaubte ich jetzt tief in mir drin daran. Ich verlor kein Wort über den Scorewert, Richard und ich plauderten weiter über alles Mögliche, nur nicht über Golf.

Am zwölften, einem Par-3, gelang mir ein Par. Als ich am 13. Loch ankam, lag ich also einen Schlag über Par. Genau wie am Tag zuvor. Wenn ich je einen geraden Schlag landen musste, dann diesen. Doch Davids Worte hatten Wunder gewirkt, und so jagte ich meinen Drive geradeaus durch die Mitte aufs Fairway. Mit dem 4er-Eisen aufs Grün, zwei Putts, und alles war in Butter.

Am nächsten Loch bot sich mir wieder die Möglichkeit, einen Birdie zu spielen. Das 14. Loch, ein Par-5, ist 448 Meter lang. Man kommt leicht mit zwei Schlägen aufs Green, wenn kein Wind geht. An diesem Tag gab es nicht das leiseste Lüftchen, und schon mein zweiter Schlag brachte den Ball acht Fuß vor die Fahne.

Richard blieb wie angewurzelt stehen. Er drehte sich zu mir um und sagte: »John, ich habe keinen Menschen mehr so einen Schlag machen und so einen Schwung ausführen sehen, seit ich vor Jahren eine Runde mit Tony gespielt habe. Das war einfach wunderschön.«

Das war ein großes Kompliment. Richard sprach nämlich von Tony White – dem Golfprofi, mit dem ich über zehn Jahre zuvor das Konzept für meine Wette ausbaldowert hatte. Die beiden waren dicke Freunde. Sie waren an der Anlage und am Design des Platzes beteiligt gewesen. Da stand ich nun, am Ende meines Jahres, und der Erfolg war in greifbare Nähe gerückt.

Eingehend studierte ich den Putt, der mich erwartete, und ich merkte, dass ich, wenn ich ihn versenken würde, nicht nur meinen ersten Eagle gespielt hätte, sondern auch wieder bei einem Schlag unter Par läge. Das wäre allerdings eine erstaunliche Wende auf so wenigen Löchern. Doch ich schlug ein klein wenig nervös, sodass der Ball am Rand des Lochs liegen blieb. Ich brauchte einen zweiten Putt, um einzulochen, und hatte also mit vier Schlägen einen Birdie gespielt. Ich lag wieder bei Par, was mir enormes Selbstvertrauen gab.

Das nächste Loch ist ein vergleichsweise kniffliges Par-4 mit einem Wasserhindernis vor dem Grün. Es ist jedoch mein Lieblingsloch und ich hatte dort noch nie Probleme gehabt. Ein ordentlicher Drive schickte den Ball unmittelbar vor das Wasser. Mit einem Pitch und einem Putt hätte sich die Möglichkeit zu einem weiteren Birdie ergeben. Doch als ich so über dem Ball stand, schien die Wasseroberfläche plötzlich ungeahnte Dimensionen anzunehmen. Ich trat zurück, ließ meine Routine ablaufen und schlug den Ball. Ich hatte ihn zu dünn geschlagen, sodass er nur ein paar Zentimeter oberhalb der Wasseroberfläche dahinschoss, auf der anderen Seite auftippte, wieder in die Luft und ans Ende des Grüns flog. Ein Chip, ein Putt, wieder hatte ich Par gespielt – und Glück gehabt. Ich spürte allmählich, wie meine Nerven zu flattern begannen. Jetzt musste ich Ruhe bewahren.

Nur noch drei Löcher. Ich wünschte mir aus tiefster Seele, dass endlich alles vorüber wäre. Das 16. Loch ist ein schwieriges Par-3, das rechts von Stechginster gesäumt ist, während es links steil ins Wasser abfällt. Im Club heißt es, es habe schon manchem den Score versaut. Es fiel mir schwer, nicht daran zu denken, während ich ans Tee ging. Mein versiebter Chip ging mir durch den Kopf, meine Nerven spielten mir Streiche. Es gelang mir kaum noch, am Abschlag Ruhe zu bewahren. Richard aber plauderte einfach munter weiter. Es ging um ein neues Restaurant in Belfast, das sehr gut lief.

Doch ich wusste natürlich, dass er mich nur davon abhalten wollte, nervös zu werden.

Wieder schlug ich schlecht und traf den Ball nicht richtig. Er hob sich höchstens drei Fuß über den Erdboden. Und doch durchmaß er die ganze Distanz bis zum Grün. Wenn die Golfgötter mir je gnädig waren, dann an diesem Tag. Und ihr Timing war perfekt. Ich sah auf und erblickte Hogan, Seve, Palmer, Nicklaus und Jones bei den Ginsterbüschen. Sie lächelten. Ich hatte es geschafft, mit einem miesen Schlag erneut Par zu spielen. Nun blieben mir noch zwei relativ einfache Par-4-Löcher. Hogan tippte respektvoll an seine Kappe.

Das 17. Loch hatte mir noch nie Schwierigkeiten gemacht, obwohl es schwierig werden kann, auf beiden Seiten. Das Hindernis rechts ist für jemanden mit einem guten Drive kein Problem, und mit dem linkerhand hatte ich immer Glück gehabt. Ich stand also relativ gelassen am Tee. Mein Spielstand war Par, und zwei Löcher lagen noch vor mir. Jetzt musste ich nur Ruhe bewahren und es durchziehen. Für mich war das vollkommen neu. Erstaunlicherweise blieb ich tatsächlich ruhig. »Es wert zu sein, eine Even-Par-Runde zu spielen« – das war bei meinen Unterhaltungen mit David ein Thema gewesen. Als ich da an dem erhöhten Tee stand und den ganzen Kurs überblickte, fühlte ich mich tatsächlich »würdig«. Ich *hatte* sehr hart gearbeitet. Jetzt glaubte ich auch, dass ich den Sieg verdiente.

So cool wie möglich schlug ich meinen Drive durch die Mitte aufs Fairway hinunter. Mit einem wunderschönen Wedge kam ich sechs Fuß ans Loch heran. Dieses Mal ging der Putt sofort hinein. Ich drehte durch. Ich hatte das vorletzte Loch einen Schlag unter Par gespielt. Keine Chance mehr, das noch zu versieben. Wenn ich mit Stuart spielte, zogen wir am 18. Loch immer unsere Macho-Spielchen ab: Wer hat den längsten Drive? Das Loch hat ein unglaublich langes, gerades Fairway. Es ist nahezu unmöglich, hier einen Ball zu verlieren. Sogar wenn ich richtig schlecht spielte, sollte ich ein Bogey herausholen. Fast hätte ich geweint, als der gesammelte Frust der letzten Monate mir noch einmal vor Augen stand. Ich plapperte munter drauflos. Richard musste mich für irre halten.

»Mein Gott. Ich kann es kaum glauben. Das kann ja nicht mehr schiefgehen. Das ist ein wirklich simples Loch. Ich habe es dir ja nie gesagt, aber vor einigen Wochen dachte ich noch, ich würde es nie schaffen. Ich hatte wirklich angefangen, den ganzen Quatsch von wegen ›Das ist unmöglich‹ zu glauben. Kannst du dir das vorstellen?«

»John. Würdest du bitte den Mund halten und die Runde zu Ende spielen, damit wir endlich reingehen und uns einen Drink genehmigen können?«

»Aye, Sir. Gut gesprochen.«

Mein Drive war stark und gerade wie immer. Daran schloss sich der beste zweite Schlag an, den ich je gespielt hatte. Da man beim zweiten Schlag das Grün nicht sieht, weiß man nie, ob man ein gutes Ergebnis erzielt hat oder nicht, doch als ich den Hügel erklommen hatte, auf dem das Grün lag, ruhte der Ball sieben Fuß von der Fahne entfernt. Richard lachte und meinte, ich könne heute wohl nichts falsch machen. Genauso hatte es sich während der letzten acht Löcher angefühlt. Sogar meine beiden schlechten Schläge hatten nicht zu dramatischen Resultaten geführt. Da stand ich nun und hatte es in der Hand, eine Runde mit 69 zu spielen – mit zwei Schlägen unter Par.

Doch eine 60er-Runde schien fast zu gut, um wahr zu sein. Ich hatte mit David daran gearbeitet, dass ich mir ein 70er-Ergebnis zutraute, dass ich Par oder einen Schlag besser spielte. Eine 60er-Runde war in diesem Plan wohl nicht enthalten. Das war einfach zu viel. Golfer im Fernsehen und auf Tour spielten unter 70. Nicht der kleine Johnnie-Boy aus Bangor. Ich hatte das Gefühl, das Wohlwollen der Golfgötter auszunutzen.

Ich hackte auf den Ball ein, sodass er einen Fuß vom Loch entfernt liegen blieb. Ich spielte also keine 60er-Runde. Aber ein Putt, und ich hatte eine 70 gespielt. Ein Schlag unter Par. 361 Tage nach Beginn der Wette.

Der Jubel, der mich am letzten Loch erfüllt hatte, war einer tiefen inneren Ruhe gewichen. Richard war aufgeregter, als ich es war.

»Hummer und Schampus, nehme ich an!«, meinte er lachend. »Ruf Lesley an. Ich reserviere einen Tisch.«

Richard, wie er leibte und lebte. Hummer und Champagner. Ich wollte ihm da nicht widersprechen.

Ein wenig benommen marschierte ich zum Büro hinüber und rief erleichtert Lesley an.

»Lesley, ich hab's geschafft.«

»Was?«

»Meine Even-Par-Runde.«

»Was? Du hast es geschafft! Wirklich?« Und sie schrie wie am Spieß.

»Ja. Ich habe eine 70 gespielt, einen Schlag unter Par.«

»Juhu!«, rief sie.

Ein Stimmchen meldete sich aus dem Hintergrund.

»Mama, was ist denn los? Stimmt etwas nicht? Mama? Mama?« Es war Aimee, die sich fragte, ob ihre arme Mutter den Verstand verloren hatte.

»Daddy hat's geschafft«, hörte ich Lesley sagen. »Die Golf-Sache. Du weißt schon, die Runde, die er das ganze Jahr über spielen wollte.«

Stille. Dann: »Ah, alles klar, Ted.« Das war Aimees Lieblingsspruch zu der Zeit. Ein sicheres Zeichen, dass ich sie die Fernsehserie *Father Ted* viel öfter anschauen ließ, als einer Siebenjährigen guttat.

»Heute essen wir nicht zu Hause«, sagte ich Lesley. »Sieh zu, dass Aimee ihre Hausaufgaben fertig bekommt, denn wir werden uns ein wenig Hummer gönnen!«

»Oh ja, darauf kannst du wetten!«, war Lesleys Antwort.

Als Nächstes rief ich David an. Er war außer sich vor Freude. Ich bin ihm wirklich sehr zu Dank verpflichtet. Ohne seine Hilfe in jener entscheidenden Phase hätte ich es nie geschafft. Debbie und Stuart waren genauso begeistert.

Richard wartete auf dem Parkplatz auf mich. Ich dankte ihm herzlich und wir verabredeten uns für später zum Essen.

Dann stieg ich ins Auto, immer noch geschockt, und blieb einige Zeit lang einfach ruhig sitzen. Ich drehte mich um und sah Seve auf dem Beifahrersitz. Hogan, der auf dem Rücksitz Platz genommen hatte, lehnte sich nach vorne und legte die Arme auf dem Vordersitz ab. Er lächelte und tippte nochmals an seine fleckenlos weiße Kappe. Dann sagte er in breitestem Texanisch: »Sie haben gut gespielt. Das war eine gute Runde. Und Sie haben hart gearbeitet.«

Seve strahlte übers ganze Gesicht. »Nun, Miiister Richardson, was sagen Sie dazu, mein Freund? Sie haben es wirklich verdient. Sie haben hart gearbeitet und großartig Golf gespielt. Was werden Sie den Leuten jetzt bloß erzählen?«

Nachwort: Und was hat mir das Ganze nun gebracht?

Wenn du davon träumen kannst, dann kannst du es auch tun.

Walt Disney

Ein leichter Brummschädel und ein mit Hummer und Champagner gefüllter Magen waren die Attribute, mit denen ich mich am nächsten Morgen an meinen Schreibtisch setzte, um mir – im übertragenen Sinne – eine Zigarre anzustecken und nachzudenken, was mir das Ganze nun gebracht hatte. Es war ein merkwürdiges Gefühl, plötzlich wieder zurück in der normalen Welt zu sein und mich nicht schuldig zu fühlen, wenn ich etwas tat, das nichts mit Golf zu tun hatte. Ein Jahr lang hatte die Wette mein Leben bestimmt, und es war ein gutes Jahr gewesen. Ich hatte Zeiten intensiver Frustration und Schuldgefühle erlebt, doch die Wette hatte mich in dieser Zeit ganz ausgefüllt. Heute scheint mir diese Zeit so, als hätte ich ein Kind ausgetragen. Endlich lag mein wunderschönes Baby in meinen Armen, und schon hatte ich die Schmerzen der Geburt vergessen.

Ich war den »Hebammen« dankbar, die mir geholfen hatten, es auf die Welt zu bringen. Debbie, die von Anfang an dabei war, hat viel Zeit und Energie in das Projekt investiert. Ohne sie hätte ich es nicht geschafft. Und dasselbe gilt für Jim McLellan und Carey Mumford. Für die Techniken und Prinzipien, die David Walters mich in einem so entscheidenden Moment meines Lebens gelehrt hat, dass sie mir für den Rest meines Lebens unvergesslich bleiben werden, bin ich ebenfalls dankbar. Sogar Lesley hatte ihre ursprüngliche Skepsis gegenüber der Klopf-Akupunktur (EFT) abgelegt. Sie wurde zur begeisterten Anhängerin der Technik, seit wir mit einer fünfminütigen Klopfsitzung ihre Migräne geheilt und ihr so zahllose schmerzerfüllte Tage erspart haben.

Viele Freunde haben mir geholfen, doch ohne Stuarts Hilfe wäre es nicht möglich gewesen. Er begleitete mich, und mit ihm machte der Weg, den ich zu gehen hatte, gleich viel mehr Spaß. Dafür werde ich immer tief in seiner Schuld stehen. Der ständig schwelende Wettbewerb zwischen uns hat auch Stuarts Spiel enorm verbessert. Er gewann die Club-Meisterschaft und wurde zum Spieler des Jahres gekürt. Meine Mastermind-Gruppe und ein paar andere enge Freunde waren mir eine große Hilfe, wenn ich wieder einmal im Selbstmitleid zu versinken drohte.

Und natürlich muss ich mich bei Seve Ballesteros und Ben Hogan bedanken. Meine Beziehung zu Seve war komplex. Sie ging zurück auf den Tag vor mehr als 20 Jahren, an dem ich ihn als Junge bei den Irish Open spielen gesehen hatte. Ein Teil meiner selbst wird immer 15 bleiben und ihm zuschauen. Er hilft mir immer noch, vor allem, wenn ich zum Grün spiele. Ob ich nun chippe oder pitche, ich stelle mir dabei immer noch vor, Seve zu sein.

Hogans Einfluss war ganz anders geartet. Ohnehin bleibt er für Golfer in aller Welt ein absolut faszinierender Typ. Er inspiriert schon durch sein unermüdliches Streben nach Perfektion. Mir half speziell die Tatsache, dass er kein so ausgesprochenes Talent war wie Seve. Wenn er es schaffen konnte, dann konnte auch ich ein guter Golfer werden und meine Wette gewinnen.

Hogan hatte für seinen Erfolg lange und hart gearbeitet. Anfangs hatte er auf Tour seinen Lebensunterhalt nur gerade so zusammengekratzt. Als er dem Durchbruch nahe war, kam dieser schreckliche Autounfall. Wie er danach zurück an die Weltspitze gefunden hat, ist eine Geschichte, die jeder Golfer kennen sollte. Immer wenn ich einen Durchhänger hatte, stellte ich mir vor, wie er zu mir sagte: »Los, hack weiter Dreck.« Und ich kam darüber hinweg.

Zu Beginn der Wette hatte ich verkündet, dass ich die Wette nur dann als gewonnen betrachten würde, wenn meine Ehe intakt und mein Job der meine geblieben wären. Ich hatte während des ganzen Jahres darauf geachtet, genügend Zeit mit Aimee zu verbringen. Mit Lesley war es schon etwas schwieriger. Sie war Abend für Abend allein zu Hause und sah sich *Im Zentrum der Macht* an, während ich auf der Driving Range war. Aber Lesley unterstützte mich stets. Mein Erfolg wäre ohne ihre Geduld und ihre Liebe nicht denkbar gewesen. Ein paar Tage nach unserer Feier redeten wir darüber, wie es für sie gewesen war. Sie gestand, dass sie mehr gelitten hatte, als sie je zugegeben hätte. Sie habe sich sehr einsam gefühlt. Diese Worte trafen mich tief. Aber sie wusste, dass ich diese Sache einfach hatte durchziehen müssen. Und zweifelsohne war sie über meinen Erfolg glücklicher als irgendjemand sonst.

Beruflich blieb die Wette jedoch nicht ohne Folgen. Als ich sie gewann, war ich bereits fest entschlossen, aus dem Gartencenter-Geschäft auszusteigen und im Juli neu anzufangen. Tief in mir drin wusste ich, dass dies die richtige Entscheidung war. Meine Teilhaber hatten mir geholfen, und ich wünschte ihnen weiterhin viel Erfolg. Doch ich wollte mich von den wunderbaren Menschen, die dort tätig waren, ein für alle Mal verabschieden.

Ich war also frei für neue Wege. Diese würden mich aber nicht als Profi auf die Golfplätze der Welt führen. Ich hatte die Wette genossen, doch das Leben eines Profigolfers ist nichts für mich. Ich hatte einfach keine Lust, daraus einen Beruf zu machen.

Außerdem verschwand mit dem Gewinn der Wette auch jeglicher Wunsch, mein Golf weiter zu verbessern. Das liegt zum einen daran, dass es mir wirklich langte, zum anderen aber auch an der Art, wie ich mich in den letzten Wochen der Wette hatte motivieren müssen. In den letzten Monaten war meine hauptsächliche Motivation gewesen, eine demütigende Niederlage zu verhindern. Mit meinem Erfolg war der Wunsch, besser zu werden, verschwunden. Wenn ich mich einzig auf die Lust an der perfekten Runde konzentriert hätte, hätte ich vielleicht hinterher noch Lust gehabt, mein Golfspiel zu optimieren. Wie auch immer: Jetzt wollte ich den Sommer über freinehmen, um ihn mit meiner Familie zu verbringen. Golf ist ein ausgesprochen zeitraubender Sport, ob man nun eine Wette laufen hat oder nicht.

Was würde ich aus heutiger Sicht anders machen? Nicht viel. Die Wette war nun einmal so, wie sie war. Daher musste alles so gehen, wie es am Ende auch ging. Es gab keinen Plan, weil niemand vor mir je so etwas versucht hatte. Die Fehler, die ich gemacht habe, waren nötig. Wenn man keine Fehler macht, lernt man gar nichts. Ich ging Debbie ja immer mit irgendwelchen neuen Theorien und Techniken auf die Nerven, die ich in irgendwelchen Büchern oder im Internet gefunden hatte. Doch mit Trainerstunden und Training beziehungsweise Spiel allein hätte ich es nicht geschafft. Ich hatte schließlich auch mental viel zu lernen, um dem Druck standhalten zu können.

Aus der Rückschau kann ich nur eines sagen: Ich hätte vermutlich nicht 35 000 Bälle schlagen müssen. Anfangs war mein Training noch eher locker. Heute bringe ich mit 100 Bällen mehr zustande als zu Beginn mit 300. Ich habe viele Übungsmethoden aus allen möglichen Quellen ausprobiert, die mir erlaubten, schneller Fortschritte zu machen. Im Laufe des Jahres wurde ich immer effizienter. Heute frage ich mich, ob ich die Wette nicht auch in der Hälfte der Zeit geschafft hätte. Doch das werde ich wohl nie herausfinden. Und auf jeden Fall hätte es dann auch nur halb so viel Spaß gemacht.

Wie gut bin ich als Golfer mittlerweile? Nun, ich bin kein Scratchgolfer mit Handicap 0. Es würde sicher noch ein Jahr intensiver Arbeit erfordern, dies umzusetzen. Denn als Golfer bin ich recht »labil« und erziele keine konstanten Ergebnisse. Unmittelbar nach meiner großen Runde spielte ich in einem Turnier auf einem schwierigen Platz in Belfast. Es war nass und windig, und ich kam nicht einmal unter 80, geschweige denn an Par heran. Dies war eine sehr heilsame Lektion für mich, die mir zeigte, wie sehr mein Spiel auf die hervorragenden Bedingungen in Blackwood eingestellt ist. Ich hatte mir gewissermaßen ein künstliches Spiel geschaffen, das ich noch lange nicht auf alle Golfplätze der Welt übertragen konnte.

So weit, so gut. Denn ich bin trotzdem ein viel besserer Golfer, als ich es nach einem Jahr normaler Übung oder nach mehreren Jahren klassischen Golfs wäre. Wenn ich heute an die erste Runde im Mai 2004 zurückdenke, an die vielen Achter und Zehner auf meiner Scorekarte, dann scheint das Lichtjahre zurückzuliegen. An einem schlechten Tag versiebe ich vielleicht ein paar Drives oder schaffe es nicht, an mehreren Löchern nacheinander Par zu spielen. Golf ist ein hartes Spiel. Es kann sehr frustrierend sein. Aber es macht mir heute viel mehr Spaß als damals, als ich um die 100 spielte. Und genau das hatte ich mir ja gewünscht.

Worum also ging es bei der ganzen Sache? Um die Herausforderung, etwas wirklich gut zu machen. Und zwar in einer bestimmten Zeit und obwohl alle Chancen gegen mich standen. Um den Wunsch, sich einen alten Kindheitstraum zu erfüllen. Um die Herausforderung, mein Leben zu ändern. Ich sitze hier und übe meine neue Beschäftigung als Autor aus. Ansonsten bin ich als Berater in der Restaurant- und Coffeeshop-Branche tätig. Ich habe heute eine völlig andere Einstellung zum Leben. Das hat mir die Wette gebracht. Und was das Beste ist: Mein Leben hat sich dadurch in jeder Hinsicht verschönert.

Ich werfe Ihnen also den Handschuh hin. Er muss nichts mit Golf zu tun haben oder mit der Bequemlichkeit, in der Sie sich mittlerweile häuslich eingerichtet haben. Auf dem Handschuh steht die Aufforderung, einen alten Traum auszubuddeln und ihn mit aller Macht zu verfolgen. Denken Sie an Ihr Teenager-Ich und seine Hoffnungen und Träume. Es gibt bestimmt etwas, das Sie sich mit aller Kraft gewünscht haben, etwas, das Sie stets aufgeschoben haben, weil alle Welt Ihnen sagte, es sei nicht möglich. Vielleicht meinten Ihre Eltern, Geschwister oder Freunde ja, das sei eine dumme Idee. Vielleicht hatten Sie aber auch einen schlechten Lehrer in der Schule, der Ihnen Ihre Lebensfreude, Ihren Mut aussaugte und Sie von etwas abbrachte, das Ihnen vielleicht Spaß gemacht hätte. Womöglich war es auch ein wenig verständnisvoller Boss, der Ihnen die Beförderung oder Ausbildung, die Sie gerne gemacht hätten, verweigerte. Vielleicht denken Sie ja von Zeit zu Zeit daran und fragen sich: »Was wohl geworden wäre, wenn …« Oder: »Hätte ich nur …« Und: »Ich wünschte, ich hätte …« Nun, wie Sie sehen, ist es nie zu spät. Glauben Sie mir. Hauchen Sie dieser alten Leidenschaft wieder Leben ein. Tun Sie das heute noch.

Gut, möglicherweise haben nur wenige von uns die unermüdliche Hingabe eines Michael Schumacher, Tiger Woods oder Ben Hogan. Vielleicht haben nicht alle das Talent von Seve Ballesteros oder Ayrton Senna. Und noch weniger den Mumm, den der behinderte Golfer Bob McDermott an den Tag legte. Die meisten Menschen lassen zu, dass die Mühen des Alltags ihre Träume ersticken. Daher möchte ich Sie um eines bitten. Der letzte Gedanke, den Sie auf Erden hegen, sollte nicht sein: »Ach, hätte ich doch nur …« Besser wäre es, Ihnen ginge Folgendes durch den Kopf: »Gott sei Dank habe ich …« Und hören Sie einfach nicht zu, wenn jemand Ihnen sagt, es sei nicht möglich. Tun Sie es trotzdem.

Wenn Sie Golffan sind und Ihr Spiel radikal verbessern wollen: Seve hat gerade nichts zu tun. Sie können ihn gerne ausleihen …

Träumen Sie Ihren Traum.

Glossar

Birdie

Ein Loch mit einem Schlag unter Par spielen, zum Beispiel ein Par-3-Loch mit zwei Schlägen beenden.

Bogey

Ein Loch mit einem Schlag über Par spielen, zum Beispiel ein Par-4-Loch mit fünf Schlägen beenden.

Bunker

Sandhindernis auf dem Golfplatz.

Cavity-Back-Eisen

Eisen mit einem großen Kopf und einer Einbuchtung auf der Rückseite der Schlagfläche; ein einfach zu schlagendes Eisen.

Chippen

Kurzer Schlag zum Grün, bei dem der Ball eine niedrige Flugbahn hat und weiterrollt, wenn er auf dem Boden aufkommt.

Drive

Ein Schlag mit dem Driver; für gewöhnlich der längste Schlag jedes Golfers; Abschlag.

Driver

Auch »Holz 1« oder »Dicke Bertha« genannt; Schläger mit sehr großem Schlägerkopf und längstem Schaft.

Driving Range

Übungsanlage, auf der alle Aspekte des Spiels geübt werden können. Gewöhnlich mit Putting-Grün zum Üben des Puttens.

Droppen

Man lässt einen Ball mit ausgestreckter Hand auf den Rasen fallen. Dies wird zum Beispiel gemacht, wenn ein Ball unspielbar ist. In diesem Fall wird ein Strafschlag gezählt.

»Dünn« treffen

Ball wird mit dem Schlägerblatt zu hoch getroffen und gewinnt keine Höhe.

Eagle

Ein Loch zwei Schläge unter Par spielen, also ein Par-4-Loch mit nur zwei Schlägen beenden.

Eisen

Die Schläger, mit denen man vom Fairway (oder Tee) aufs Grün schlägt. Traditionell (also vor der Entwicklung von Hybridschlägern und Wedges) zählten zu den Eisen alle Schläger zwischen dem Driver und dem Pitching-Wedge.

Fairway

Der Teil der Spielbahn zwischen Abschlag und Grün.

Gewichtsschläger

Schläger mit beschwertem Schlagkopf, auch Jumbo-Schläger genannt, der zum Krafttraining und zur Verbesserung der Schwungebene dient.

Gimme

Kurzer Putt, den der Gegner (im Freundschaftsspiel) erlässt, weil er davon ausgeht, dass er gar nicht vorbeigehen kann. Zählt als ein Schlag und ist bei Turnieren nicht erlaubt.

Grün, Green

Sehr kurz geschnittene Rasenfläche, in der sich das Loch befindet.

Hacker

Golfanfänger.

Handicap

Mit dem Handicap werden die Fähigkeiten eines Golfers zum Ausdruck gebracht. Normalerweise werden Golfer bei Spielen ihrem Handicap entsprechend gegeneinander aufgestellt. Ein Golfer mit einem Handicap 13 spielt eine Runde meist mit 13 Schlägen über Par. Das Handicap wird aus mehreren Runden errechnet, deren Ergebnisse bezeugt werden, daher genügt eine Runde nicht, um das Handicap eines Golfers zu senken.

Hooken

Einen Schlag nach links verziehen (bei einem Rechtshänder).

Hybridschläger

Ein einfach zu benutzender Schläger, der für verschiedene Spielsituationen genutzt werden kann, zum Beispiel anstelle eines langen Eisens oder zum Chippen. Ein jüngerer Schlägertyp.

Link

Ein Golfplatz an der Küste.

Mulligan

Bei einem Freundschaftsspiel kann der Gegner Ihnen einen zweiten Abschlagsversuch einräumen, wenn der erste schiefgeht. Sie können den Schlag dann ohne Strafschlag oder Scorezählung wiederholen. Im Normalfall nur einmal pro Runde (gewöhnlich am Abschlag) und nur nach Absprache. Nicht bei Turnieren.

Par, Even-Par

Abkürzung für »Professional Average Result«. Es bezeichnet ein durchschnittliches Standardresultat für ein Loch oder einen ganzen Kurs, das ein guter Spieler erzielen kann. Ein Par-3-Loch wird mit drei Schlägen beendet. Eine Even-Par-Runde ist eine Runde, bei der der Spieler genau die für diesen Kurs vorgesehene Anzahl von Schlägen braucht, einen Par-72-Platz also mit 72 Schlägen spielt.

Pitch

Ein Schlag zum Grün, bei dem der Ball eine hohe Flugbahn aufweist und nach der Landung nur wenig rollt.

Plug

Ein Ball, der sich ins Gras, in den Sand oder in den nassen Boden bohrt.

Putt

Ein Schlag mit dem Putter auf dem Grün.

Putter

Ein Schläger, dessen Schlagfläche fast senkrecht steht und zum Einlochen benutzt wird, obwohl mit jedem Schläger eingelocht werden darf.

Rough

Die Bereiche zwischen und neben den Spielbahnen eines Golfplatzes, die seltener gemäht werden und daher eine natürliche Vegetation aufweisen.

Schlagfläche

Der Teil des Golfschlägers, der den Ball trifft; auch »Schlägerblatt« genannt.

Scorekarte

Eine Karte, auf der alle wichtigen Angaben zu einem Loch aufgedruckt sind (Länge, Par etc.) und auf der der Spieler bei jeder Runde seine Schläge vermerkt.

Scratchgolfer

Ein Golfer, der seine Runden Par spielt, was einem Handicap 0 entspricht, wenn er die Ergebnisse entsprechend registrieren lässt.

Shank

Schlag, bei dem der Ball mit dem Hosel (dem Verbindungsstück zwischen Schaft und Schlägerkopf) getroffen wird statt mit der Schlagfläche. Im Normalfall schießt der Ball dann schnell nach rechts. Ein wirklich mieser Schlag.

Slicen

Ein recht häufiger Fehler bei Spielern mit hohem Handicap. Der Ball fliegt zuerst geradeaus und macht dann eine Rechtskurve.

Stableford-Punktesystem

Ein Wettkampfsystem nach Punkten, das bei Amateurwettbewerben zur Anwendung kommt. Dabei erhält der Golfer Punkte für jedes einzelne Loch. Am Ende werden statt der Schläge die Punkte addiert, sie ergeben den Scorewert. Dadurch werden Ausreißer nach unten an einem Loch effektiv korrigiert, weil der Spieler nie schlechter als eins unter Par kommt.

Toppen

Dabei wird nur die obere Hälfte des Balls getroffen. Ein schlechter Schlag.

Vierer

Spiel, bei dem vier Golfer paarweise gegeneinander antreten. Nur bei Freundschaftsspielen.

Wedge: Sand-, Lob-, Gap-Wedge

Mit diesen Schlägern werden Annäherungsschläge aus den verschiedensten Lagen geschlagen, vorzugsweise auf dem und um das Grün.

Wintergrün

Grün, das vor allem im Winter gespielt wird, um die normale Bahn vor Witterungsschäden zu bewahren.

Danksagung

Mein Dank gilt all jenen, die mir meine Wette ermöglicht haben, und den freundlichen Menschen, die mir geholfen haben, dieses Buch zu schreiben und zu publizieren. Aus der Rückschau bin ich höchst erstaunt, wie viele Menschen mich auf meinem Weg unterstützt haben. Wenn ich mich an die vielen Gespräche erinnere, habe ich allen Grund zur Demut. Viele Menschen haben ihre Zeit und ihre Energie für meinen persönlichen Drachenkampf gegeben. Die im Folgenden Genannten sind beileibe nicht alle, die mir zur Seite standen. Ich entschuldige mich jetzt schon bei jenen, die ich vergessen haben sollte. Und natürlich bedanke ich mich auch bei ihnen.

An erster Stelle geht mein Dank an Lesley und Aimee, die mich (fast) ohne zu murren während des ganzen Jahres ertragen haben.

Ohne diese drei wäre die ganze Wette nicht möglich gewesen: Debbie Hanna, Stuart Kennedy und David Walters. Ich stehe tief in eurer Schuld.

Außerdem möchte ich folgenden Menschen ganz herzlich danken (Die Reihenfolge der Namen ist willkürlich.): Patrick, Katriona, Rosemary und Peter Richardson, Gordon Rea, Michael Donald, den Jungs von JustGoFaster, im Besonderen Mark Tortolano, John Allan und Sean Fazackerly, Chris Johnson, Frank Farnschlaeder, Darren Greenan, Jeremy und Louise Hinds, Annick Lentacker, Dr. Carey Mumford, Mark McMurray, Jim McLellan, Richard Gibson, Nick Cann, John Short, Liam Kelly, Duncan Lennard, Michael Bannon,

Rory McIlroy, Tony White, Bob MacDermott, Karl Morris, Darren Clarke, Seve Ballesteros, Ben Hogan, Sam Torrance, Nick Faldo, Padraig Harrington, Bob Cullen, Bob Rotella, Bill Cullen, Andy Brown, den Peanuts, Onabreak, Willow, Paul Smith, Mau, meinen Agenten Paul und Susan Feldstein und meiner Lektorin Helen Wright sowie dem Team von Blackstaff.

Workout für Körper und Geist

368 Seiten
Preis: 19,99 € (D) | 20,60 € (A) | 28,90 sFr.
ISBN 978-3-86883-165-8

Mark Verstegen

CORE PERFORMANCE

Das revolutionäre Workout-Programm für Körper und Geist

Mit seinem bahnbrechenden Trainingskonzept Core Performance ist der Fitnesscoach und Leistungsexperte Mark Verstegen weltberühmt geworden. Überall auf der Welt trainieren Spitzenathleten verschiedenster Sportarten nach seinem Programm. Seit Jahren kümmert sich Verstegen auch um die Fitness der deutschen Fußballnationalmannschaft, die er mit seinem funktionellen Core-Training auf zwei Weltmeisterschaften vorbereitete. Diese vollständig überarbeitete Neuausgabe enthält das Standardwerk aktualisiert und in neuer, verbesserter Übersetzung.

riva